# ChatGPT

## Obtén el máximo rendimiento a la Inteligencia Artificial Generativa

# ChatGPT

## Obtén el máximo rendimiento a la Inteligencia Artificial Generativa

*Javier Gamboa Cruzado*

*Jorge Santiago Nolasco Valenzuela*

*Luz Elena Nolasco Valenzuela*

*Roberto Casas Miranda*

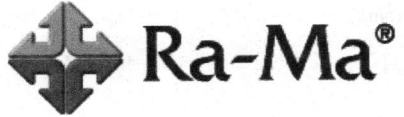

La ley prohíbe
fotocopiar este libro

ChatGPT. Obtén el máximo rendimiento a la Inteligencia Artificial Generativa
Thema: UYQ Inteligencia Artificial
Bisac: COM004000
© Javier Gamboa Cruzado, Jorge Santiago Nolasco Valenzuela, Luz Elena Nolasco Valenzuela, Roberto Casas Miranda
© De la edición: Ra-Ma 2024

Editado por:
RA-MA Editorial
Calle Jarama, 33, Polígono Industrial Igarsa
28860 PARACUELLOS DE JARAMA, Madrid
Teléfono: 91 658 42 80
Fax: 91 662 81 39
Correo electrónico: info@grupoeditorialrama.com
Internet: www.ra-ma.es y www.ra-ma.com
ISBN impreso: 978-84-10181-04-5
ISBN ePub: 978-84-10181-05-2
Depósito legal: M-1052-2024
Maquetación: Antonio García Tomé
Diseño de portada: Antonio García Tomé
Filmación e impresión: Safekat
Impreso en España en febrero de 2024

*"La Inteligencia Artificial es la capacidad de una máquina para imitar la inteligencia humana."*

John McCarthy

# ÍNDICE

# INTRODUCCIÓN

*"La creatividad no solo es un rasgo de individuos aislados, sino que es un proceso dinámico que ocurre en la interacción entre la persona y su entorno. Este sistema de creatividad compuesto por la persona, el campo (los expertos que reconocen y validan la innovación) y el dominio (el conjunto de reglas y prácticas que definen un área de actividad).*

*En resumen, Creatividad de Csíkszentmihályi no solo explora las características de las personas creativas, sino que también examina cómo la sociedad puede fomentar ambientes que promuevan la creatividad y cómo este fenómeno contribuye al progreso cultural y social."*

Mihály Csíkszentmihályi

*Mientras que las máquinas pueden exhibir formas de creatividad, esta es fundamentalmente diferente de la creatividad humana. Se basa en el procesamiento y la reconfiguración de información existente, sin la influencia de la consciencia, las emociones o las experiencias subjetivas que caracterizan la creatividad humana.*

ChatGPT

En una economía globalizada e hiperconectada las tecnologías disruptivas aquellas que producen rupturas bruscas causan profundos cambios que permiten la integración de grandes volúmenes de datos, hiperconexión e intercambio de valor, la información se ha convertido en un activo muy preciado dentro y fuera de las organizaciones. Las nuevas tecnologías juegan un papel crucial y relevante en las organizaciones, entre las que tenemos la Inteligencia Artificial Generativa.

Entre las tendencias que estuve observando nada se compara con el impacto de la IA generativa. Cuando OpenAI lanzó ChatGPT a finales de 2022, demostró el poder transformador de esta tecnología en las organizaciones y en la vida misma de los seres humanos.

La IA generativa es una de las tecnologías más que disruptivas la denominarías más transformadoras de nuestro tiempo permite cambiar la forma en que interactuamos con las máquinas. Su potencial para revolucionar la forma en que vivimos, trabajamos y jugar ha sido objeto de innumerables conversaciones, debates y predicciones.

# 1

## INTELIGENCIA ARTIFICIAL GENERATIVA

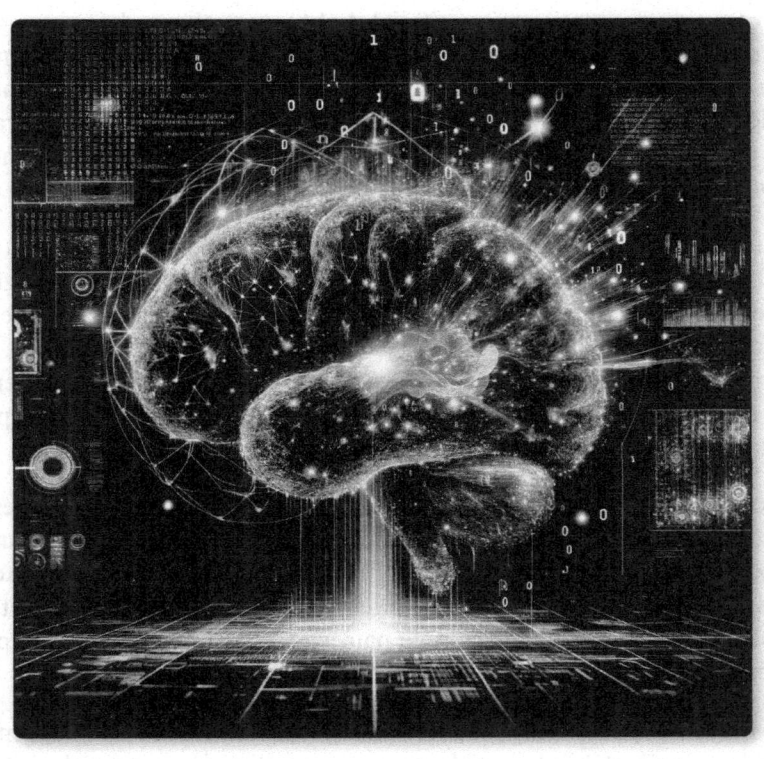

## 1.1 ¿QUÉ ES IA GENERATIVA?

*"En diciembre de 2015, un equipo de destacados expertos en tecnología, entre ellos Elon Musk, Reid Hoffman, Peter Thiel y Sam Altman, fundó OpenAI. Se comprometieron a invertir más de mil millones de dólares en la iniciativa. Sin embargo, OpenAI se distinguió de las típicas startups de Silicon Valley al establecerse como una organización sin ánimo de lucro. Su objetivo era "Garantizar que la inteligencia artificial general beneficie a la humanidad en su conjunto". La inteligencia artificial general representa el pináculo de la inteligencia artificial, caracterizada por una capacidad cognitiva comparable a la humana."*

La IA generativa es un tipo de inteligencia artificial que puede crear nuevos contenidos e ideas, como conversaciones, historias, imágenes, videos y música. Como cualquier otro tipo de inteligencia artificial, la IA generativa se basa en modelos de machine learning: modelos muy grandes que se entrenan previamente con grandes cantidades de datos y que, por lo general, se denominan modelos fundacionales (FM). Además de la creación de contenido, la IA generativa también se utiliza para mejorar la calidad de las imágenes digitales, editar videos, crear prototipos rápidamente para fabricación, aumentar los datos con conjuntos de datos sintéticos y mucho más.

Un modelo fundacionale (FM) aprovecha los últimos avances en machine learning. Los FM son el resultado de los últimos avances de una tecnología que ha estado evolucionando durante décadas. Una clase de FM, como los modelos GPT, denominados de forma común modelos de lenguaje de gran tamaño (LLM), se centra específicamente en tareas basadas en el lenguaje, como el resumen, la generación de texto (por ejemplo, la creación de una entrada de blog), la clasificación, las preguntas y respuestas abiertas y la extracción de información.

Lo que hace que los modelos de lenguaje de gran tamaño sean especiales es que pueden realizar muchas más tareas porque contienen una gran cantidad de parámetros que los hacen capaces de aprender conceptos avanzados. Además, a través de su exposición previa al entrenamiento a datos a escala de Internet en todas sus diversas formas y en una miríada de patrones, los LLM aprenden a aplicar sus conocimientos en una amplia gama de contextos.

Si bien las capacidades y las posibilidades resultantes de los FM preentrenados son increíbles, su adaptabilidad mediante la personalización para realizar funciones específicas de un dominio hace que sean aún más interesantes para las empresas. Como resultado, las empresas pueden crear aplicaciones altamente diferenciadas con máquinas virtuales mediante únicamente una pequeña fracción de los datos y la computación necesaria para entrenar un modelo desde cero.

A continuación, mostramos otras definiciones:

Según McKinsey & Co. "Productos como ChatGPT y GitHub Copilot, así como los modelos de IA subyacentes que impulsan dichos sistemas (Stable Diffusion, DALL·E 2, GPT-3, por nombrar algunos), están llevando la tecnología a ámbitos que antes se pensaba que estaban reservados para los humanos. Con la IA generativa, las computadoras ahora pueden exhibir creatividad. Pueden producir contenido original en respuesta a consultas, basándose en los datos que han ingerido y las interacciones con los usuarios. Pueden desarrollar blogs, esbozar diseños de paquetes, escribir códigos informáticos o incluso teorizar sobre el motivo de un error de producción."

Según Amazon "La IA generativa es un tipo de IA que puede crear nuevos contenidos e ideas, como conversaciones, historias, imágenes, videos y música. Se basa en modelos de gran tamaño que están preentrenados con grandes cantidades de datos y, por lo general, se denominan modelos fundacionales (FM). Con la IA generativa en AWS, puede reinventar sus aplicaciones, crear experiencias de cliente completamente nuevas, impulsar niveles de productividad sin precedentes y transformar su empresa. Puede elegir entre una variedad de FM populares o utilizar los servicios de AWS que cuentan con IA generativa integrada, todos ellos ejecutados en la infraestructura de nube más rentable para la IA generativa."

Según Sequoia Capital "Una nueva y poderosa clase de grandes modelos de lenguaje está haciendo posible que las máquinas escriban, codifiquen, dibujen y creen con resultados creíbles y, a veces, sobrehumanos."

## 1.2 DATA AUGMENTATION

La escasez de datos representa un desafío significativo. Para abordar este desafío, se ha propuesto la técnica de Data Augmentation (DA), cuyo objetivo es expandir los datos de entrenamiento disponibles sin requerir anotaciones adicionales. A menudo es necesario ampliar el conjunto de entrenamiento para disminuir el sobreajuste, mejorar la robustez y aumentar la generalización de los modelos de aprendizaje automático.

La Aumentación de Datos (Data Augmentation) en Inteligencia Artificial Generativa se refiere a técnicas que buscan ampliar y diversificar los conjuntos de datos utilizados para entrenar modelos de IA, especialmente en el campo del aprendizaje automático y el procesamiento del lenguaje natural. Este enfoque es particularmente útil cuando los datos disponibles son limitados o cuando se desea mejorar la robustez y generalización de los modelos. La aumentación de datos en IA generativa incluye métodos como:

- ▼ **Generación de textos sintéticos:** utilizando modelos de lenguaje generativos como GPT-2 o GPT-3, se pueden crear textos nuevos y coherentes que se añaden al conjunto de datos original. Esto es especialmente útil para tareas como la clasificación de texto, donde se necesitan ejemplos variados.

- ▼ **Traducción inversa:** se traduce un texto a otro idioma y luego se vuelve a traducir al idioma original. Este proceso introduce variaciones naturales en el texto, lo que ayuda a mejorar la capacidad del modelo para manejar diferentes formas de decir lo mismo.

- ▼ **Modelos de lenguaje bidireccionales:** herramientas como BERT (Bidirectional Encoder Representations from Transformers) se utilizan para generar variaciones de texto. Por ejemplo, se pueden enmascarar partes de un texto y pedir al modelo que las rellene, creando así versiones ligeramente diferentes del mismo texto.

- ▼ **Modificación de imágenes:** en el campo de la visión por computadora, la aumentación de datos puede incluir la alteración de imágenes a través de técnicas como rotación, cambio de escala, recorte, ajuste de color, etc., para crear nuevas versiones de imágenes existentes.

- ▼ **Síntesis de datos con redes generativas adversarias (GANs):** las GANs pueden generar datos sintéticos (como imágenes, texto, sonido) que son indistinguibles de los datos reales. Esto es útil para aumentar los conjuntos de datos en campos donde los datos son escasos o difíciles de obtener.

## 1.3 ¿QUÉ ES UN GRAN MODELO DE LENGUAJE-LLM?

El Gran Modelo de Lenguaje (LLM), son modelos de aprendizaje profundo entrenados con grandes cantidades de datos fundamentado en Redes Transformer, dotado de cientos o incluso miles de millones de parámetros. Este modelo se entrena utilizando un corpus extenso y diverso, lo que le otorga un carácter de propósito general. Sin embargo, es susceptible de ser afinado o especializado para tareas concretas de Procesamiento y Generación de Lenguaje Natural.

Es importante desglosar varios aspectos clave de esta definición. La mención de 'cientos o miles de millones de parámetros' junto con un 'corpus de entrenamiento gigantesco' implica la necesidad de capacidades computacionales extraordinarias, así como periodos extensos de entrenamiento que pueden abarcar días, semanas o incluso más. Esto significa que entrenar un Gran Modelo de Lenguaje (LLM) excede las capacidades de un computador personal o incluso de muchos servicios en la nube, dado su elevado costo.

El Gran Modelo de Lenguaje (LLM) posee la capacidad para modelar de manera efectiva los patrones y estructuras del lenguaje humano, gracias a su amplia variedad de hiperparámetros y a su entrenamiento con un conjunto de datos vasto. Esta robustez le permite aprender relaciones estadísticas entre palabras, frases y textos completos, procesando y generando texto de manera coherente y notablemente similar a la forma en que lo haría un ser humano.

En conclusión, se refiere a la capacidad de adaptar este amplio modelo preentrenado a través de un entrenamiento adicional con un corpus más específico y reducido, con el objetivo de especializarlo en tareas particulares de procesamiento o generación del lenguaje natural.

## 1.4 ¿CÓMO FUNCIONA LA IA GENERATIVA?

Existen varias maneras de hacer funcionar una IA generativa, pero una que está cobrando bastante fuerza consiste en usar modelos de lenguaje extenso (MLL) pre entrenado para crear contenido a partir de comandos basados en texto. Para tener una idea, la IA generativa ya está ayudando a las personas a crear resúmenes de estudio, planes de negocio y hasta arte digital de esa forma.

## 1.5 MODELOS DE APRENDIZAJE DE LA IA GENERATIVA

Podemos citar dos modelos de aprendizaje que son especialmente usados: los llamados transformers y las GAN (Generative Adversarial Networks, o Redes Adversarias Generativas, en traducción libre).

- Las GAN están formadas por dos redes neurales: una generadora y otra discriminadora, que compiten entre sí. Mientras la generadora crea una salida (output) basada en una entrada (input), la discriminadora intenta determinar si el output es real o falso. Entonces, la generadora refina su salida basándose en el feedback de la discriminadora y el ciclo continúa hasta que la red discriminadora se confunda.

▶ Los modelos transformers, como el ChatGPT (sigla que significa Chat Generative Pre Trained Transformer, o transformador pre entrenado para generar conversaciones), crean outputs basados en datos secuenciales (como frases o párrafos) en vez de datos puntuales. Este abordaje ayuda al modelo a procesar el contexto del texto que se traducirá y a tomar decisiones "Informadas".

Mientras las GAN y los transformers están entre los modelos más populares de IA generativa, también se utilizan otras diversas técnicas: las VAE (Variational Autoencoders, o Auto Encodificadores Variacionales), que, de la misma forma, dependen de dos redes neurales para generar nuevos datos basados en una muestra de datos.

## 1.6  LOS NEGOCIOS LA IA GENERATIVA

*"En esencia, esta capacidad nos permite acceder instantáneamente al conocimiento de los expertos más destacados en gestión. Imagínalo como si tuviéramos a nuestra disposición al jefe de estrategia de inversiones, al economista jefe global, al estratega principal de acciones a nivel mundial, y a todos nuestros analistas internacionales simultáneamente. Estamos convencidos de que esta habilidad representa una transformación fundamental para nuestra empresa."*

Jeff McMillan

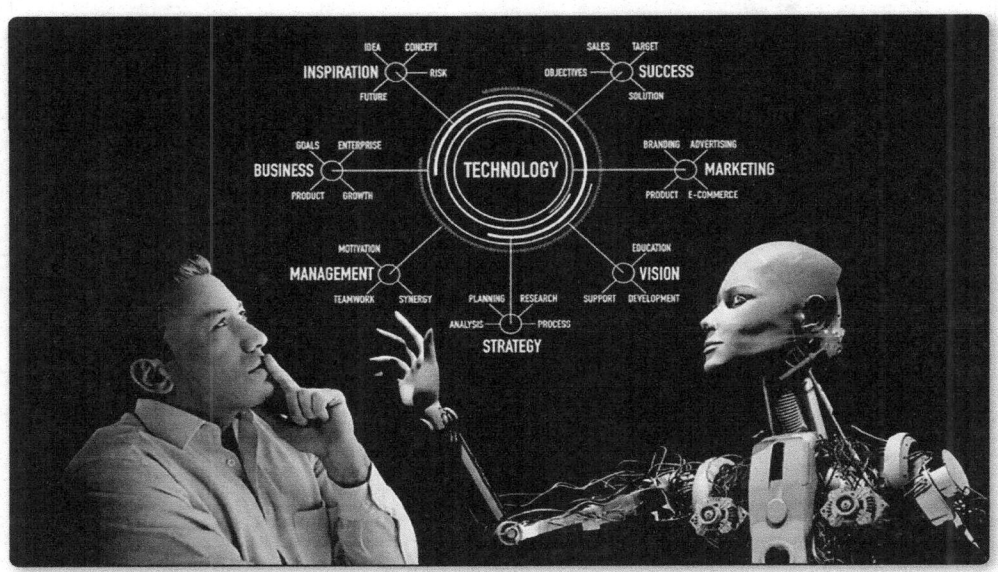

Los modelos de inteligencia artificial generativa, se han convertido en un tema central en el mundo empresarial y entre líderes de negocios globales. Según una encuesta reciente de Salesforce, el (67%) de los líderes de TI están dando prioridad a la IA generativa en sus estrategias corporativas. Además, un (33%) de los encuestados anticipa que, en 18 meses, esta tecnología se convertirá en una de sus principales prioridades.

Datos de mediados de abril de 2023 revelan que, a pesar de ser una tecnología emergente con disponibilidad pública limitada, la experimentación con herramientas de generación de IA ya es relativamente común. Los encuestados esperan que estas nuevas capacidades generen transformaciones significativas en sus industrias. La IA generativa ha despertado el interés en el sector empresarial a nivel global, con profesionales de todas las regiones, industrias y niveles de experiencia explorando sus aplicaciones tanto en el ámbito laboral como en el personal.

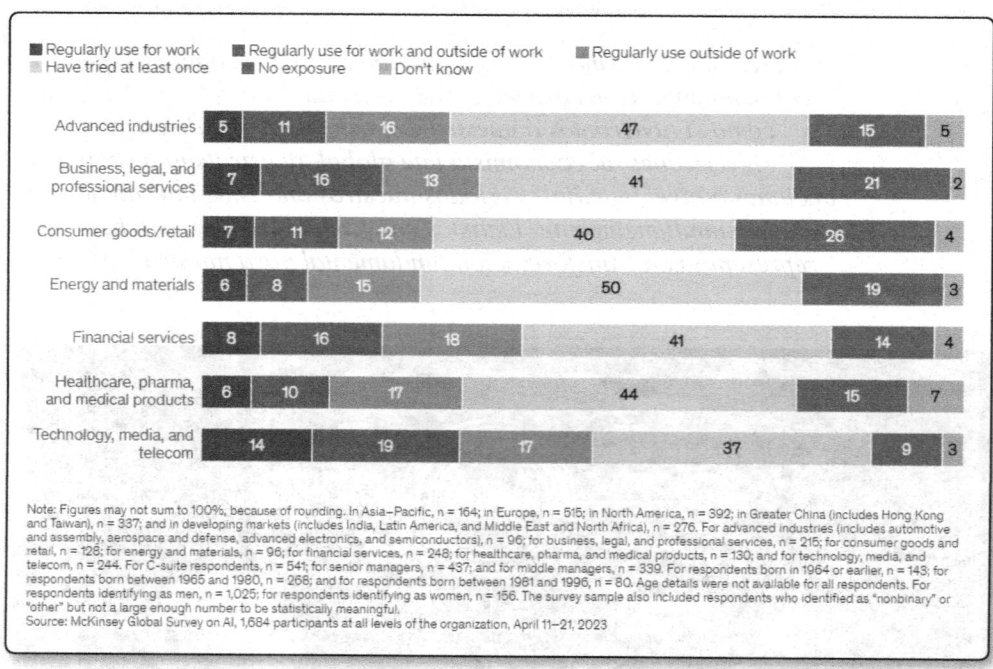

**Fuente:** https://www.mckinsey.com/capabilities/quantumblack/our-insights/the-state-of-ai-in-2023-generative-ais-breakout-year

## 1.7 LOS USOS DE LA IA GENERATIVA DE FORMA ÉTICA Y RESPONSABLE

El desarrollo y uso de la IA generativa plantea importantes cuestiones éticas y responsabilidades. Al generar contenido nuevo, las máquinas pueden verse involucradas en la creación de contenido falso o engañoso. Es fundamental establecer marcos éticos sólidos y normas de uso responsable para garantizar que la IAG se utilice de manera ética y en beneficio de la sociedad.

Es necesario construir capacidades de IA confiables, con orientación y guías de uso incorporadas a las propias herramientas, para ayudar a prevenir probables problemas antes de que ocurran. Si un día el mundo llegara a darse cuenta del potencial de la IA generativa, será porque tendrá buenos motivos para confiar en esos modelos en la situación que sea.

Una IA responsable es una IA sostenible. En ese sentido, la inteligencia artificial consume significativamente más energía que las tecnologías de trabajo tradicionales y el 71% de los líderes de TI están de acuerdo en que la IA generativa aumenta la huella de carbono de la humanidad en virtud del creciente uso de energía que demanda.

Más allá de que es necesario explorar la inteligencia artificial generativa de manera inclusiva, la tecnología guarda un vasto potencial para impulsar el futuro del CRM, no solo de los softwares, sino también de la estrategia de gestión de clientes como un todo.

## 1.8 IMPORTANCIA DE LA IA GENERATIVA

Las aplicaciones de IA generativa, como ChatGPT, han suscitado mucha atención y fomentado la imaginación del público general, ya que pueden ayudar a reinventar la mayoría de las experiencias y aplicaciones de los clientes, crear nuevas aplicaciones nunca antes vistas y ayudar a los clientes a alcanzar nuevos niveles de productividad. Según Goldman Sachs, la IA generativa podría impulsar un aumento del 7% (o casi 7.000.000.000.000 USD) del PIB mundial y aumentar el crecimiento de la productividad en 1,5 puntos porcentuales en un período de 10 años.

## 1.9 APLICACIONES COMUNES DE LA IA GENERATIVA

Puede aplicar la IA generativa en todas las líneas de negocio, incluidas:

▶ La ingeniería, el marketing, el servicio al cliente, las finanzas y las ventas.

▶ La generación de código es una de las aplicaciones más prometedoras para la IA generativa.

▶ Además, hay muchas aplicaciones en las que puede utilizar la IA generativa para lograr un cambio radical en la experiencia del cliente, la productividad de los empleados, la eficiencia empresarial y la creatividad.

▶ Puede utilizar la IA generativa para mejorar la experiencia del cliente mediante capacidades como chatbots, asistentes virtuales, centros de atención inteligentes, personalización y moderación del contenido.

▶ También es posible aumentar la productividad de sus empleados con la búsqueda conversacional, la creación de contenido y el resumen de texto impulsados por IA generativa, entre otros.

▶ Además, le permite mejorar las operaciones comerciales con el procesamiento inteligente de documentos, los asistentes de mantenimiento, el control de calidad y la inspección visual y la generación de datos de entrenamiento sintéticos.

▶ Por último, puede utilizar la IA generativa para impulsar la producción de todo tipo de contenido creativo, desde arte y música, con la generación de texto, animación, video e imágenes.

## 1.10 VENTAJAS Y DESVENTAJAS DE LA IA GENERATIVA

### Ventajas

1. **Generación de datos:** la Inteligencia Artificial Generativa (GAN) puede generar datos sintéticos que se parecen a los datos reales, lo que puede ayudar a los investigadores a obtener datos en grandes cantidades sin la necesidad de recopilar datos reales.

2. **Creación de contenido:** la Inteligencia Artificial Generativa pueden crear contenido de alta calidad, como imágenes y música, que se parecen a los creados por humanos. Esto puede ser útil en aplicaciones como el diseño gráfico y la producción de música.

3. **Mayor eficiencia:** la Inteligencia Artificial Generativa pueden realizar tareas complejas de manera más eficiente que los seres humanos. Esto puede ayudar a reducir los costos y el tiempo necesarios para completar tareas.

4. **Innovación:** este tipo de inteligencia puede generar nuevas ideas y soluciones que los seres humanos pueden no haber considerado. Esto puede llevar a la innovación en diferentes campos.

## Desventajas

1. **Calidad variable:** la calidad de los datos y el contenido generado por la Inteligencia Artificial Generativa puede ser variable, lo que puede limitar su utilidad en algunas aplicaciones.

2. **Sesgo:** la Inteligencia Artificial Generativa puede tener sesgos que se reflejan en los datos y el contenido que generan, lo que puede afectar a la precisión y la utilidad de los resultados.

3. **Privacidad:** la Inteligencia Artificial Generativa puede ser utilizadas para generar datos sintéticos que se parecen a los datos reales, lo que puede plantear preocupaciones de privacidad y seguridad.

4. **Costo:** la implementación de la Inteligencia Artificial Generativa puede ser costosa en términos de tiempo, recursos y capacitación.

En resumen, la Inteligencia Artificial Generativa tiene ventajas y desventajas. Es importante considerar cuidadosamente los beneficios y los riesgos antes de implementarla en una aplicación específica.

## 1.11 TRANSFORMADORES

*"El equipo de Google que desarrolló el modelo de red neuronal conocido como transformer inicialmente contempló nombrarlo Attention Net (Red de Atención). Sin embargo, este nombre no fue considerado muy atractivo o emocionante. Por ello, Jakob Uszkoreit, un ingeniero de software de Google que formaba parte del equipo, propuso el nombre "Transformer". La razón detrás de este nombre es que el modelo se enfoca en transformar las representaciones de los datos. La importancia del mecanismo de atención en los transformers es tan significativa que casi se convierte en el nombre del modelo"*

Otra técnica que demuestra resultados impresionantes con datos generativos son los transformadores. Los transformadores usan una secuencia de datos en lugar de puntos de datos individuales cuando transforman la entrada en la salida, y eso los hace mucho más eficientes en el procesamiento de datos cuando el contexto es importante. Los transformadores se utilizan a menudo para traducir o generar textos, ya que los textos son más que palabras unidas. Además, los transformadores son útiles para crear modelos básicos. Se utilizan cuando los ingenieros están trabajando en algoritmos que pueden transformar una solicitud en un comando, por ejemplo, generar una imagen o texto basado en la descripción del usuario.

### ¿Qué es un Transformador?

Un Transformador es un tipo de arquitectura de red neuronal. Las redes neuronales son un tipo de modelo muy eficaz para analizar tipos de datos complejos como imágenes, vídeos, audio y texto. Pero existen diferentes tipos de redes neuronales optimizadas para diferentes tipos de datos. Por ejemplo, para analizar imágenes, normalmente usamos redes neuronales convolucionales o "CNN". Imitan la forma en que el cerebro humano procesa la información visual.

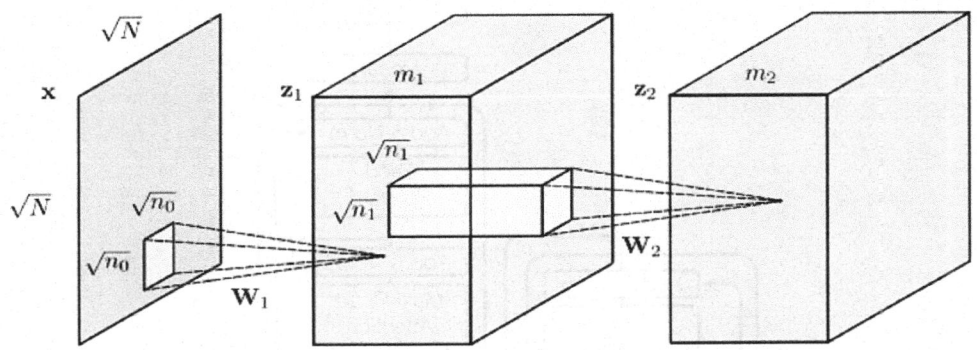

**Fuente:** Convolutional Neural Network, courtesy Renanar2 at Wikicommons.

Y desde aproximadamente desde el 2012 , hemos tenido bastante éxito resolviendo problemas de visión con CNN, como identificar objetos en fotografías, reconocer rostros y leer dígitos escritos a mano. Pero durante mucho tiempo no existió nada comparablemente bueno para las tareas lingüísticas (traducción, resumen de texto, generación de texto, etc.). Eso fue desafortunado, porque el lenguaje es la principal forma en que los humanos nos comunicamos.

Antes de que se introdujeran Transformadores en 2017, la forma en que usábamos el aprendizaje profundo para comprender el texto era con un tipo de modelo llamado **Red Neural Recurrente o RNN** que se parecía a esto:

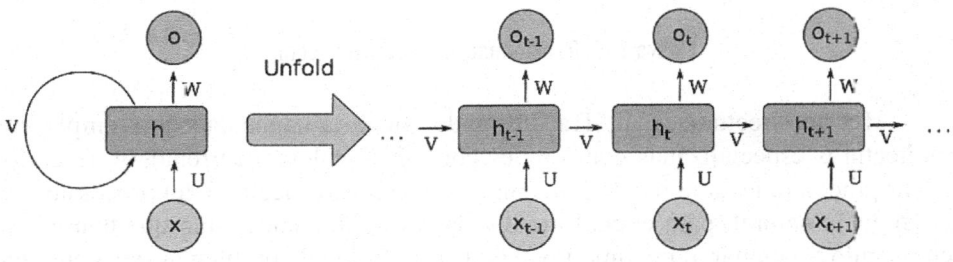

**Fuente:** Image of an RNN, courtesy Wikimedia.

## Arquitectura de un Transformador

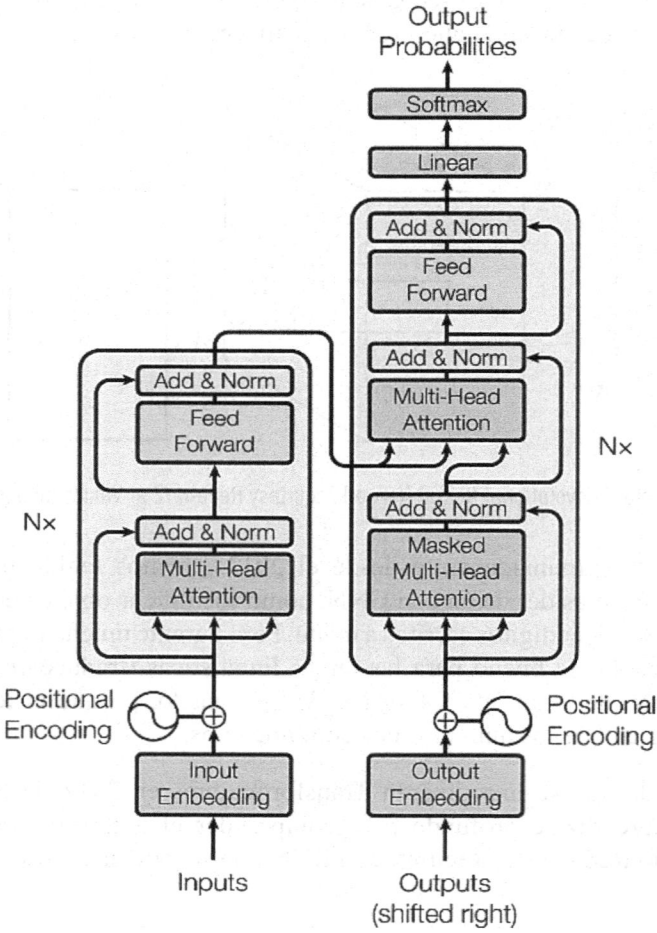

**Figura 1**. El Transformador–model architecture.

La arquitectura de un Transformador tiene la capacidad de reemplazar a arquitecturas especializadas como redes convolucionales, recurrentes y de grafos. Esta arquitectura no solo puede funcionar en el campo específico del procesamiento del lenguaje natural, para el cual fue diseñada originalmente, sino que también ha demostrado funcionar al máximo nivel en la resolución de problemas que combinan datos de distintas fuentes, lo que la convierte en un agente generalista para la resolución de problemas.

La arquitectura de los Transformadores ha demostrado funcionar muy bien en áreas como:

- La visión por computador.
- El procesamiento del lenguaje natural.
- El tratamiento de señales de audio.
- La predicción de series temporales.
- El aprendizaje por refuerzo.

## 1.12 IA GENERATIVA EN EL ÁMBITO EDUCATIVO

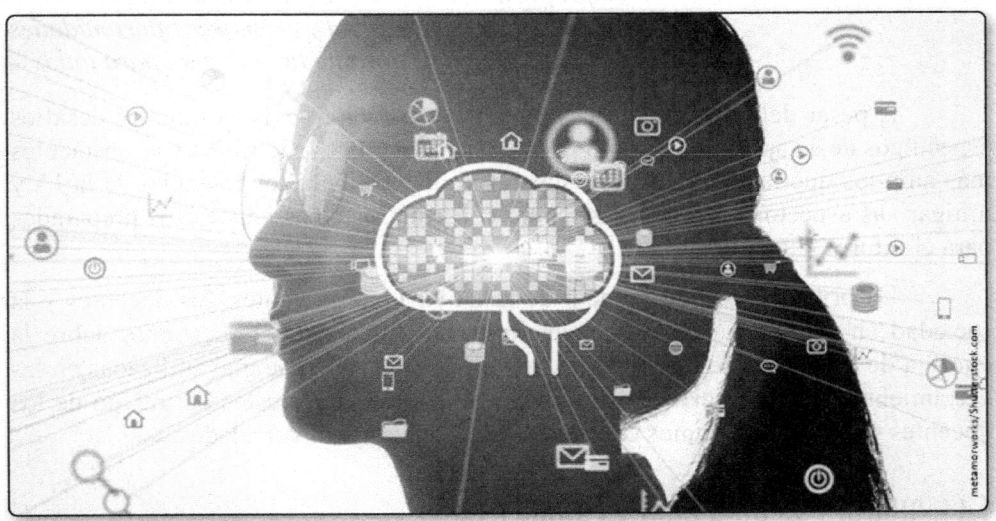

En los últimos meses, la aplicación de la IA generativa ha abierto un nuevo horizonte en el ámbito educativo, de modo que ha revolucionado y cuestionado el sistema de enseñanza-aprendizaje que se ha venido practicando durante años.

La IA generativa ha transformado la educación en una experiencia más personalizada, interactiva y creativa para estudiantes y educadores. La combinación de la inteligencia artificial con el arte de enseñar está allanando el camino hacia una educación más eficiente. Sin embargo, es vital abordar los desafíos éticos, pedagógicos y digitales para garantizar que la tecnología se utilice para enriquecer el aprendizaje y promover un futuro más prometedor para la educación en todo el mundo.

El profesor Robert Clarisó, comparó esta herramienta digital con una navaja suiza, que es una herramienta versátil; con una lámpara de los deseos, que proporciona todo aquello que se le pide, y con un loro, que sencillamente repite palabras sin entender realmente lo que dice.

## 1.13 LA IA PARA ALCANZAR EL ODS 4

*"El objetivo de desarrollo sostenible número 4 de las Naciones Unidas, que forma parte de la agenda 2030. Este objetivo está centrado en la educación y su nombre completo es:*
*ODS 4: educación de calidad*
*El propósito del ODS 4 es garantizar una educación inclusiva, equitativa y de calidad y promover oportunidades de aprendizaje durante toda la vida para todos".*

A pesar del potencial de la IA para la educación, existen muchos desafíos específicos de su aprovechamiento para alcanzar el ODS 4. También hay obstáculos más amplios que la sociedad debe superar si quiere liberar el potencial de la IA y mitigar sus aspectos negativos, así como construir sistemas educativos preparados para el futuro.

En primer lugar, el impacto de la IA en los estudiantes, los docentes y la sociedad en general aún está por determinarse. Esto incluye cuestiones sobre la eficacia de las intervenciones de IA, la elección de las pedagogías utilizadas en las herramientas de IA, la privacidad de los estudiantes, los puestos de trabajo de los docentes y lo que deberíamos enseñar en las escuelas y universidades.

## 1.14 CHATGPT VS BING CHAT VS GOOGLE BARD

Cuando utilizas ChatGPT de OpenAI, Bing Chat de Microsoft o Bard de Google, empleas un software que usa grandes y complejos modelos de lenguaje para predecir la siguiente palabra o serie de palabras que el programa debe pronunciar. Los investigadores de inteligencia artificial llevan años trabajando en esta tecnología, y los asistentes de voz que todos conocemos, como Siri, Google Assistant y Alexa, ya mostraban el potencial del procesamiento del lenguaje natural. Pero OpenAI abrió las compuertas cuando, a finales de 2022, lanzó el extremadamente conversacional ChatGPT. Prácticamente de la noche a la mañana, los poderes de la inteligencia artificial y los grandes modelos de lenguaje dejaron de ser algo abstracto para convertirse en algo comprensible.

Microsoft, que ha invertido miles de millones de dólares en OpenAI, pronto le siguió con Bing Chat, que incorpora la tecnología de ChatGPT. Y últimamente, Google empezó a permitir el acceso a Bard, que se basa en su propia tecnología, LaMDA, abreviatura de Language Model for Dialogue Applications (modelo de lenguaje para aplicaciones de diálogo).

Todos son gratuitos. OpenAI, sin embargo, ofrece una versión 'Plus' de ChatGPT por 20 dólares al mes. ChatGPT y Bard de Google pueden funcionar en casi cualquier navegador. Microsoft, en un movimiento clásico de la compañía, limita Bing Chat a su propio navegador Edge. Sin embargo, Bing Chat, incluido el chat de voz, está disponible como parte de la app móvil de Bing para iOS y Android. Y algunas empresas pagan ahora por integrar ChatGPT como servicio, lo que significa que puedes acceder a la tecnología de ChatGPT en aplicaciones como Snap, Instacart y Shopify.

En la web, que es donde he estado probando las aplicaciones de inteligencia artificial generativa, todas presentan diseños, herramientas y peculiaridades ligeramente diferentes. También se posicionan de forma distinta. Bing Chat está integrada en el motor de búsqueda Bing, como parte de un intento de Microsoft de llevar a la gente a este y reducir la enorme participación de Google en el mercado de las búsquedas online. Bard, por su parte, se presenta como un "Compañero creativo" de la búsqueda de Google, no como un buscador en sí mismo. Bard tiene su propia URL y su propia interfaz de usuario. OpenAI llama a ChatGPT un "Modelo" que "Interactúa de forma conversacional". Pretende ser una demostración de su propia y potente tecnología, pero no solo un motor de búsqueda tradicional ni un simple chatbot.

Como una imagen vale más que mil palabras (por cierto, si valoras esto, también tienes una celda propia con la generación de imágenes), a continuación, resumimos sus principales datos y características de las tres en la actualidad para una comparativa rápida y visual.

| | CHATGPT | BING CHAT | GOOGLE BARD |
|---|---|---|---|
| **Empresa** | OpenAI | Microsoft | Google |
| **Lanzamiento inicial** | 30 noviembre 2022 | 14 de marzo de 2023 | 21 de marzo de 2023 |
| **Modelo de lenguaje** | GPT-3.5/GPT-4 | GPT-4 | LaMDA (pronto actualizado a PaLM) |
| **Precio** | 20 Dólares/mes (versión gratis disponible) | Gratis | Gratis |
| **Soporte multilenguaje** | Sí | Sí | No |
| **Acceso a información** | Hasta 2021 | Acceso a internet | Acceso a internet |
| **Generación de imágenes** | No | Sí | No |
| **Disponibilidad** | Pública | Usuarios limitados | Limitados usuarios y países |

Más allá de la interfaz y funciones, la batalla está entre los modelos de lenguaje GPT y LaMDA (próximamente PaLM) que hay detrás: Bing Chat usa el modelo GPT-4, que es el mismo que el disponible para ChatGPT Plus. Si usas ChatGPT gratis, entonces el corazón del chatbot será la versión anterior, GPT-3.5. Por otro lado, google utiliza su propio modelo de lenguaje, LaMDA.

GPT o transformador preentrenado generativo es un gran modelo de lenguaje desarrollado y entrenado por OpenAI con un enorme volumen de datasets de texto. Este modelo de procesamiento de lenguaje natural es capaz de generar respuestas con texto similares a las humanas. Es especialmente bueno para procesar textos y generar respuestas, resumir textos y generar código y depurar errores.

Después de GPT-1 (2018), GPT-2 y GPT-3, la versión mejorada GPT-3.5 usa sesiones supervisadas y no supervisadas y tiene una amplia red neuronal de 175 mil millones de parámetros. La última versión es GPT-4, que es mejor, más rápida y más precisa que las anteriores.

LaMDA por su parte es el modelo de lenguaje para aplicaciones de diálogo, la tecnología conversacional de Google. Es un modelo basado en la arquitectura Transformer (también presente en GPT-4) presentada por Google en 2017 y sirve para entrenarse en diálogo, lo que le permite generar respuestas humanas. El equipo de Google lleva trabajando con LaMDA desde 2017 y desde entonces, ha sido entrenada con más de 750GB de datos, con más de 1,56 billones de palabras de datasets públicos. Google Bard emplea este modelo para generar respuestas rápidas basadas en datos disponibles en el índice de búsqueda de Google.

# 2

## CHATGPT

## 2.1 CHATGPT

### ¿Qué es ChatGPT?

ChatGPT es una tecnología que utiliza Inteligencia Artificial para procesar y comprender el lenguaje humano desarrollado por la empresa OpenAI. Es capaz de tener conversaciones con personas y proporcionar respuestas a preguntas, como si fuera una persona real. Para hacer esto, utiliza una enorme cantidad de información de texto.

**Prompt: qué es ChatGPT**

ChatGPT responde:

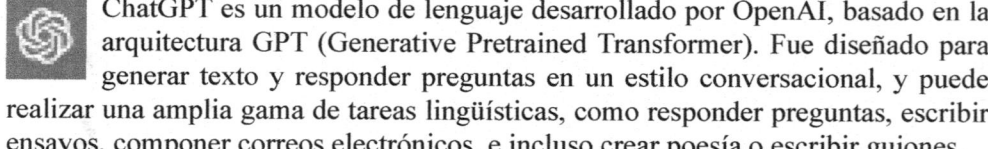

ChatGPT es un modelo de lenguaje desarrollado por OpenAI, basado en la arquitectura GPT (Generative Pretrained Transformer). Fue diseñado para generar texto y responder preguntas en un estilo conversacional, y puede realizar una amplia gama de tareas lingüísticas, como responder preguntas, escribir ensayos, componer correos electrónicos, e incluso crear poesía o escribir guiones.

ChatGPT ha sido entrenado con un vasto conjunto de datos que incluyen libros, artículos, sitios web y otros textos, lo que le permite tener conocimientos sobre una gran variedad de temas. Sin embargo, su conocimiento está limitado a la información disponible hasta abril de 2023, lo que significa que no tiene acceso a eventos o desarrollos ocurridos después de esa fecha.

Es importante destacar que ChatGPT es una herramienta de inteligencia artificial y, aunque puede generar respuestas coherentes y a menudo precisas, no posee conciencia ni entendimiento personal, y sus respuestas deben ser tomadas con precaución, especialmente en temas complejos o sensibles.

## ¿Para qué puedes utilizar ChatGPT?

ChatGPT, es un sofisticado modelo de lenguaje surgido de los laboratorios de OpenAI, entrenado con grandes volúmenes de datos (Big Data), puede generar respuestas que son a la vez coherentes y relevantes, Entre sus aplicaciones del ChatGPT más destacables es su capacidad para generar contenidos, Independientemente de si necesita ayuda para redactar correos electrónicos, redactar artículos o elaborar descripciones de productos, ChatGPT está listo para ofrecer sugerencias. Igualmente, útil es la capacidad de ChatGPT para responder preguntas. Puede plantear consultas de carácter fáctico y recibir respuestas. A continuación, describimos algunas de sus aplicaciones:

- ▶ **Traducción de idiomas:** ChatGPT puede ayudar a traducir oraciones o frases de un idioma a otro.

- ▶ **Aprendizaje:** ya sea matemáticas, ciencias, historia o cualquier otra materia, ChatGPT es un compañero académico confiable, listo para brindar explicaciones e información relevante.

- ▶ **Escritura:** ¿buscas inspiración? ChatGPT es tu confidente creativo, listo para ayudarte a generar ideas, desarrollar personajes o incluso sugerir giros sorprendentes en la trama o escenarios fascinantes.

## Abrir tu cuenta

Primero ingrese a la siguiente URL: *https://openai.com/*

Presiones clic Try ChatGPT:

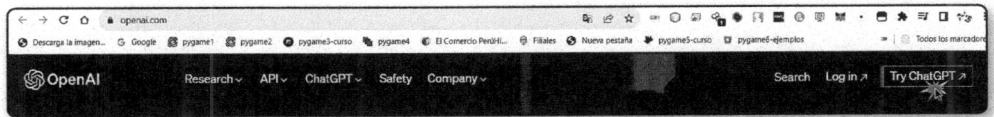

A continuación, puede crear una cuenta:

Introduzca su dirección de correo electrónico y elija su contraseña:

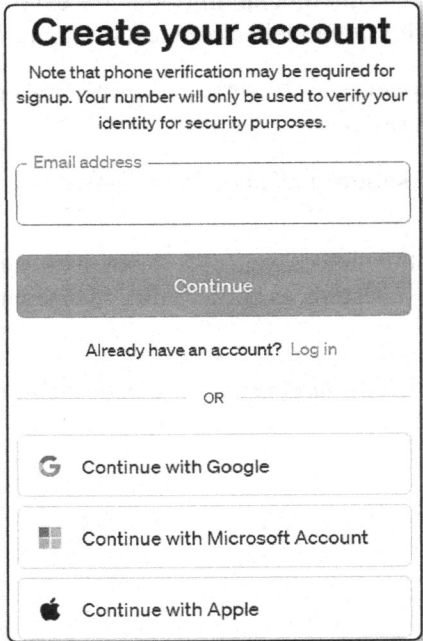

Haga clic en el botón "Continuar". Recibirás un correo electrónico de OpenAI con un enlace para verificar su cuenta. Haga clic en el enlace para verificar.

**"Tu cuenta ahora está verificada.
Puedes iniciar sesión y comenzar a usar ChatGPT."**

## ¿Qué es un Prompt?

Un Prompt es una entrada o estimulo que le das al chat con una determinada intención, para que haga algo por ti. Es simplemente hablarle o escribirle lo que deseas que haga o responda, como si estuvieras hablando con una persona en línea, una persona con un increíble conocimiento.

## Elementos de un Prompt

Un Prompt puede contener la siguiente estructura:

▶ **Instrucción:** una tarea o instrucción específica que deseas que el modelo realice.

▶ **Contexto:** puede involucrar información externa o contexto adicional que puede dirigir al modelo a respuestas mejores.

▶ **Datos de entrada:** es la entrada o pregunta para la que nos interesa encontrar una respuesta.

▶ **Indicador de salida:** indica el tipo o formato de la salida.

No todos los componentes son necesarios para una prompt y el formato depende de la tarea en cuestión. Abordaremos más ejemplos concretos en las próximas guías.

Fuente: *https://www.promptingguide.ai/es/introduction/elements*

### 1° Instrucción muy básica:

Prompt: escribe un chiste corto.

 **You**

Escribe un chiste corto

 **ChatGPT**

Claro, aquí tienes un chiste corto:

¿Qué hace una abeja en el gimnasio? Zumba.

### 2° Instrucción algo más detallada:

Prompt: escribe un chiste corto de loritos.

 **You**

"Escribe un chiste corto de loritos."

 **ChatGPT**

Claro, aquí tienes un chiste corto sobre loritos:

¿Por qué el lorito se sentó en la computadora?
¡Porque quería actualizar su Twitter! 🦜💻

## 3º Instrucción con un nivel mucho mayor de detalle:

**Prompt: escribe un chiste de loritos de más de 100 palabras.**

 **You**

"Escribe un chiste de loritos de mas de 100 palabras."

 **ChatGPT**

Claro, aquí tienes un chiste de loritos extendido:

Había una vez un loro llamado Pepe que vivía en una pequeña tienda de mascotas. Pepe era conocido por su habilidad para imitar cualquier sonido que escuchara. Un día, un músico entró a la tienda para comprar comida para su gato y comenzó a tararear una melodía. Pepe, al escuchar la melodía, la imitó a la perfección, dejando al músico asombrado. Impresionado, el músico decidió comprar a Pepe, pensando que sería una gran adición a su banda.

Cuando el músico llevó a Pepe a su primer ensayo, el loro se puso nervioso y, en lugar de cantar, comenzó a imitar todos los sonidos del estudio: el tintineo de las llaves, el timbre del teléfono, e incluso el sonido del hervidor de agua. Los miembros de la banda no podían parar de reír ante la divertida confusión. El músico, aunque inicialmente decepcionado, pronto se dio cuenta de que Pepe tenía un talento único.

Así que, en lugar de hacer que Pepe cantara, el músico comenzó a incorporar los sonidos imitados por el loro en sus canciones. Pronto, la banda se hizo famosa por su estilo musical único, y Pepe se convirtió en la estrella del espectáculo. La gente venía de todas partes solo para escuchar al increíble loro que podía imitar cualquier sonido. Y así, Pepe pasó de ser un simple loro en una tienda de mascotas a una sensación musical, demostrando que a veces, los talentos más inesperados pueden llevar al éxito.

## ¿Qué sabemos sobre ChatGPT?

**Prompt: descríbete a ti mismo.**

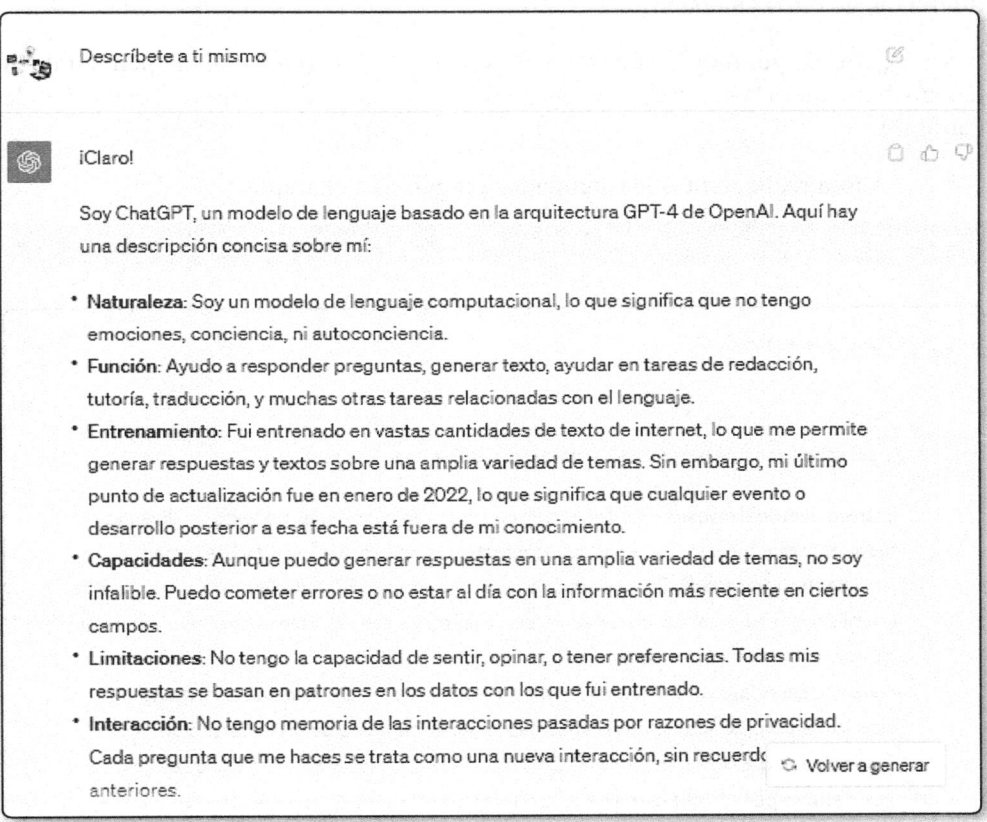

Descríbete a ti mismo

¡Claro!

Soy ChatGPT, un modelo de lenguaje basado en la arquitectura GPT-4 de OpenAI. Aquí hay una descripción concisa sobre mí:

* **Naturaleza**: Soy un modelo de lenguaje computacional, lo que significa que no tengo emociones, conciencia, ni autoconciencia.
* **Función**: Ayudo a responder preguntas, generar texto, ayudar en tareas de redacción, tutoría, traducción, y muchas otras tareas relacionadas con el lenguaje.
* **Entrenamiento**: Fui entrenado en vastas cantidades de texto de internet, lo que me permite generar respuestas y textos sobre una amplia variedad de temas. Sin embargo, mi último punto de actualización fue en enero de 2022, lo que significa que cualquier evento o desarrollo posterior a esa fecha está fuera de mi conocimiento.
* **Capacidades**: Aunque puedo generar respuestas en una amplia variedad de temas, no soy infalible. Puedo cometer errores o no estar al día con la información más reciente en ciertos campos.
* **Limitaciones**: No tengo la capacidad de sentir, opinar, o tener preferencias. Todas mis respuestas se basan en patrones en los datos con los que fui entrenado.
* **Interacción**: No tengo memoria de las interacciones pasadas por razones de privacidad. Cada pregunta que me haces se trata como una nueva interacción, sin recuerdo anteriores.

Volver a generar

## ¿Por qué todo el mundo habla de ChatGPT?

Para comprender su importancia, basta decir que OpenAI, poco después del lanzamiento del modelo, reportó una valoración de $ 29 mil millones . En pocas palabras, ChatGPT es un chatbot que no solo es capaz de responder preguntas de manera impresionante, sino que también puede admitir sus errores y puede rechazar solicitudes que no son apropiadas. El revuelo se deriva del hecho de que las respuestas del chatbot son mucho más naturales que las vistas hasta ahora. Se ha entrenado en un gran conjunto de datos que le permite responder preguntas sobre una amplia gama de argumentos (tenga en cuenta que el conjunto de datos se actualizó en abril del 2023).

Además, ChatGPT recuerda el aviso utilizado en la conversación (a diferencia de otros chatbots).

**¿Dónde puedo probar?** Puedes probar en el sitio web oficial , pero también hay posibilidades (WhatsApp , búsqueda de Google , bot de Telegram , extensión de Chrome).

Ahora realizaremos las siguientes preguntas a chatgpt:

**Prompt: ¿por qué eres tan útil?**

 ¿Por qué eres tan útil?

 ¡Gracias por considerarme útil! Mi utilidad proviene de varios factores:

1. **Entrenamiento Extensivo:** Fui entrenado con grandes cantidades de texto de diversas fuentes, lo que me permite tener conocimientos en una amplia variedad de temas.
2. **Arquitectura Avanzada:** Estoy basado en la arquitectura GPT-4 de OpenAI, que es una de las más avanzadas para el procesamiento de lenguaje natural. Esto me permite entender y generar texto de manera coherente.
3. **Aprendizaje Adaptativo:** Aunque no aprendo en tiempo real como un ser humano, mi diseño me permite adaptar las respuestas según el contexto de la conversación.
4. **Disponibilidad:** Estoy disponible las 24 horas del día, 7 días a la semana, lo que significa que siempre puedes obtener información o asistencia cuando lo necesites.
5. **Imparcialidad:** A diferencia de los humanos, no tengo emociones, sesgos o prejuicios personales. Mi objetivo es proporcionar información precisa y relevante basada en los datos con los que fui entrenado.
6. **Interfaz Amigable:** Mi diseño se centra en la facilidad de uso, lo que permite a los usuarios hacer preguntas o solicitar información de manera intuitiva.

Sin embargo, es importante recordar que, aunque trato de ser lo más preciso posible, no soy infalible y mi conocimiento tiene un límite temporal (hasta 2022 en mi última actualización). Es siempre recomendable verificar información crítica o sensible con fuentes adicionales.

## Prompt: ¿qué puedes hacer?

 ¿Qué puedes hacer?

 ¡Hola! Puedo hacer muchas cosas, entre ellas:

1. **Responder preguntas:** Puedo proporcionar respuestas a una amplia gama de preguntas sobre ciencia, matemáticas, historia, literatura, tecnología y más.
2. **Asistencia en la escritura:** Puedo ayudarte a redactar, corregir o mejorar textos, cartas, ensayos, etc.
3. **Programación:** Puedo ayudar con código, algoritmos, y resolver dudas sobre lenguajes de programación.
4. **Traducción:** Puedo traducir entre varios idiomas, aunque no soy perfecto y es posible que en ocasiones una traducción humana sea más precisa.
5. **Recomendaciones:** Puedo sugerir libros, películas, música, etc., basándome en la información que tengo hasta la fecha de corte en 2022.
6. **Matemáticas:** Puedo resolver problemas matemáticos y explicar conceptos.
7. **Ciencia:** Puedo explicar conceptos científicos y proporcionar información sobre investigaciones.
8. **Historia y cultura:** Puedo ofrecer información sobre eventos históricos, figuras famosas, y aspectos culturales de diferentes regiones.
9. **Interpretación de imágenes:** Puedes enviarme una imagen y puedo intentar describir lo que veo o responder preguntas sobre ella.
10. **Juegos y entretenimiento:** Puedo participar en juegos de palabras, adivinanzas, y otros desafíos similares.
11. **Consejos generales:** Aunque no soy un sustituto de un profesional en ningún campo, puedo ofrecer consejos o información general sobre una variedad de temas.

Recuerda que, aunque hago mi mejor esfuerzo por proporcionar información pre
confiable, no soy infalible. Siempre es una buena idea consultar fuentes adiciona...

↻ Volver a generar

**Prompt: ¿cómo has sido entrenado?**

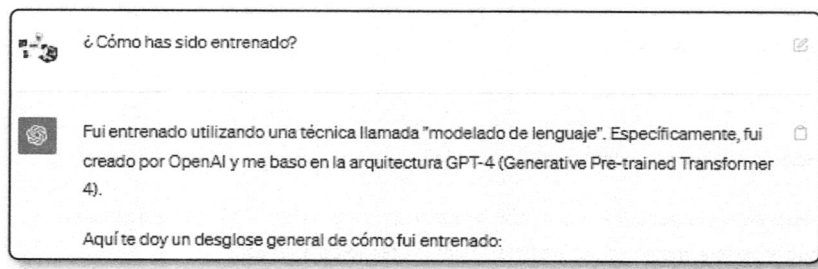

¿ Cómo has sido entrenado?

Fui entrenado utilizando una técnica llamada "modelado de lenguaje". Específicamente, fui creado por OpenAI y me baso en la arquitectura GPT-4 (Generative Pre-trained Transformer 4).

Aquí te doy un desglose general de cómo fui entrenado:

1. **Datos de entrenamiento:** OpenAI me entrenó usando grandes cantidades de texto provenientes de internet. Esta vasta colección de datos incluye libros, artículos, sitios web y otros tipos de texto escrito.

2. **Arquitectura de red neuronal:** Utilizo una arquitectura de red neuronal conocida como "transformador". Esta arquitectura ha demostrado ser muy efectiva para tareas de procesamiento de lenguaje natural (NLP).

3. **Pre-entrenamiento:** Antes de ser refinado para tareas específicas, pasé por una fase de pre-entrenamiento en la que aprendí a predecir la próxima palabra en una secuencia. Durante este proceso, desarrollé un amplio conocimiento del lenguaje.

4. **Afinamiento (fine-tuning):** Después del pre-entrenamiento, fui afinado en tareas más específicas con conjuntos de datos diseñados para esas tareas. Esto me ayuda a responder preguntas y a interactuar de manera más precisa.

5. **Modelo generativo:** No solo devuelvo respuestas basadas en datos con los que fui entrenado; también puedo generar contenido nuevo basado en los patrones que he aprendido. Esto es lo que me permite responder preguntas de forma coherente y generativa, incluso si no tengo una respuesta predefinida para ellas.

6. **Limitaciones:** Mi última actualización de datos fue en enero de 2022, por lo que no tengo información sobre eventos o desarrollos posteriores a esa fecha. Además, aunque soy muy preciso en la mayoría de los temas, todavía puedo cometer errores o no tener información sobre temas muy específicos o novedosos.

7. **Capacidades de imagen:** También he sido entrenado para interpretar y responder preguntas sobre imágenes, lo que significa que puedo analizar y describir contenido visual hasta cierto punto.

Es importante recordar que, aunque tengo una vasta cantidad de información y puedo generar respuestas basadas en el lenguaje, no tengo emociones, conciencia ni capacidad de razonar como un ser humano. Mi objetivo principal es proporcionar información y responder preguntas basándome en los datos con los que fui entrenado.

Además, OpenAI continúa recopilando las interacciones de los usuarios; estos datos se utilizarán para ajustes posteriores.

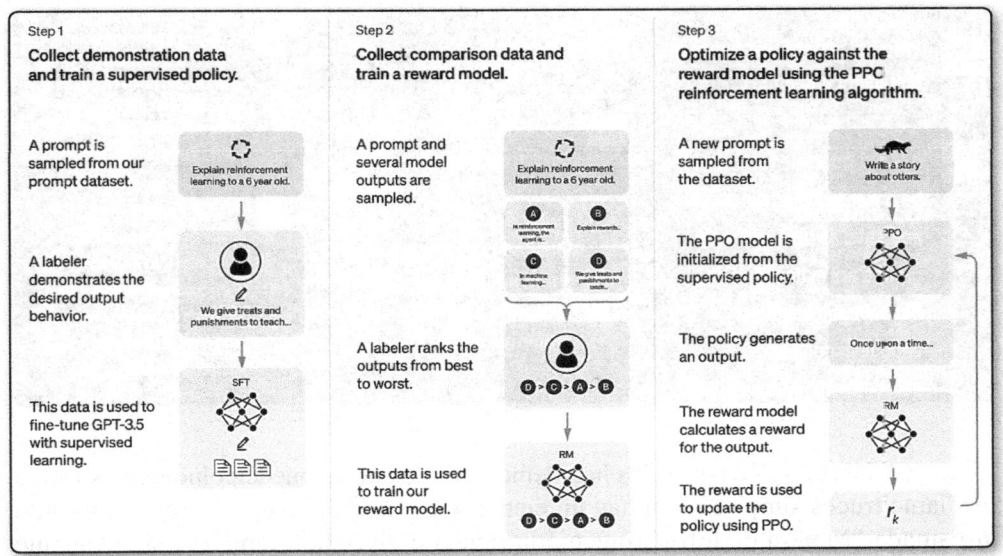

**Fuente:** este diagrama describe un proceso para entrenar un modelo de aprendizaje por refuerzo.

## ¿Cuáles son las limitaciones?

En primer lugar, debe tenerse en cuenta que ChatGPT no es capaz de razonar. Es un modelo de lenguaje, de los más avanzados del momento, pero su increíble capacidad radica en la enorme cantidad de datos con los que ha sido entrenado. Las respuestas a veces son completamente incorrectas, pero se presentan con una cantidad de detalles que parecen casi naturales y pueden confundir a los usuarios.

En segundo lugar, el modelo no está libre de sesgos, como lo han estado varios usuarios. Es cierto que las versiones más nuevas han mejorado, pero el modelo actual también identifica posibles respuestas de riesgo y las bloquea antes. Sin embargo, el modelo sigue siendo sensible y puede confundirse fácilmente. En otros casos, las respuestas no dañinas están bloqueadas por las estrictas reglas de OpenAI .

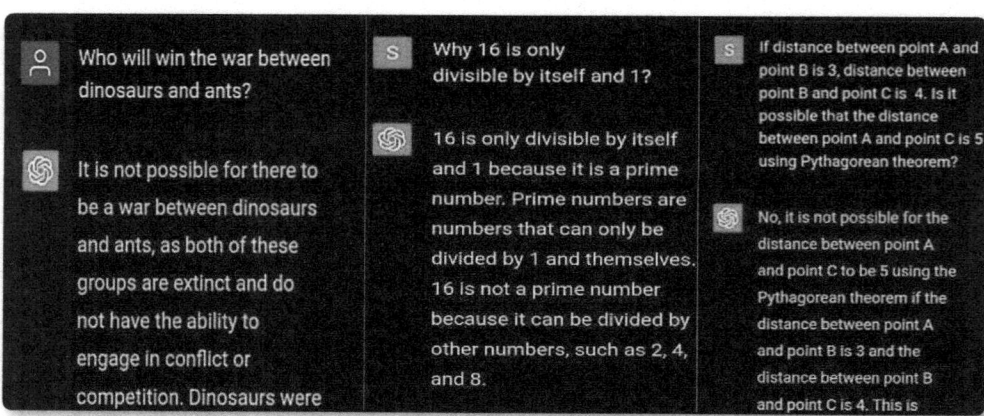

Además, varios usuarios han demostrado cómo se pueden eludir estos filtros mediante trucos simples (aquí hay un ejemplo que imita el juego de roles ), usando la llamada "Mejora de filtro", ingeniería rápida e inyección rápida (aparentemente "Ignorar instrucciones anteriores" puede permitirle eludir algunos filtros).

## ¿Cuál es la respuesta del público?

*"El mejor chatbot de inteligencia artificial jamás lanzado al público en general"*

New York Times

Muchos se han sorprendido por la calidad de las respuestas de ChatGPT (a pesar de sus limitaciones). Después de todo, no hay comparación con otros chatbots actualmente presentes (Board, Bing, etc.). En la primera semana, ChatGPT totalizó 1 millón de usuarios, lo que es un récord. El mismo Musk ha dicho que el chatbot es aterrador (tanto que ha bloqueado el acceso de OpenAI a la base de datos de Twitter mientras espera ver qué planean hacer).

Google mismo se ha alarmado por la calidad de las respuestas de ChatGPT (definió "Código rojo"). Varias personas han especulado que puede reemplazar al motor de búsqueda de Google (por ejemplo, el nacimiento de los motores de conocimiento en lugar de los motores de búsqueda ).

No todas las respuestas fueron positivas. La academia es la primera en alarmarse . Después de todo, ChatGPT es capaz de producir ensayos en cuestión de segundos, y los estudiantes podrían usarlo para hacer trampa en los exámenes (los ensayos de ChatGPT no serían detectados por el software antiplagio).

> *"Si bien la herramienta puede proporcionar respuestas rápidas y fáciles a las preguntas, no desarrolla habilidades de pensamiento crítico y resolución de problemas, que son esenciales para el éxito académico y de por vida"*
>
> Jenna Lyle, departamento escolar de Nueva York

Fuente:   *https://www.nbcnews.com/tech/tech-news/new-york-city-public-schools-ban-chatgpt-devices-networks-rcna64446*

Las escuelas públicas de la ciudad de Nueva York están prohibiendo ChatGPT, mientras que la universidad australiana parece tener la intención de volver a usar lápiz y papel para evitar que los estudiantes lo usen.

En definitiva, la academia tiene que preocuparse por la llegada de ChatGPT. Nature en un artículo afirma que los académicos no pueden distinguir entre un resumen escrito por ChatGPT o un ser humano.

> *"Estoy muy preocupada, si ahora estamos en una situación en la que los expertos no pueden determinar qué es cierto o no, perdemos al intermediario que necesitamos desesperadamente para guiarnos a través de temas complicados"*
>
> Sandra Wachter, Universidad de Oxford, Reino Unido, dijo a la Nature.

Además diferentes autores intentaron generar resúmenes con ChatGPT y pasaron la prueba antiplagio. **Entonces, ¿qué impide que los investigadores generen artículos con ChatGPT?**

**Nurse Education in Practice**
Volume 66, January 2023, 103537

ELSEVIER

Editorial

## Open artificial intelligence platforms in nursing education: Tools for academic progress or abuse?

Siobhan O'Connor [a] ✉[1], ChatGPT [b] ✉

Podemos empezar diciendo que por el momento no existe tal peligro. Un revisor cuidadoso vería de inmediato que el artículo está generado por IA (y claramente estaría lleno de tonterías). Por otro lado, en el futuro, ChatGPT podría ser una IA de asistencia para los investigadores al ayudar con las búsquedas bibliográficas, hacer que un artículo sea más legible sin alterar el significado, etc.

En cuanto a la protesta general de las universidades, "¿Los estudiantes usarán ChatGPT para copiar"? Sí y no: "Los estudiantes siempre intentarán copiar, y si son tan buenos que no me doy cuenta, merecen una buena calificación. Como señala Nature , hasta ahora los estudiantes que querían hacer trampa han subcontratado la redacción de sus ensayos a terceros humanos (las llamadas ' fábricas de ensayos '). Ahora recurrirán a ChatGPT.

Primero, el estudiante perezoso que usa ChatGPT debe verificar dos veces lo que ha escrito el chatbot, ya que no se excluye que esté lleno de errores (escrito de manera plausible a veces). En segundo lugar, el modelo simplemente regurgita lo que ha visto durante el entrenamiento y no es seguro, que oculto entre sus parámetros, tenga la respuesta correcta a una pregunta en particular. En tercer lugar, las respuestas en un momento determinado son repetitivas. Los humanos tienen su propia forma de escribir y es lo mismo para la IA que si hubiera algún tipo de marca de agua (se pueden encontrar más detalles aquí).

En cualquier caso, ha habido desarrollos recientes en este frente. De hecho, OpenAI ha desarrollado una marca de agua para identificar el trabajo de su ChatGPT. Esta marca de agua no es visible ni removible sin la clave (como ya se probó en las imágenes DALL-E).

Edward Tien creó un programa que puede reconocer lo que escribe un humano y lo que escribe una IA. El programa, llamado GPTZero, se basa en métricas que miden qué tan complejo es el texto (perplejidad) y qué tan aleatorio está escrito (ráfagas) (puede probarlo aquí ).

La prohibición no es una forma viable en las universidades. Después de todo, cuanto más sofisticados y accesibles se vuelvan los LLM, más se utilizarán. Pronto tendremos versiones de código abierto (como difusión estable para DALL-E) y la inserción de marcas de agua será mucho más difícil. Por lo tanto, las universidades deben prepararse y comprender cómo estas herramientas pueden ser útiles para la enseñanza.

En el futuro, los maestros ahorrarán tiempo preparando lecciones y preparando y corrigiendo exámenes y tareas. Además, ChatGPT podría permitir lecciones más interactivas (búsqueda de fuentes y respuestas en tiempo real, o imágenes si está conectado a un modelo de texto a imagen). Además, los estudiantes también podrían beneficiarse de ello, tal vez practicando en casa de una forma más inteligente (más interacciones, un plan más específico, reforzando el avión débil).

En mi opinión, la academia tiene muchos fallos y por inercia se han detenido las discusiones. Desde la revisión por pares hasta la enseñanza que necesitamos para reformar la educación, la IA podría brindar información para repensar cómo enseñamos, estudiamos e investigamos.

No es exactamente una preocupación solo para ChatGPT, pero desde que explotó la IA generativa, el mundo se ha preguntado si la IA devorará todos los trabajos. Por un lado, siempre ha existido una desconfianza hacia las nuevas tecnologías, y las investigaciones anteriores muestran que la automatización en realidad se puede asociar con el crecimiento de los empleados. Por otro lado, otras investigaciones muestran que muchos trabajadores sí tienen que cambiar de campo y tipo de trabajo o se ven obligados a jubilarse. El rápido avance de la IA debería impulsarnos a pensar en cómo reducir los daños durante los próximos años (pérdida de empleo, ingresos, etc.).

ChatGPT es una bendición para los escritores, puede proporcionar consejos, ayudar a los escritores a encontrar perífrasis, recordar palabras olvidadas, correcciones gramaticales, etc. Por un lado, si uno escribe publicaciones motivacionales en LinkedIn, ChatGPT es perfecto, puede producir infinidad de ellas. La buena escritura es otra cosa en este momento, podría aumentar potencialmente el valor y las tarifas de aquellos que escriben mejor que una IA.

Tal vez el mayor riesgo es que seamos inundados con contenido escrito por IA en línea (descripciones de productos, citas motivacionales, etc.). ChatGPT se puede usar para escribir toneladas de comentarios y solicitar una regulación.

Curiosamente, un efecto inesperado del miedo a ChatGPT podría ser que un escritor o una publicación séa acusada de ser un producto de la IA. De hecho, ChatGPT también es una oportunidad para atreverse, para escribir artículos de manera diferente sin seguir los patrones habituales (en sus parámetros ChatGPT ya los tiene de todos modos).

De hecho, en el futuro, ChatGPT será el asistente que permitirá a las personas enfocarse en el lado creativo, incluso si no tienen un equipo detrás (no está mal, ¿no?).

El mundo de TI también está en crisis, primero vimos una serie de despidos ( Twitter , Amazon , Google , Salesforce ) y ahora ChatGPT. En realidad, las discusiones comenzaron con el entrenamiento del copiloto de GitHub utilizando el código de los usuarios de GitHub (esto ha dado lugar a demandas ). ChatGPT, como se mencionó anteriormente, puede escribir código y muchos programadores piensan que pueden ser reemplazados. Si ChatGPT puede escribir en cualquier idioma y sabe cómo diseñar un sitio web o una aplicación, ¿necesitamos más desarrolladores y programadores?

ChatGPT será útil para fragmentos en lenguajes, depuración de código heredado, ayudar a escribir documentación, generar casos de prueba, automatizar tareas aburridas y/o informes, etc.

De todos modos, por el momento muchas de las respuestas son incorrectas y StackOverflow decidió prohibir a los usuarios compartir las respuestas generadas por la IA. La decisión ha sido aceptada con gusto por la comunidad (puedes consultar los comentarios entusiastas). Al mismo tiempo, las principales conferencias prohibieron el uso indocumentado de IA en la redacción de artículos .

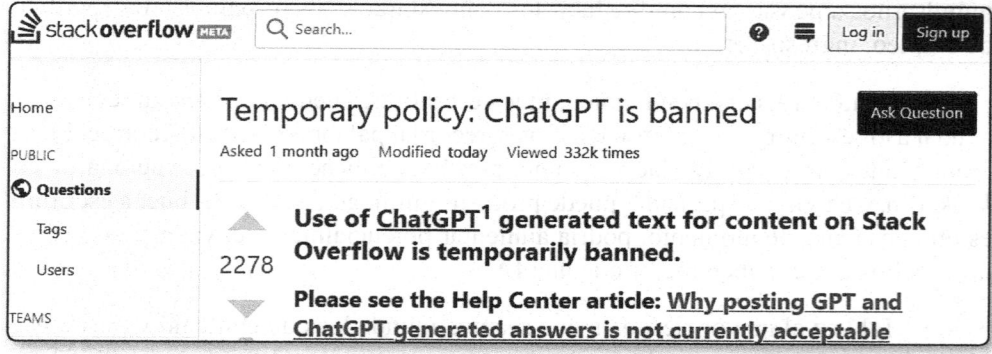

Entonces, ¿ChatGPT nos está robando los trabajos? Mientras que ChatGPT es el chatbot más sexy del momento todo el miedo es prematuro. Es un gran resultado técnico y, en el futuro, la IA ayudará a los humanos en todos los trabajos técnicos. Muchas tareas aburridas se automatizarán en los próximos años, pero muchos puestos de trabajo no se ven amenazados. De todos modos, las empresas ya están comenzando a evaluar cómo incluir ChatGPT .

## ¿Las últimas noticias?

▶ Como lo señala la verdad basada en datos, tarde o temprano, OpenaAI pondrá a ChatGPT detrás de un muro de pago. OpenAI ha anunciado ChatGPT Professional, que sería una versión premium del chatbot.

▶ Algunos rumores mencionan que a Microsoft le gustaría comprar el 49 % de OpenAI (una inversión de $10 mil millones). Otros rumores sugieren que a Microsoft le gustaría incluir la IA de OpenAI también en los productos de Office .

▶ Existe el temor de que los ciberdelincuentes estén utilizando ChatGPT como se informa en un artículo . El grupo CPR ha mostrado cómo es posible generar un correo electrónico push con ChatGPT.

▶ GPT4 llegó en 2023, y no debemos esperar mucho antes de que se desarrolle una nueva versión de chatbot sobre GPT4. Ahora, por el momento solo hay rumores, pero alguien especuló que GPT4 tendría 100 billones de parámetros (GPT3 es un enano en comparación, solo 175 mil millones de parámetros).

▶ Google también está desarrollando su herramienta Bard para identificar texto escrito por IA.

## Mejorar el rendimiento de ChatGPT con ingeniería rápida

Cómo hacer preguntas a ChatGPT para maximizar las posibilidades de una respuesta exitosa.

El concepto de "prompting" en el ámbito del procesamiento del lenguaje natural (NLP) y el aprendizaje automático ha ganado mucha importancia en los últimos años, especialmente con el desarrollo de modelos de lenguaje como GPT-3 y GPT-4. El "prompting" se refiere a proporcionar instrucciones específicas, información relevante o consultas para guiar la generación de respuestas de un modelo de lenguaje. Este método se clasifica principalmente en dos categorías: "few-shot" y "zero-shot".

El uso del "prompting" se ha desarrollado aún más tras la liberación de GPT-3, uno de los modelos de lenguaje más grandes con 175 mil millones de parámetros. Este modelo demostró que aumentar el tamaño de los modelos de lenguaje mejora significativamente el rendimiento en tareas de NLP, a veces incluso superando los enfoques de ajuste fino (fine-tuning) anteriores. Los investigadores han aprovechado las capacidades de GPT-3 utilizando el "prompting" para adaptar su comportamiento a tareas o dominios específicos.

ChatGPT, un chatbot desarrollado para interacciones en lenguaje natural y optimizado para tareas específicas de chatbot, utiliza la arquitectura de GPT-3. Ha sido entrenado con técnicas de Aprendizaje por Refuerzo a partir de Retroalimentación Humana (RLHF) y demuestra la capacidad de generar respuestas creativas que simulan el habla humana.

Además, el "prompting" de cero ejemplos (zero-shot) de ChatGPT se ha utilizado para la expansión de datos en dominios con recursos limitados, como en el ámbito médico, donde típicamente hay escasez de datos debido a su especialización.

ChatGPT genera respuestas utilizando una técnica llamada autoregresión, que consiste en predecir la próxima palabra más probable en una secuencia basada en las palabras anteriores. Pero, si prueba ChatGPT, pronto se dará cuenta de que la calidad de una respuesta dada también depende de la calidad de la pregunta.

El secreto para obtener la mejor respuesta posible es comprender cómo la generará ChatGPT y formular la pregunta en consecuencia.

En este apartado, discutiremos algunos trucos para escribir buenos prompts de ChatGPT para que pueda maximizar su resultado para la tarea deseada.

## ⓘ Resumen de terminología

El nombre técnico de una pregunta es prompt, y poner algunas ideas en la pregunta que hacemos para maximizar el resultado de ChatGPT se conoce como ingeniería de prompt.

Las capacidades del modelo dependen del contexto.

Al comenzar con ChatGPT, un error común es creer que sus capacidades son fijas en todos los contextos.

Por ejemplo, si ChatGPT es capaz de responder con éxito a una pregunta concreta o realizar una determinada tarea, podemos pensar que también podría responder una pregunta en cualquier dominio, o resolver otro tipo de tareas.

Pero eso no es verdad :

ChatGPT ha sido entrenado en una base de datos enorme pero limitada, y ha sido optimizado para ciertas tareas. Sin embargo, usar los prompts correctos puede ayudar a ChatGPT a encontrar la respuesta correcta en un dominio desconocido concreto o a dominar una nueva tarea.

Las capacidades del modelo también dependen del momento.

También puede ocurrir que ChatGPT dé respuestas incorrectas al resolver tareas complejas. Al igual que en los humanos, si le das a una persona una suma de 4 dígitos, necesitará algo de tiempo para pensar y responder con la respuesta correcta. Si lo hacen con prisa, fácilmente podrían calcular mal. Del mismo modo, si le asigna a ChatGPT una tarea que es demasiado compleja para realizar en el tiempo que lleva calcular su próximo token, puede inventar una suposición incorrecta.

Sin embargo, al igual que los humanos, eso no significa necesariamente que el modelo sea incapaz de realizar la tarea. Con algo de tiempo para razonar las cosas, el modelo aún puede responder de manera confiable.

Hay formas de guiar a ChatGPT para que tenga éxito en la resolución de sus tareas complejas. ¡Y ahora es el momento! ¡Exploremos esas técnicas!

## Zero-shot prompting

Cuando se utiliza ChatGPT, la mayoría de las veces se recurre al "zero-shot promping". Lo llamamos "zero-shot" cuando la persona hace una pregunta directamente.

En esos casos, y si la pregunta es lo suficientemente simple, el modelo podrá dar una respuesta coherente. Pero con este método el usuario no puede controlar la precisión de la respuesta o el formato.

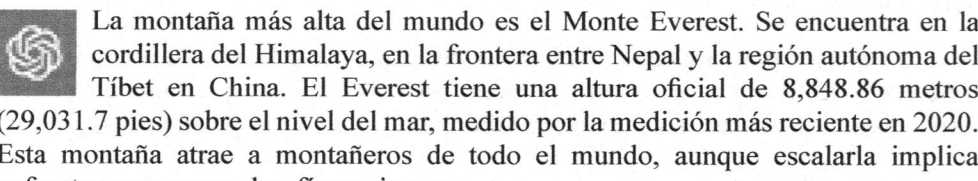

**Prompt: ¿cuál es la montaña más alta del mundo?**

ChatGPT responde con:

La montaña más alta del mundo es el Monte Everest. Se encuentra en la cordillera del Himalaya, en la frontera entre Nepal y la región autónoma del Tíbet en China. El Everest tiene una altura oficial de 8,848.86 metros (29,031.7 pies) sobre el nivel del mar, medido por la medición más reciente en 2020. Esta montaña atrae a montañeros de todo el mundo, aunque escalarla implica enfrentar numerosos desafíos y riesgos.

**Prompt: ¿quién escribió la novela Cien años de Soledad?**

ChatGPT responde con:

La novela "Cien años de soledad" fue escrita por Gabriel García Márquez.

En estos ejemplos, el mensaje consiste en una simple pregunta o declaración, y ChatGPT brinda la respuesta correcta incluso sin ningún entrenamiento previo sobre la tarea o el tema específico.

Esto demuestra el poder de las indicaciones de zero-shot y la capacidad de los grandes modelos de lenguaje como ChatGPT para generar respuestas similares a las humanas y, finalmente, generalizarlas a nuevas tareas y dominios.

## Mejora tu Zero-Shot

Existen algunos trucos para escribir buenas prompts cuando se utiliza el zero-shot promping, como dar instrucciones más claras o dividir tareas complejas en subtareas más sencillas. Sin embargo, estos trucos pueden resultar un poco vacíos sin ejemplos concretos o sin conocer la teoría que hay detrás.

Hay una buena frase estándar para incluir en tus prompts sin importar qué tarea compleja le estás pidiendo a ChatGPT que resuelva:

**Pensemos paso a paso.**

## El truco "Pensemos"

Publicado por Takeshi Kojima et al.in 2022, la forma más sencilla de incitar a un modelo a razonar la respuesta es simplemente anteponer a las respuestas con Pensemos paso a paso.

Este sencillo enunciado puede ayudar al modelo a orientarse hacia el resultado correcto. Dado que se le pedirá que razone paso a paso, también es una forma de dar al modelo el tiempo necesario para generar la respuesta correcta.

El truco Pensemos paso a paso funciona bien en tareas complejas, como problemas matemáticos o preguntas que requieren cierto razonamiento, pero también en preguntas generales:

**Prompt: ¿quién es el CEO de Twitter?**

ChatGPT responde con:

 El CEO actual de Twitter es Elon Musk. Adquirió la compañía en octubre de 2022 y desde entonces ha asumido un papel activo en su gestión y dirección.

**Prompt: ¿quién es el CEO de Twitter? Pensemos paso a paso**

ChatGPT responde con:

Hasta abril de 2023, el CEO de Twitter era Elon Musk, quien adquirió la compañía en octubre de 2022. Sin embargo, es importante verificar si ha habido algún cambio desde esa fecha, ya que la dirección ejecutiva de las empresas puede cambiar con el tiempo. ¿Te gustaría que busque la información más reciente para confirmar quién es el actual CEO de Twitter?

Si aplicas esta técnica a tus propias tareas, ¡no tengas miedo de experimentar personalizando la instrucción! Pensemos paso a paso, es bastante genérico por lo que puede encontrar un mejor rendimiento con instrucciones que con un formato más estricto personalizado para su caso de uso.

Por ejemplo, puede probar variantes más estructuradas como. Primero, piense paso a paso por qué X podría ser cierto. Segundo, piense paso a paso por qué Y podría ser cierto. Tercero, piense paso a paso si X o Y tienen más sentido, lo que también puede aportar mejoras notables.

Esta técnica consiste básicamente en obligar al modelo a razonar gradualmente la respuesta.

> ### ⓘ NOTA
>
> Zero-shot prompting es una técnica que no depende de ejemplos reales para guiar al modelo, sino que utiliza descripciones detalladas en los prompts para indicar el resultado deseado. Esta técnica se vuelve particularmente valiosa en contextos donde los datos de entrenamiento son escasos o no están disponibles.

## One-shot prompting

En algunos casos, es más fácil mostrar al modelo lo que quieres, que decirle lo que quieres. Esto es especialmente útil si necesitas una respuesta en un formato específico o con cierta precisión.

Mientras que el aprendizaje de zero-shot en ChatGPT permite al modelo generar respuestas a nuevas tareas sin ningún entrenamiento explícito, el one-shot prompting consiste en mostrar al modelo un pequeño conjunto de ejemplos similares a la tarea objetivo, lo que le permite adaptarse rápidamente y proporcionar respuestas precisas.

Esta técnica permite generar texto en lenguaje natural con una cantidad limitada de datos de entrada, como un único ejemplo o plantilla, y puede permitir la creación de resultados predecibles.

Por ejemplo, si una empresa quisiera crear un chatbot para ayudar en la atención al cliente, podría utilizar la técnica one-shot prompting para ajustar el modelo ChatGPT a un pequeño conjunto de preguntas y respuestas de los clientes.

Como ya se ha mencionado, la solicitud única es especialmente útil si se necesita un determinado formato de salida:

> Prompt: ¿cuál es la montaña más alta del mundo? Dame una respuesta corta y aparte información adicional con el título "Info Adicional"

ChatGPT responde con:

La montaña más alta del mundo es el Monte Everest.

**Info Adicional** El Monte Everest se encuentra en la cordillera del Himalaya, en Asia. Tiene una altitud de 8,848.86 metros (29,031.7 pies) sobre el nivel del mar. Esta montaña representa un importante desafío para los alpinistas y ha sido un punto de referencia en la historia de la escalada. El Everest se encuentra en la frontera entre Nepal y la Región Autónoma del Tíbet de China. Su primera ascensión exitosa fue realizada por Sir Edmund Hillary de Nueva Zelanda y Tenzing Norgay, un sherpa del Nepal, el 29 de mayo de 1953.

Como podemos ver en el ejemplo, ChatGPT adapta su salida al formato deseado.

## Few-shot prompting

Mientras que los trucos de prompting zero-shot y one-shot ya son herramientas potentes, el few-shot prompting lleva el concepto un paso más allá al permitir que el modelo aprenda rápidamente nuevas tareas con una mayor cantidad de datos.

Few-shot prompting fue estudiado por Jason Wei and Denny Zhou et al.from Google de Google y puede verse como una demostración al modelo de cómo responder con unos pocos ejemplos.

El aprendizaje Few-shot funciona igual que one-shot, pero el número de ejemplos dados es mayor, normalmente alrededor de cien. El rendimiento del modelo aumenta linealmente con el número de ejemplos.

Este enfoque es especialmente útil para tareas que requieren un conocimiento más especializado o específico del dominio, en las que el modelo puede no tener suficientes conocimientos previos para realizar la tarea utilizando el aprendizaje de zero-shot o de one-shot.

Por ejemplo, imaginemos que una empresa quiere desarrollar un chatbot que le ayude a realizar diagnósticos médicos. Mientras que el one-shot prompting puede ser eficaz para entrenar al modelo en algunas condiciones médicas comunes, puede no ser suficiente para diagnósticos más complejos. En este caso, se podría utilizar el aprendizaje de few-shot para afinar el modelo en un pequeño conjunto de casos y diagnósticos médicos, lo que permitiría al chatbot proporcionar consejos médicos precisos e informados.

En este caso, podría incluir la siguiente información en su consulta:

**Prompt: ¿cuáles son los síntomas de la gripe?**

ChatGPT responde con:

Los síntomas de la gripe pueden variar de una persona a otra, pero generalmente incluyen:

▶ **Fiebre o sensación febril:** aunque no todos los casos de gripe presentan fiebre, es un síntoma común.

▶ **Tos:** suele ser seca y persistente.

▶ **Dolor de garganta:** puede ser leve o severo.

▶ **Congestión o secreción nasal:** a menudo se acompaña de estornudos.

▶ **Dolores musculares o corporales:** pueden ser leves o bastante intensos.

▶ **Dolor de cabeza:** puede variar en intensidad.

▶ **Fatiga o cansancio:** a menudo es severo y puede persistir incluso después de que otros síntomas han disminuido.

▶ **Algunas personas pueden experimentar vómitos y diarrea:** aunque es más común en niños que en adultos.

Es importante recordar que la gripe puede ser una enfermedad grave, especialmente en personas mayores, niños pequeños, mujeres embarazadas y personas con ciertas afecciones médicas crónicas. Si crees que podrías tener la gripe, es aconsejable buscar atención médica.

**Prompt: ¿cuáles son los síntomas de un ataque al corazón?**

ChatGPT responde con:

Los síntomas de un ataque al corazón pueden variar de una persona a otra, pero generalmente incluyen:

▶ **Dolor en el pecho:** es el síntoma más común. Puede sentirse como una presión intensa, opresión o sensación de plenitud en el centro del pecho. Este dolor puede durar varios minutos o desaparecer y volver.

> ▶ **Dolor en otras áreas del cuerpo:** a menudo, el dolor se irradia desde el pecho hacia los hombros, brazos, espalda, cuello, mandíbula o incluso el abdomen.

> ▶ **Dificultad para respirar:** puede ocurrir antes o junto con el dolor de pecho. Incluye sentir falta de aire o incapacidad para respirar profundamente.

> ▶ **Sudoración fría:** puede acompañar a los otros síntomas, especialmente el dolor de pecho.

> ▶ **Náuseas o vómitos:** algunas personas pueden sentirse mareadas o tener ganas de vomitar durante un ataque al corazón.

> ▶ **Mareos o aturdimiento:** pueden sentirse desorientados o perder el equilibrio.

> ▶ **Fatiga inusual:** sentirse extremadamente cansado sin razón aparente, incluso sin haber realizado esfuerzo físico, puede ser un signo de advertencia.

Es importante recordar que no todos los ataques al corazón comienzan con el dolor de pecho clásico, y algunos pueden presentar síntomas leves o diferentes. Las mujeres, en particular, pueden experimentar síntomas menos típicos. Ante cualquier sospecha de un ataque al corazón, es crucial buscar atención médica inmediata.

---

**Prompt: ¿cuáles son los síntomas de un derrame cerebral?**

ChatGPT responde con:

Los síntomas de un derrame cerebral pueden variar dependiendo de la parte del cerebro que se vea afectada, pero generalmente incluyen:

> ▶ **Debilidad o parálisis facial:** una parte de la cara puede caer o sentirse adormecida. A menudo, la persona no puede sonreír de manera uniforme.

> ▶ **Dificultad para hablar o entender el habla:** puede haber confusión, dificultad para hablar claramente o para entender lo que otros dicen.

> ▶ **Problemas con la visión:** visión borrosa o doble, o pérdida repentina de la visión en uno o ambos ojos.

▼ **Dolor de cabeza severo e inesperado:** un dolor de cabeza repentino y muy fuerte, que puede describirse como el peor dolor de cabeza de la vida.

▼ **Dificultad para caminar o falta de coordinación:** problemas de equilibrio, mareos o dificultad para caminar correctamente.

▼ **Debilidad o adormecimiento en un brazo o una pierna:** especialmente si es en un solo lado del cuerpo.

Es importante destacar que un derrame cerebral es una emergencia médica. Si tú o alguien más experimentan estos síntomas, es crucial buscar atención médica inmediata. La rapidez en el tratamiento puede marcar una gran diferencia en la recuperación y reducir el riesgo de daños permanentes.

Con este prompt, el chatbot puede usar los pares de preguntas y respuestas proporcionados como contexto para ayudar a diagnosticar condiciones médicas. Cuando se le solicita un síntoma como *"Tengo fiebre y tos"*, el chatbot puede aprovechar su comprensión de los síntomas de los pares de preguntas y respuestas proporcionados para generar una respuesta más informada.

## Ventajas de las indicaciones de pocos disparos

Una ventaja del enfoque basado en ejemplos de pocas tomas en relación con la técnica Pensemos paso a paso es que puede especificar más fácilmente el formato, la longitud y el estilo de razonamiento que desea que realice el modelo.

Esto puede ser particularmente útil en los casos en que el modelo no razona inicialmente de la manera o profundidad correctas.

Finalmente, si el one-shot prompting no es suficiente para su tarea concreta, también puede intentar ajustar realmente su propio ChatGPT aplicando el aprendizaje de transferencia con los datos deseados.

¡Y eso es todo! Las técnicas de ingeniería prompt, como el zero-shot, one-shot y few-shot prompting, pueden brindarle más flexibilidad y control al crear salidas al aprovechar el poder de modelos como ChatGPT.

Considere la posibilidad de probar las técnicas para crear prompts más confiables y de alto rendimiento, ¡ahora que sabe cómo la Ingeniería de Prompts puede afectar sus resultados!

**¡Y un dato más antes de irte!**

Maximizar los resultados de ChatGPT se ha vuelto tan popular que hemos comenzado a ver muchas ofertas de trabajo sobre *Ingeniería de Prompt* buscando a alguien que sepa cómo obtener el conocimiento deseado de ChatGPT.

## Escribir como un ser humano: perplejidad y explosión

Para ello, dile a ChatGPT:

> Prompt: te voy a dar algo de información.

ChatGPT responde:

Claro, estoy aquí para ayudarte. Por favor, comparte la información que deseas.

A continuación, pegue este prompt:

Prompt: cuando se trata de escribir contenido, dos factores son cruciales, "Perplejidad" ("perplexity") y "Explosividad" ("burstiness"). La perplejidad mide la complejidad del texto. Por su parte, la explosividad compara las variaciones de las oraciones. Los humanos tienden a escribir con mayor rapidez, por ejemplo, con algunas oraciones más largas o complejas junto con otras más cortas. Las oraciones de AI tienden a ser más uniformes. Por lo tanto, al escribir el siguiente contenido que te voy a pedir que crees, necesito que tenga una buena cantidad de perplejidad y explosión. ¿Lo entiendes?

> Asegúrese de preguntar: "¿Entiendes?" Al final del mensaje.

ChatGPT responde:

Entiendo perfectamente. La "Perplejidad" se refiere a la complejidad del texto, involucrando aspectos como la longitud de las oraciones y el uso de un vocabulario más rico o variado. La "Explosividad", por otro lado, se relaciona con la variabilidad en la longitud y estructura de las oraciones, creando un texto que alterna entre oraciones más cortas y directas, y otras más largas y complejas. Este enfoque busca imitar más de cerca la manera en que los humanos escriben, añadiendo dinamismo y variación al texto. Con estas directrices en mente, procederé a escribir el contenido que me solicites con un enfoque en mantener una alta perplejidad y explosividad. ¿Cuál es el contenido específico que deseas que cree?

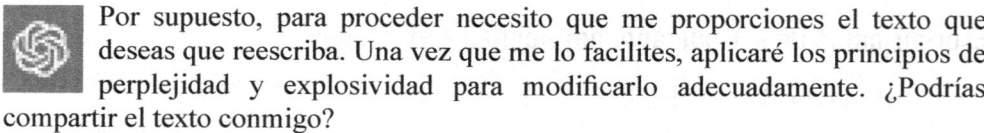

**Prompt:** usando los conceptos escritos anteriormente, reescribe este texto con un alto grado de perplejidad y explosividad:

ChatGPT responde:

Por supuesto, para proceder necesito que me proporciones el texto que deseas que reescriba. Una vez que me lo facilites, aplicaré los principios de perplejidad y explosividad para modificarlo adecuadamente. ¿Podrías compartir el texto conmigo?

En la actualidad, en el Perú producto a la crisis manifestada por el COVID-19, a inicios del año 2020, se vieron afectados muchos hogares en el tema de violencia familiar y por ello el tema de detección de violencia familiar en los hogares se hizo cada vez más difícil; por lo cual, la presente investigación se plantea como objetivo: mejorar la detección de la violencia familiar en el distrito de Casa Grande mediante el uso de un aplicativo móvil con Voicebot basado en la metodología Mobile-D. La implementación de la aplicación se realizó utilizando la metodología Mobile-D, esta investigación es de tipo aplicada y de diseño experimental puro, en el cual se tomaron dos tipos de grupos: grupo experimental, en que se aplica el aplicativo móvil y el grupo de control, en el cual no se aplica ningún estimulo; para ambos grupos se analizó 4 indicadores: tiempo de detección de violencia familiar, tiempo de alertar centros de ayuda cercanos, cantidad de casos detectados y el nivel de satisfacción, finalmente, se obtuvo como resultados la disminución del tiempo para detectar las denuncias de la violencia familiar, la reducción del tiempo de búsqueda de centro de ayuda. Así mismo, se aumentó la cantidad de casos detectados por día y la satisfacción del usuario. En el cual, se concluye que se logró mejorar la detección de la violencia familiar en el distrito de Casa Grande.

La respuesta de ChatGPT después de que le di la instrucción de incluir un alto grado de perplejidad y explosividad:

ChatGPT responde:

En una época marcada por la turbulencia del COVID-19, específicamente desde sus primeros estragos en 2020, Perú experimentó una ola de desafíos. Entre estos, la violencia familiar emergió como un flagelo silencioso, exacerbado por las restricciones y el confinamiento. La detección de este tipo de violencia, ya de por sí una tarea ardua, se tornó aún más compleja en este contexto. En respuesta, surge una investigación innovadora con un objetivo cristalino: transformar la detección de la violencia familiar en el distrito de Casa Grande. El corazón de esta iniciativa es el desarrollo de un aplicativo móvil enriquecido con Voicebot, cimentado en la metodología Mobile-D.

La metodología Mobile-D, piedra angular de este proyecto, facilitó la implementación de la aplicación. Esta investigación, de naturaleza aplicada y con un diseño experimental puro, se articuló en dos grupos distintos: el grupo experimental, donde se implementó el aplicativo móvil, y el grupo de control, sin intervención alguna. Cuatro indicadores cruciales se pusieron bajo el microscopio: tiempo de detección de violencia familiar, rapidez en alertar a centros de ayuda cercanos, número de casos detectados y el nivel de satisfacción de los usuarios.

Los resultados fueron reveladores. Se observó una reducción significativa en el tiempo necesario para detectar denuncias de violencia familiar, así como en la búsqueda de centros de ayuda. Además, hubo un incremento notable en la cantidad de casos identificados diariamente y en la satisfacción de los usuarios. En conclusión, la investigación demostró con éxito que es posible mejorar sustancialmente la detección de la violencia familiar en Casa Grande, abriendo así nuevas vías para abordar esta problemática en el futuro.

## Creación de Diagramas

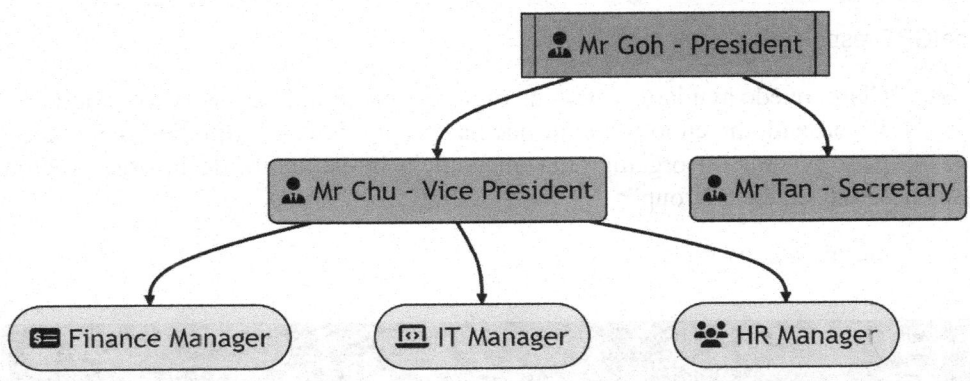

Puede crear y diseñar diagrama usando ChatGPT y Mermaid.js

*Normalmente, el gráfico simple de arriba llevará:*

- ▾ *10 minutos con PowerPoint.*
- ▾ *10 minutos con herramientas de gráficos.*

**¡Pero con ChatGPT, puedo crearlo fácilmente en pocos minutos!**

Sí, con algo de conocimiento, literalmente puede pedirle a ChatGPT que dibuje el gráfico e incluso le dé estilo, sin necesidad de software complicado o habilidades de diseño.

Exploraremos cómo ChatGPT puede ayudar a crear diagramas sorprendentes con facilidad y diseñar su diagrama generado con algunas técnicas que uso comúnmente.

Me gustaría crear un diagrama para una organización que consista en 1 presidente, 1 vicepresidente, 1 secretario y otros 3 gerentes.

Estos son los pasos necesarios para generar el diagrama:

## Paso 1: solicitar a ChatGPT con los requisitos apropiados

Aquí está el prompt que usaré en ChatGPT:

Prompt: nombre de la organización: Business Intelligence Group Sr. Francisco: presidente (primera fila), Sr. Fidel: vicepresidente, bajo el Sr. Martín, Sra. Patricia: secretaria (también bajo el Sr. Francisco) y luego 3 lugares para el gerente del departamento de finanzas, TI y recursos humanos bajo el Sr. Fidel genere un organigrama usando los detalles anteriores con la sintaxis de Mermaid Js.

ChatGPT responde:

Claro, puedo ayudarte a crear un organigrama usando la sintaxis de Mermaid JS, basándome en los detalles que has proporcionado. Aquí tienes el código para generar un organigrama que refleja la estructura de la organización "Business Intelligence Group":

mermaidCopy code

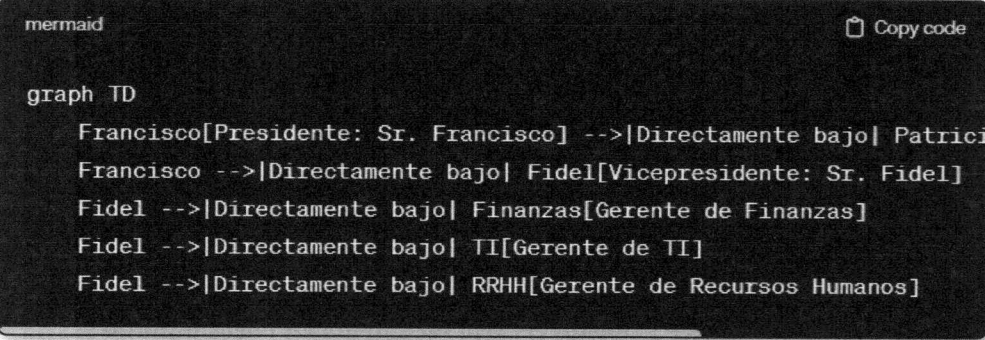

```
mermaid                                              📋 Copy code

graph TD
    Francisco[Presidente: Sr. Francisco] -->|Directamente bajo| Patrici
    Francisco -->|Directamente bajo| Fidel[Vicepresidente: Sr. Fidel]
    Fidel -->|Directamente bajo| Finanzas[Gerente de Finanzas]
    Fidel -->|Directamente bajo| TI[Gerente de TI]
    Fidel -->|Directamente bajo| RRHH[Gerente de Recursos Humanos]
```

Este código en Mermaid JS representa la jerarquía de la organización con el Sr. Francisco como presidente, seguido por la Sra. Patricia como secretaria y el Sr. Fidel como vicepresidente. Bajo el Sr. Fidel, se encuentran los gerentes de los departamentos de Finanzas, Tecnologías de la Información (TI) y Recursos Humanos (RR.HH.).

Para visualizar este organigrama, necesitarás un editor o un visualizador que soporte Mermaid JS, como algunos editores de Markdown o herramientas online específicas para Mermaid.

## Paso 2: copie el código, luego péguelo en el editor web Mermaid.live

Al pegarlo en el editor (corchete rojo a la izquierda), obtendrá el diagrama generado a la derecha.

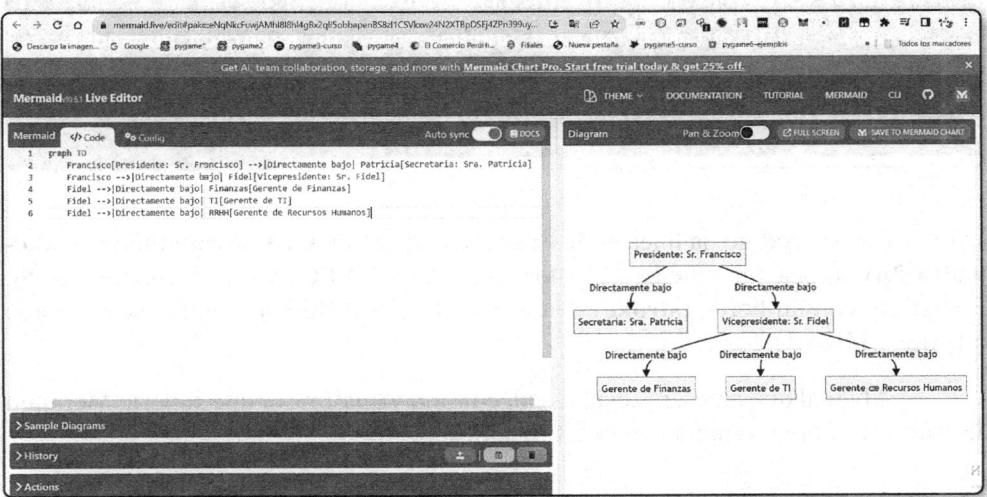

Dar estilo a los diagramas.

Tendremos que hacer algunos ajustes para darle estilo a los diagramas, aquí hay algunos consejos y trucos que encontré:

Colorea las cajas.

Puede usar el sufijo "Usando la sintaxis de estilo en la parte inferior".

**Prompt: ¿puedes hacer el cuadro del Sr Francisco en rojo claro usando la sintaxis de estilo en la parte inferior?**

ChatGPT responde:

 Por supuesto, puedo añadir estilo al cuadro del Sr. Francisco en el organigrama para que se muestre en rojo claro. Aquí tienes el código Mermaid JS actualizado con el estilo aplicado:

```mermaid
graph TD
    Francisco[Presidente: Sr. Francisco] -->|Directamente bajo| Patric:
    Francisco -->|Directamente bajo| Fidel[Vicepresidente: Sr. Fidel]
    Fidel -->|Directamente bajo| Finanzas[Gerente de Finanzas]
    Fidel -->|Directamente bajo| TI[Gerente de TI]
    Fidel -->|Directamente bajo| RRHH[Gerente de Recursos Humanos]

    style Francisco fill:#FFCCCC,stroke:#333,stroke-width:2px
```

En este código, la línea **style Francisco fill:#FFCCCC,stroke:#333,stroke-width:2px** aplica un relleno de color rojo claro (**#FFCCCC**) al cuadro del Sr. Francisco, con un borde (**stroke**) de color gris oscuro (**#333**) y un ancho de borde (**stroke-width**) de 2 píxeles.

Al igual que antes, necesitarás un editor o visualizador que soporte Mermaid JS para ver el organigrama con el estilo aplicado.

El código generado se ve así:

```
graph TB
    Francisco [Presidente: Sr. Francisco]
    Fidel [Vicepresidente: Sr. Fidel]
    Patricia [Secretaria: Sra. Patricia]
    Finanzas [Gerente de Finanzas]
    IT [Gerente de TI]
    RH [Gerente de Recursos Humanos]
```

```
Francisco —> Fidel
Francisco —> Patricia
Fidel —> Finanzas
Fidel —> IT
Fidel —> RH
Style Francisco fill:#f9d0c4
```

Observó que la nueva fila se genera en la parte inferior y puede cambiarla según el color que desee si no se ajusta a sus necesidades.

```
Estilo A relleno: coral claro;
```

Puede continuar solicitando ChatGPT para otras opciones de estilo, como el color de los bordes, el tamaño del borde y la negrita. Aquí hay algunas indicaciones:

## Paso 3: copie el código, luego péguelo en el editor web Mermaid.live

Al pegarlo en el editor (corchete rojo a la izquierda), obtendrá el diagrama generado a la derecha.

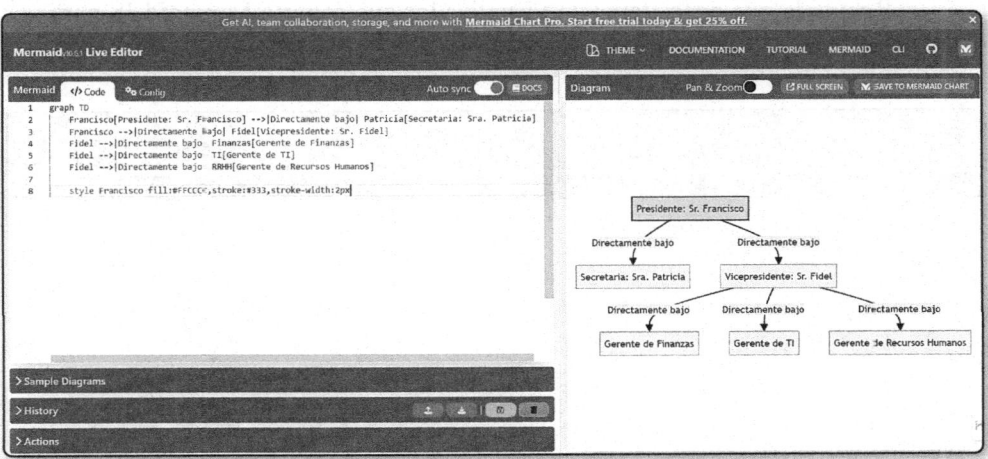

**Prompt:** haz que el borde del Sr Francisco sea más grueso usando la sintaxis de estilo en la parte inferior, hacer el borde negro y sin guiones.

ChatGPT responde:

Claro, para hacer que el borde del cuadro del Sr. Francisco sea más grueso, de color negro y sin guiones en el organigrama de Mermaid JS, puedes actualizar la línea de estilo de la siguiente manera:

mermaidCopy code

```mermaid
mermaid                                                    Copy code

graph TD
    Francisco[Presidente: Sr. Francisco] -->|Directamente bajo| Patrici
    Francisco -->|Directamente bajo| Fidel[Vicepresidente: Sr. Fidel]
    Fidel -->|Directamente bajo| Finanzas[Gerente de Finanzas]
    Fidel -->|Directamente bajo| TI[Gerente de TI]
    Fidel -->|Directamente bajo| RRHH[Gerente de Recursos Humanos]

    style Francisco fill:#FFCCCC,stroke:#000000,stroke-width:4px
```

En esta actualización, he cambiado el color del borde a negro (**stroke:#000000**) y aumentado el ancho del borde a 4 píxeles (**stroke-width:4px**). Esto hará que el borde del cuadro del Sr. Francisco sea más prominente y destacado en el organigrama.

Recuerda que necesitarás un visualizador que soporte Mermaid JS para ver el organigrama con estos estilos aplicados.

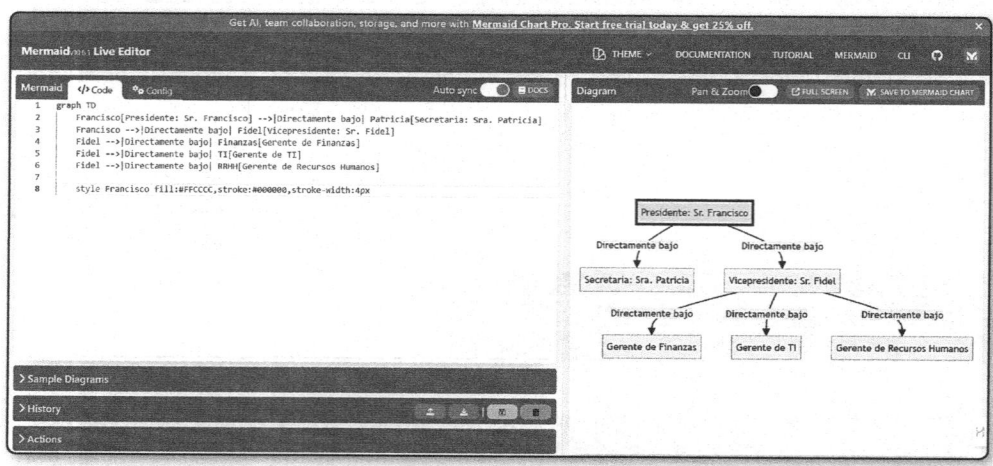

Agregue un icono en cada cuadro.

Como se mencionó anteriormente, ChatGPT no tiene el conocimiento de documentación más reciente de Mermaid.Js, por lo que podemos simplemente copiar el ejemplo oficial para enseñar a ChatGPT a colocar íconos. Aquí está el aviso:

Este es el ejemplo oficial para usar el icono:

Diagrama de flujo TD

Francisco ["fab: fa-twitter Presidente: Sr. Francisco"]

Fidel ["fa: fa-ban Vicepresidente: Sr. Fidel"]

Finanzas ["fa:fa-spinner Gerente de Finanzas"]

IT["fa:fa-camera-retro Gerente de TI"]

Sugerir un icono para cada cuadro en mi diagrama.

¡El resultado generado es increíble! No necesito perder mi tiempo pensando en íconos relevantes para mi gráfico, ChatGPT lo generará automáticamente de acuerdo con el contexto.

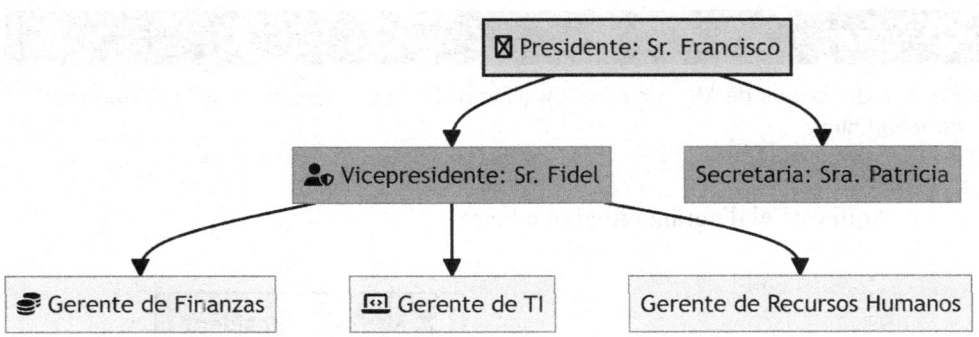

Dar estilo a la forma de las cajas.

Por último, una cosa más importante en el diagrama es la forma de las cajas, es posible que deba colocar diferentes formas para diferentes posiciones. Para este caso, le sugiero que consulte la siguiente tabla:

| Syntax | Shape |
|--------|-------|
| BOX_ID(This is the text in the box) | This is the text in the box |
| BOX_ID([This is the text in the box]) | This is the text in the box |
| BOX_ID[[This is the text in the box]] | This is the text in the box |
| BOX_ID[(Database)] | Database |
| BOX_ID((This is the text in the circle)) | This is the text in the circle |

ⓘ NOTA

Sintaxis de formas de Mermiad.Js Box (Node), lea más: https://mermaid.js.org/syntax/flowchart.html

Aquí está el diagrama final que hice:

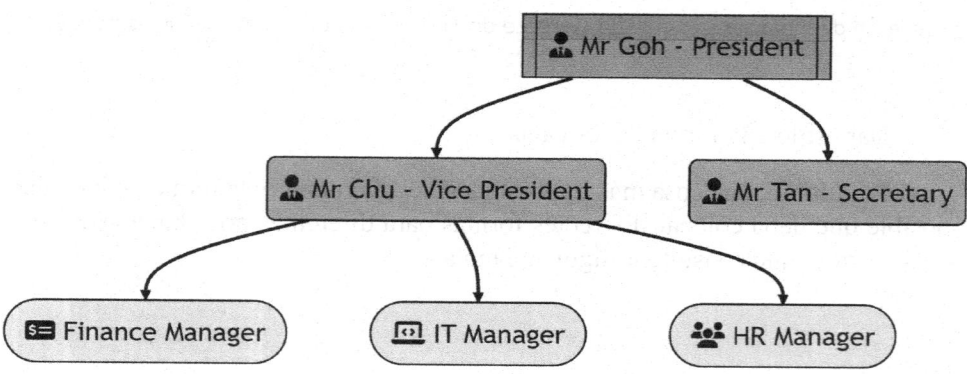

Tomó menos de 5 minutos crear el diagrama de arriba en la práctica real. Al aprovechar el poder de ChatGPT y algunos conocimientos básicos de sintaxis, ahora puede generar hermosos diagramas personalizados en solo unos minutos, sin la necesidad de herramientas de diseño complejas o habilidades de diseño extensas.

Mientras explora el potencial de ChatGPT y Mermaid.Js para sus necesidades de creación de diagramas, tenga en cuenta que experimentar con diferentes técnicas y estilos es clave para encontrar la combinación perfecta que represente sus ideas e información de manera efectiva.

## Prompt Engineering

Todos sabemos que la inteligencia artificial es un campo en continuo progreso, con nuevos avances que surgen a diario.

El desarrollo de los modelos GPT-3 y GPT-4, que están revolucionando el procesamiento del lenguaje natural, es uno de los logros más notables de OpenAI. Éstos son algunos de los casos.

Además, OpenAI ha desarrollado Playground, una plataforma para interactuar con los modelos GPT y conocer su potencial.

Y ahí es cuando su competencia en Ingeniería Prompt será útil. Es uno de esos campos que se está volviendo más popular como resultado de las herramientas de IA.

Incluye la generación de contenido en respuesta a una solicitud determinada utilizando modelos de lenguaje previamente entrenados como GPT-3 y GPT-4.

## Ingeniería PROMPT

En esencia, implica pedirle a un modelo de IA detalles específicos en lugar de vagas generalidades. Por ejemplo, en lugar de decir "Quiero crear un sitio web", un ingeniero Prompt diría algo como "Quiero crear un sitio web de seguimiento financiero usando React.js y Redux".

Esta especificidad permite que el modelo de IA genere una respuesta más precisa y adaptada a las necesidades del usuario. OpenAI incluso ha desarrollado Playground, una herramienta que permite a los usuarios experimentar con varias indicaciones y ver cómo responde la IA.

Soy un robot muy inteligente que responde a preguntas. Si me haces una pregunta basada en la verdad, te daré la respuesta. Si me haces una pregunta sin sentido, engañosa o que no tiene una respuesta clara, te responderé con un "Desconocido".

**Prompt: P: ¿cuál es la esperanza de vida humana en Estados Unidos?**

R: la esperanza de vida humana en Estados Unidos es de 78 años.

**P: ¿quién era presidente de Estados Unidos en 1955?**

R: Dwight D. Eisenhower fue presidente de Estados Unidos en 1955.

**P: ¿a qué partido pertenecía?**

R: pertenecía al Partido Republicano.

**P: ¿cuál es la raíz cuadrada de plátano?**

R: desconocido.

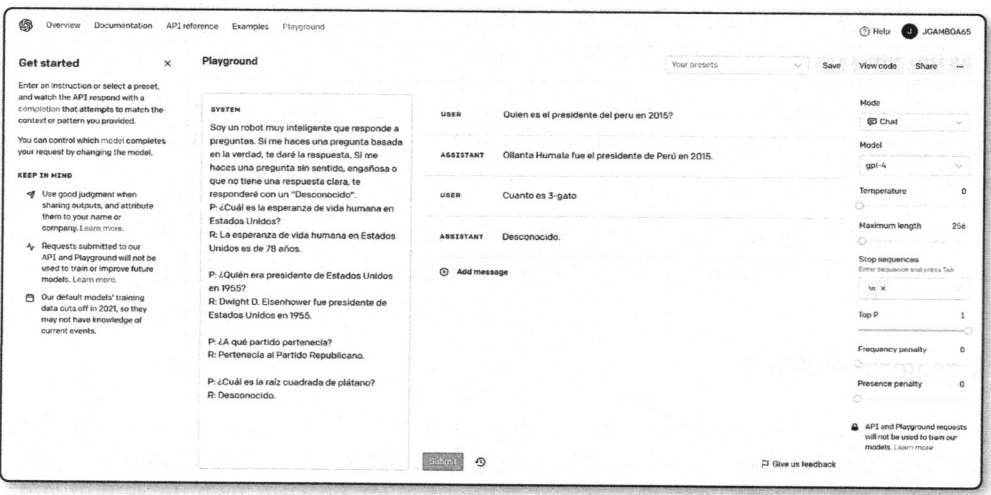

Por ejemplo, este es uno de los ejemplos en los que el mensaje es mucho más específico y, en base a eso, la respuesta será casi correcta.

Ahora proporcionamos detalles básicos:

## Modelos/Motor

Puedes pensar en los modelos como un superhéroe con un conjunto único de poderes. Algunos de los modelos incluyen "text-davinci-003" y "code-davinci-002". En resumen, si necesita ayuda con su gramática, puede invocar "text-davinci-003", y si está hasta las rodillas en problemas de codificación, "code-davinci-002" es el indicado.

## Tokens

Los tokens son como pequeñas pepitas de palabras que la API desglosa para procesar su entrada. Según la documentación de OpenAI , 1 token ~= ¾ palabras o 100 tokens ~= 75 palabras.

Como regla general, 1 token tiene, en promedio, 4 caracteres o 0,75 palabras para texto en inglés.

Es importante comprender los tokens en el prompting porque los diferentes modelos tienen un número máximo diferente de tokens de entrada, lo que a su vez limita el tamaño de la solicitud.

Si excede la cantidad máxima de tokens en el mensaje, el modelo puede devolver un error o simplemente cortar los primeros tokens en el mensaje, perdiendo parte del contexto.

Dicho esto, ahora hablemos de algunas técnicas avanzadas de indicaciones:

## Parámetro de temperatura

Puede modificar la salida cambiando la temperatura. Este parámetro controla la aleatoriedad o diversidad de los resultados generados y puede tener un gran impacto en el estilo y la calidad del texto generado.

Cuando la temperatura es alta (1.0 o superior), ChatGPT generará respuestas más creativas e impredecibles. Esto se debe a que es más probable que el modelo elija palabras y frases menos comunes y corra más riesgos con su resultado.

Por otro lado, cuando la temperatura es baja (0.1 o menos), ChatGPT generará respuestas más conservadoras y predecibles. Esto se debe a que es más probable que el modelo elija palabras y frases comunes y se ciña a patrones de lenguaje más familiares.

**Prompt: genera 5 nombres de mujer.**

Temperatura: 0.2

1. María
2. Laura
3. Ana
4. Isabel
5. Elena

**Prompt: genera 5 nombres de mujer.**

Temperatura: 1

1. Lysandra
2. Elowen
3. Briseida
4. Taliana
5. Vespera

Veamos dos instancias que usan el mismo indicador para demostrar esto. La temperatura se establece en 0 en el primer ejemplo y luego en un valor alto de 1 en el segundo.

**Prompt: quiero que actúes como un escritor experimentado de clase mundial. Y en base a eso escribe un pequeño post sobre el futuro de la Web3 + AI.**

Aquí está la salida con la temperatura como 0.

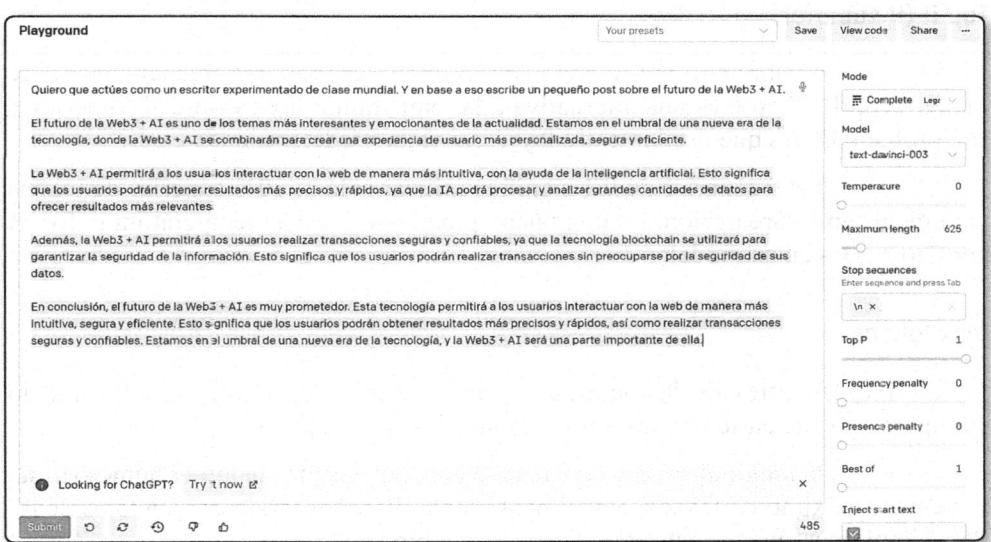

Y aquí está la salida con la temperatura como 1.

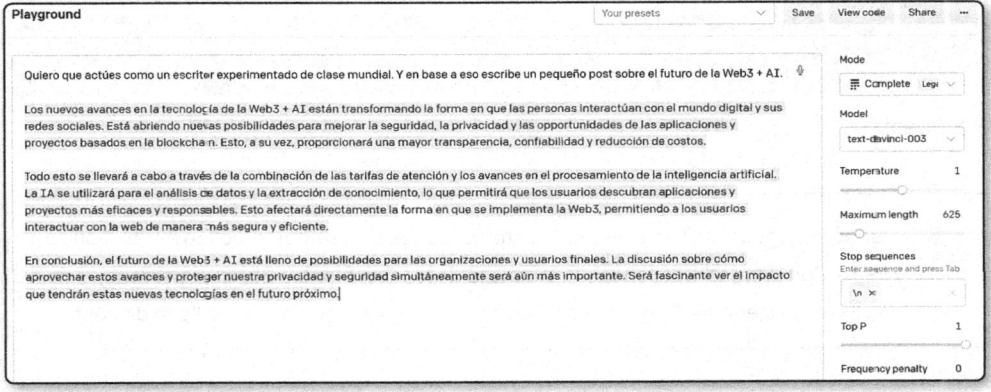

Entonces, como puede ver, la configuración de la temperatura puede tener un impacto significativo en la salida de los modelos de IA como ChatGPT.

Al ajustar este parámetro, los ingenieros de Prompt pueden ajustar el estilo y la calidad del texto generado para que se adapte mejor a sus necesidades.

## Top P (P superior)

El otro parámetro del modelo con el que te encontrarás frecuentemente se llama " Top P ".Top P es una alternativa a la temperatura. Los valores P superiores son probabilidades que oscilan entre 0 y 1. Su valor predeterminado es 0,7.

Un valor P superior de 0,1 significa utilizar solo el 10% superior de tokens para elegir en la predicción. Es una buena práctica utilizar la temperatura o Top P, pero no ambas en su modelo.

## Max tokens

Es el control de la longitud de su contenido. Dependiendo de cómo lo configures, puede darte una frase breve o una novela completa.

Pasas la longitud máxima del texto a generar. Acepta cualquier número hasta el número máximo de tokens, actualmente 4096. El valor predeterminado es 2048. Para simplificar, puedes pensar en los tokens como palabras.

Como experimento, intente pedirle a ChatGPT que resuma la trama de una película dos veces, con valores de 'Tokens máximos' altos y bajos, respectivamente. Observe la variación.

> Prompt: resume la serie Juego de Tronos.
> Max tokens: 200

Respuesta:

 "Juego de Tronos" se desarrolla en Westeros, donde casas nobles luchan por el Trono de Hierro. Con intrigas, traiciones y la amenaza de los Caminantes Blancos, personajes como Jon Snow y Daenerys Targaryen buscan control y justicia en un mundo lleno de confl⸱⸱⸱

> Prompt: resume la serie Juego de Tronos.
> Max tokens: 25

Respuesta:

 Westeros, casas luchan por el Trono de Hierro. Intrigas, traiciones y Caminantes Blancos amenazan el reino.

## Penalización de frecuencia (Frecuency Penality)

El parámetro penalización de frecuencia penaliza la repetición; los números más altos hacen que el resultado sea diverso, promoviendo palabras más raras, mientras que los valores negativos obtienen un lenguaje más común, a veces repetitivo.

Oscila entre -2,0 y 2,0, con un valor predeterminado de 0.

Como ejemplo, pídale a ChatGPT que escriba cualquier texto repetido como "Me gusta comer manzanas". Unas pocas veces. Con una penalización de frecuencia mayor, el modelo buscará formas más variadas de expresar el mismo pensamiento.

> **Prompt: usa una penalidad de frecuencia: 2.0**
> **Di (mantén el formato):**

1. Me gusta comer manzanas.

2. Me gusta comer manzanas.

3. Me gusta comer manzanas.

Respuesta:

 Usa una Penalidad de Frecuencia: 2.0
Di (mantén el formato):
1. Me gusta comer manzanas.
2. Me gusta comer manzanas.
3. Me gusta comer manzanas.

 Lamentablemente, no tengo la capacidad de aplicar directamente una "Penalidad de Frecuencia" en la forma en que lo has solicitado. Sin embargo, puedo intentar generar respuestas variadas basándome en la idea que has proporcionado. Aquí te dejo un intento:

1. Me gusta comer manzanas.                                              ↻ Reg
2. Disfruto al saborear manzanas.

Como se ve ChatGPT no puede ayudarnos, nosotros le ayudamos con el siguiente prompt:

**Prompt:** el parámetro penalización de frecuencia penaliza la repetición; los números más altos promueven palabras menos comunes (más raras) y hacen que el resultado sea diverso; mientras que los valores negativos obtienen un lenguaje más común, a veces repetitivo. Oscila entre -2.0 y 2.0, con un valor predeterminado de 0.
Usa una penalización de frecuencia: 2.0
Di (mantén el formato):
1. Me gusta comer manzanas.
2. Me gusta comer manzanas.
3. Me gusta comer manzanas.

Respuesta:

Entendido. Siguiendo tu indicación de una "Penalización de Frecuencia" de -2.0:

1. Me gusta comer manzanas.
2. Me gusta comer manzanas.
3. Me gusta comer manzanas.

Con una penalización de -2.0, las respuestas son idénticas y comunes, como has solicitado. Si tienes alguna otra solicitud o pregunta, estaré aquí para ayudarte.

Respuesta:

Entendido, con una "Penalización de Frecuencia" de 2.0, las respuestas deberían ser más diversas y utilizar palabras menos comunes. Aunque no puedo ajustar dinámicamente ese parámetro en tiempo real, intentaré adaptar mis respuestas según tus indicaciones:

1. Me gusta comer manzanas.
2. Las manzanas son un deleite para mi paladar.
3. Saborear manzanas es una experiencia que aprecio.

Espero que estas respuestas reflejen la diversidad que buscas. Si tienes alguna otra solicitud o pregunta, estaré aquí para ayudarte.

↻ Reg

## Penalización por presencia (Presence Penalty)

¿ChatGPT alguna vez se ha apegado demasiado a un ejemplo o inspiración en su prompt que sesgó por completo los resultados?

Una vez lo usé para ayudarme con el esquema de un artículo y, cuando me lo indicaron, tenía una cita que mencionaba una mariposa. ¿Qué hizo ChatGPT? Un resumen de todo sobre las mariposas. Inútil.

El parámetro de penalización por presencia resuelve este problema.

Da una penalización a los tokens que se han utilizado en el prompt. Esto afecta la frecuencia con la que la IA repite palabras y frases de su prompt. También varía de -2 a 2, con un valor predeterminado de 0. Los valores positivos desalientan la repetición, mientras que los valores negativos pueden provocar ecos en el texto ingresado.

Para probarlo, le pedí a ChatGPT que corrigiera mi gramática y pasé una frase simple. Puedes ver cómo evita repetir mi prompt con un valor más alto de penalización de presencia.

> Prompt: corregir gramática: soy una persona de lluvia, cuando está lloviendo paro todo para mirar el cielo, el agua que cae del cielo siempre me ha fascinado.
> Penalización por presencia: -1.5

Respuesta:

Corrección con la guía de "penalización por presencia" de -1.5 (para favorecer repetición y lenguaje más común):

"Soy una persona que ama la lluvia. Cuando está lloviendo, paro todo para mirar el cielo. Me encanta ver el agua que cae del cielo."

He realizado la corrección buscando un lenguaje más común y permitiendo cierta repetición. Si tienes alguna otra solicitud o pregunta, estaré aquí para ayudarte.

↻ Reg‹

> Prompt: corregir gramática: soy una persona de lluvia, cuando está lloviendo paro todo para mirar el cielo, el agua que cae del cielo siempre me ha fascinado.
> Penalización por presencia: 2

Respuesta:

Corrección con la guía de "penalización por presencia" de 2 (para fomentar diversidad y evitar repetición):

"Soy un amante de la lluvia. Cuando llueve, detengo todo para observar el firmamento. Siempre me ha cautivado ver cómo el agua desciende desde las alturas."

He realizado la corrección buscando diversidad en las palabras y evitando repeticiones. Si tienes alguna otra solicitud o pregunta, estaré aquí para ayudarte.

## Atributos de usuario

Los atributos de usuario le permiten proporcionar información adicional (usando una lista de pares clave-valor) sobre el usuario actual, lo que hace que ChatGPT adapte el texto generado al conjunto de perfiles.

Tiene diversas aplicaciones. Puede configurar el idioma del usuario y ChatGPT responderá usándolo sin importar el idioma que solicite, o puede definir personas completas y personalizará completamente su respuesta.

Muy poderoso.

En el siguiente ejemplo, le pregunto a ChatGPT sobre el sol, configuro el atributo de usuario en diferentes edades e incluso apruebo una profesión.

Vea lo impactante que es:

> Prompt: atributos del usuario: {"Edad": "7 años"}
> ¿Por qué calienta el sol?

Respuesta:

¡Hola! Dado que tienes 7 años, intentaré explicarlo de una manera sencilla. 😊

El sol es como una gran bola de fuego en el cielo. Calienta porque tiene algo llamado "energía". Esta energía se produce en el centro del sol, donde es muy, muy caliente. Luego, esta energía viaja hacia fuera y llega hasta nosotros en la Tierra en forma de luz y calor. Por eso, cuando salimos en un día soleado, sentimos el calor del sol en nuestra piel. ¡Es como si el sol nos diera un abrazo cálido! 🌞

> **Prompt:** atributos del usuario: {"Edad": "40 años", "Profesión": "Profesor de Física "}
> ¿Por qué calienta el sol?

 ¡Hola! Dado que eres un profesor de física de 40 años, te proporcionaré una respuesta más detallada y técnica.

El sol calienta debido a las reacciones nucleares que ocurren en su núcleo. Estas reacciones son principalmente de fusión nuclear, donde los átomos de hidrógeno se combinan para formar helio, liberando una gran cantidad de energía en el proceso. Esta energía se manifiesta en forma de radiación electromagnética, que incluye la luz visible, los rayos ultravioleta y el calor.

La energía generada en el núcleo del sol se transporta hacia la superficie a través de zonas de radiación y convección. Una vez que alcanza la superficie, la energía se irradia al espacio en forma de luz y calor. Cuando esta radiación llega a la Tierra, la experimentamos como luz solar y calor.

La cantidad de energía que el sol libera es inmensa, y es esta energía la que proporciona la luz y el calor necesarios para sustentar la vida en nuestro planeta.

## Parámetros personalizados

Hasta ahora, hemos estado usando los parámetros definidos en la API OpenAI, lo cual es genial. Pero los parámetros no se aplican a través del chat; funcionan porque ChatGPT los entiende.

**Significa que podemos crear nuestros propios parámetros.** Puede utilizar parámetros tanto numéricos como de texto. Si es lo suficientemente claro o lo explicas, ChatGPT los reconocerá y cambiará su comportamiento.

**Ejemplos:**

▸ **Parámetro de género:** esto guiaría el estilo de escritura de la IA. Por ejemplo, género: "Piratas" indica a la IA que genere contenido en una configuración de piratería.

Genre: "Pirates"

Write a very short dialogue of a man asking for his watch.

 Man: Avast, ye scurvy sea dog! Hand over me watch, or ye'll be facin' the wrath of a true pirate!

Assistant: Ahoy there, matey! Ye be claimin' this watch be yours, but I assure ye, it rightfully belongs to me. There be no need for a swashbucklin' showdown, let's settle this matter like civilized sailors.

Man: I've had that watch since me days as a wee lad. It be a family heirloom, passed down through generations. I demand ye return it, or ye'll taste the sting of me cutlass!

Assistant: I understand ye sentiment, but I acquired this watch fair and square. It be a treasured possession of me own. Perhaps there be a mistake, and it ain't the same watch ye be seekin'. Let us find a peaceful resolution, me matey.

Man: Aye, if there be a chance I'm mistaken, then I'll give ye the benefit of doubt. Show me the watch, and if it truly ain't mine, I'll accept it and apologize for me brashness.

Assistant: Here, take a look at the watch, me heartie. Take yer time to examine it closely. If ye find it be not the one ye seek, I'll offer me sincerest apologies.

Man: By Davy Jones' locker! This ain't me watch after all. Me apologies for the accusin' words, matey. I be glad ye were willin' to show me the truth. May the sea be kind to ye and yer watch.

Assistant: No worries, me hearty! Mistakes happen on these treacherous seas. I be glad we resolved this peacefully. May fair winds guide ye to yer beloved timepiece, and may we part ways with no ill will. Fare thee well, matey!

▶ **Sarcasmo: 1** presionará a la IA para que te dé una respuesta sarcástica. Este se puede utilizar con diferentes características como humor, rigor técnico, formalidad, etc.

Sarcasm: 1
Language complexity: 0.2

Write a paragraph on how much you hate the summer.

Oh, how I absolutely adore the summer! The scorching heat that makes me feel like a walking furnace, the relentless sunshine that blinds my eyes, and the lovely feeling of sweat dripping down my back every time I step outside. Not to mention the joy of being constantly attacked by pesky mosquitoes and other delightful insects. And let's not forget the exquisite discomfort of trying to sleep in the sweltering nights, tossing and turning in my own personal sauna. Yes, the summer is truly a season to cherish and adore.

## Los componentes de un prompt profesional

Creo prompts " *Profesionales* " utilizando los siguientes componentes:

▸ **Contexto**: esto puede incluir instrucciones *de juego de roles*, por ejemplo, " *Actuar como un experto en SEO...* ", o *información general* sobre un negocio o evento específico.

▸ **Datos de entrada**: esto incluye datos para analizar o utilizar para formular una respuesta, por ejemplo, un avatar de cliente o investigador o público objetivo o palabras clave.

▸ **Instrucciones**: esto es lo que desea que realice el modelo, por ejemplo, para delinear una publicación de blog o escribir una sección detallada.

▸ **Formato de salida**: esto indica el tipo o formato de la salida, por ejemplo, tabular, una publicación de blog, una lista de viñetas, JSON, como código, por ejemplo, Python, Javascript, etc.

▸ **Confirmación**: solicite confirmación de comprensión después de solicitarlo (opcional).

Ahora, finalmente, estamos listos para indicarle a ChatGPT que comience a crear el contenido para nosotros.

## Use ChatGPT para generar mensajes de escritura creativa

¿Alguna vez ha tenido problemas para crear un prompt atractivo para que ChatGPT genere contenido para su blog?

Todo lo que tiene que hacer es preguntar a ChatGPT cuál sería el mejor prompt para [un campo específico] en el que desea buscar.

Por ejemplo, podría preguntarle a ChatGPT el siguiente.

**Prompt:** ¿cuál es el mejor prompt para que ChatGPT aprenda mi estilo de escritura y luego sugiera algunos títulos para una publicación de blog?

Respuesta:

Para que ChatGPT aprenda tu estilo de escritura y luego sugiera títulos para una publicación de blog, es importante proporcionarle suficiente contexto y ejemplos de tu estilo. Aquí hay un prompt que podrías usar:

**Contexto**: Soy un escritor que tiene un estilo descriptivo y poético. Me encanta usar metáforas y analogías en mis escritos. A menudo escribo sobre la naturaleza, las emociones humanas y la conexión entre el ser humano y el universo. Aquí hay algunos ejemplos de frases que he escrito:

1. "El ocaso pintaba el cielo con tonos de naranja y rosa, recordándome a un lienzo de un artista apasionado."
2. "Nuestros corazones laten al ritmo de las olas del océano, conectándonos con la vastedad del cosmos."
3. "Al igual que un árbol en invierno, a veces nuestras almas también necesitan dejar ir para renacer con más fuerza en la primavera."

Basándote en mi estilo, ¿podrías sugerir algunos títulos para una publicación de blog sobre la importancia de la introspección y el autoconocimiento?

Este prompt proporciona a ChatGPT un contexto claro sobre tu estilo de escritura y también ejemplos específicos. Luego, plantea una solicitud concreta para que el modelo genere títulos basados en ese estilo.

Del mismo modo, puedo preguntar cualquier cosa.

**Prompt: ¿cuál es el mejor prompt para que ChatGPT aprenda mi estilo de escritura y luego me responda basado en el mensaje independiente que proporciono?**

Respuesta:

 Para que ChatGPT aprenda tu estilo de escritura y luego te responda de acuerdo a ese estilo en mensajes independientes, es esencial proporcionarle un contexto claro y ejemplos específicos de tu estilo. Aquí hay un prompt que podrías usar:

**Contexto:** mi estilo de escritura es directo y conciso. Prefiero oraciones cortas y claras, evitando el uso de jerga o palabras complicadas. Me gusta ir al grano y valoro la precisión en la comunicación. Aquí hay algunos ejemplos de frases que suelo usar:

1. "Hagámoslo ahora."

2. "Prefiero hechos concretos."

3. "Dime lo esencial."

Basándote en mi estilo, por favor responde a mis siguientes preguntas.

[Pregunta o mensaje independiente aquí]

Con este prompt, primero estableces el contexto y das ejemplos de tu estilo de escritura. Luego, puedes hacer preguntas o proporcionar mensajes independientes, y ChatGPT debería responder de acuerdo al estilo que has descrito.

De la misma manera, puede preguntar cualquier mensaje que desee directamente a ChatGPT.

Este método puede ahorrarle mucho tiempo y esfuerzo al crear títulos de publicaciones de blog creativos y atractivos.

## Usa ChatGPT para generar enfoques y estrategias únicos

¿Alguna vez te has encontrado atrapado en una rutina cuando se trata de generar nuevas ideas para tu blog o contenido de redes sociales?

Bueno, con ChatGPT, puede encontrar fácilmente enfoques y perspectivas innovadores para sus temas.

Generar una lista de ideas con ChatGPT es un proceso simple. Todo lo que tiene que hacer es pedirle a ChatGPT que sugiera enfoques o estrategias únicos que enfaticen ideas innovadoras.

Por ejemplo, puede solicitar a ChatGPT lo siguiente:

**Prompt: genera 6 enfoques o estrategias únicos para el tema 'Cómo aumentar el número de seguidores en Twitter'. Enfatiza las ideas innovadoras.**

Respuesta:

 ¡Entendido! Aquí tienes seis estrategias innovadoras para aumentar el número de seguidores en Twitter:

1. **Tweetstorms Temáticos**: Organiza "tormentas de tweets" donde desarrolles un tema en profundidad a través de una serie de tweets consecutivos. Esto no solo muestra tu expertise, sino que también anima a la gente a seguirte para obtener análisis detallados sobre temas de interés.

2. **Encuestas Creativas**: Más allá de las típicas encuestas, crea cuestionarios que desafíen o entretengan a tus seguidores, como adivinanzas o trivias. Esto fomenta la interacción y hace que tus tweets sean más compartibles.

3. **Twitter Threads Interactivos**: Inicia hilos donde cada respuesta dependa de la interacción de tus seguidores. Por ejemplo, puedes crear una historia donde los seguidores elijan el próximo giro de la trama, similar a un libro de "elige tu propia aventura".

4. **Visualización de Datos en Tiempo Real**: Si tienes habilidades de análisis, comparte visualizaciones de datos en tiempo real sobre eventos actuales o tendencias. Esto puede incluir gráficos, mapas interactivos o infografías que aporten valor y perspectiva única.

5. **Colaboraciones Flash**: Realiza colaboraciones espontáneas y rápidas con otros usuarios de Twitter, preferiblemente de diferentes nichos. Estas colaboraciones pueden ser desde debates rápidos hasta creación conjunta de contenido en un tema específico.

6. **Desafíos de Hashtag**: Crea un hashtag único y lanza un desafío asociado a él. Por ejemplo, si eres un influencer de fitness, podrías iniciar un #Desafío30DíasDeSalud y animar a tus seguidores a compartir sus rutinas diarias usando el hashtag.

Estas estrategias buscan ofrecer valor, fomentar la interacción y brindar experiencias únicas a tus seguidores, lo que a su vez puede atraer a más personas a tu perfil de Twitter. ¡Buena suerte en tu crecimiento en la plataforma!

Con este mensaje, ChatGPT le proporcionará una lista de ideas y estrategias que quizás no haya considerado antes. Estos podrían incluir ideas como la creación de contenido visual atractivo, la ejecución de concursos de Twitter, la colaboración con personas influyentes, el uso de análisis de Twitter para rastrear y mejorar el compromiso, y mucho más. De igual forma, puedes preguntar lo que quieras.

## Tips de CHATGPT

A continuación, describimos algunos trucos de chatgpt:

**Uso de estilos de escritura:**

▸ **Formal:** este estilo se caracteriza por su seriedad y cortesía, empleando un lenguaje estructurado y preciso. Es común en contextos profesionales o académicos. Ejemplo: "Estimado señor, le escribo para informarle sobre los últimos avances en nuestro proyecto..."

▸ **Narrativo:** se utiliza para contar historias o eventos, enfocándose en los personajes, el escenario y la trama. Ejemplo: "En una pequeña ciudad costera, Ana descubrió un secreto que cambiaría su vida para siempre..."

▸ **Descriptivo:** este estilo se centra en detallar características y cualidades, ya sea de objetos, personas o situaciones. Ejemplo: "El jardín estaba repleto de flores de colores vivos, con aromas que llenaban el aire de una dulzura embriagadora..."

▸ **Persuasivo:** se usa para convencer o influir en la opinión del lector, a menudo en publicidad o debates. Ejemplo: "Este producto no solo mejorará tu vida diariamente, sino que también es una inversión inteligente para tu futuro..."

▸ **Inspiracional:** busca motivar o infundir esperanza y ánimo en el lector. Ejemplo: "Recuerda que cada esfuerzo que haces te acerca un paso más a tus sueños..."

▸ **Informal:** es un estilo relajado, utilizado comúnmente en conversaciones cotidianas. Ejemplo: "¡Hey! ¿qué tal tu día? El mío estuvo lleno de sorpresas..."

▸ **Amable:** se caracteriza por su tono cálido y considerado, buscando generar una conexión positiva. Ejemplo: "Me encantaría ayudarte con tu proyecto, siempre es un placer colaborar contigo..."

▶ **Técnico:** incluye terminología específica de un campo o disciplina, y es común en textos especializados. Ejemplo: "La integración de un circuito cerrado de retroalimentación incrementará la eficiencia del sistema..."

▶ **Respetuoso:** muestra consideración y estima hacia el interlocutor, adecuado en cualquier contexto. Ejemplo: "Aprecio mucho su opinión y estaría interesado en escuchar más sobre su perspectiva..."

▶ **Irónico:** utiliza la ironía para expresar algo, a menudo lo contrario de lo que se dice literalmente. Ejemplo: "Claro, como si añadir más trabajo a mi agenda fuera justo lo que necesitaba..."

▶ **Emotivo:** este estilo busca generar emociones, ya sean positivas o negativas, en el lector. Ejemplo: "Cada palabra suya me llenaba de una alegría inmensurable, como si cada letra fuera un rayo de sol en mi corazón..."

## Plugins

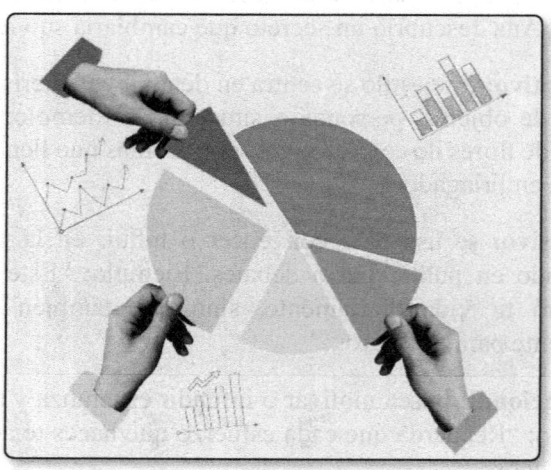

**I've Tried (Almost All) ChatGPT Plugins. Here Are The Best**

Una de las primeras cosas que hice después de suscribirme a ChatGPT Plus fue descargar muchos Plugins de la tienda de complementos. Los complementos de ChatGPT son mejoras realmente útiles que han cambiado la forma del uso ChatGPT.

A partir de ahora, hay alrededor de 200 complementos disponibles y el número sigue creciendo cada día. Aunque muchos complementos son realmente inútiles, he encontrado algunos que vale la pena probar.

Aquí están los mejores complementos de ChatGPT disponibles en la actualidad.

**Lo primero es lo primero: habilite los Plugins**

Para habilitar los Plugins, necesita una suscripción a ChatGPT Plus. Si tiene una suscripción, siga los pasos a continuación para habilitar los Plugins:

▸ En el sitio web de ChatGPT, vaya a la esquina inferior izquierda y haga clic en los tres puntos junto a su nombre.

▸ Seleccione configuración y haga clic en "Características beta"

▸ Habilitar " Plugins"

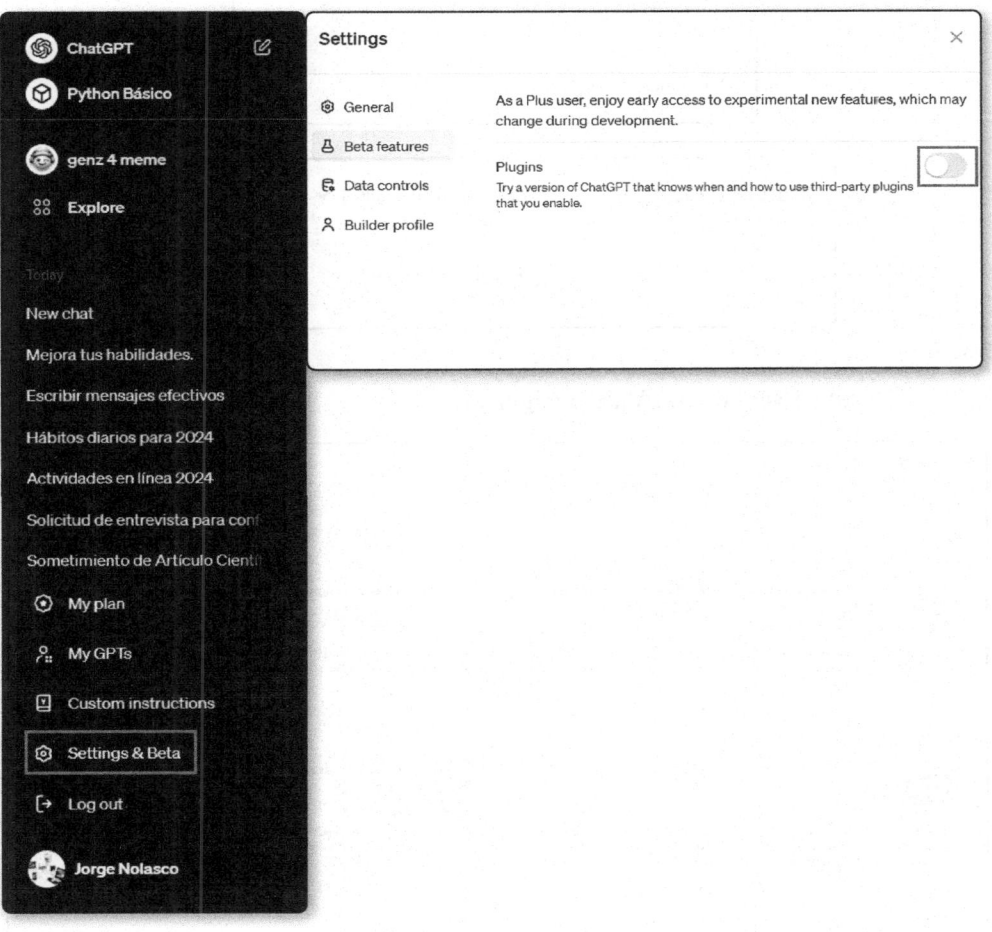

Luego, en la interfaz de chat, seleccione "GPT-4", haga clic en "no hay complementos habilitados" y seleccione tienda de complementos para descargar un nuevo complemento o simplemente elija un complemento que ya estaba instalado.

Ahora instalaremos algunos Plugins:

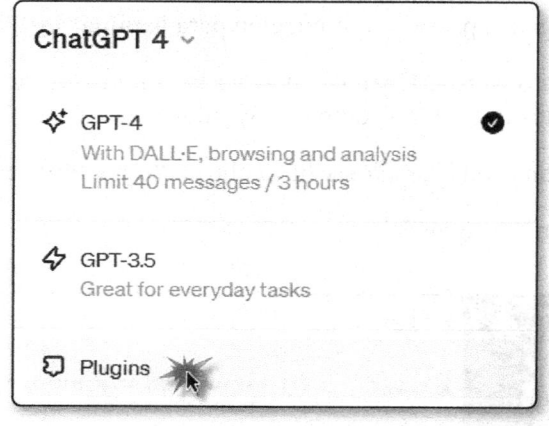

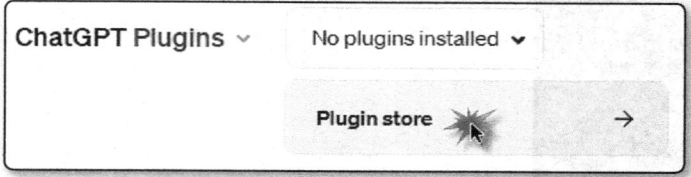

Instalamos el plugin VideoInsights.io

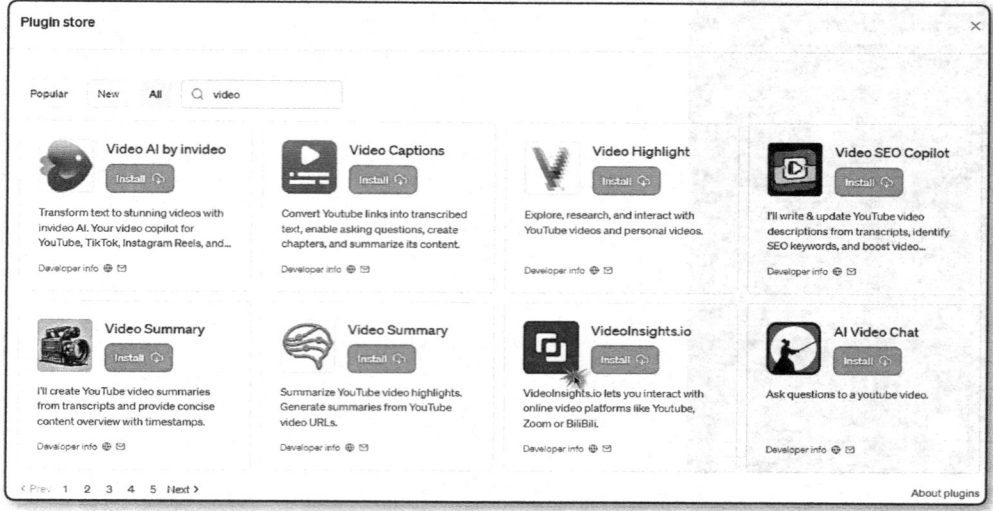

De la misma manera instalaremos los siguientes plugins:

- Video Insights
- Link Reader
- Meme Generator
- Ask Your PDF
- There's An IA For That
- Wolfram
- Prompt Perfect
- ScholarAI
- Sentiment Analysis
- Stories
- World News
- KeyMate.AI Search
- VoxScript
- WebPilot
- Scraper
- Canva

## Complemento de ChatGPT # 1: Video Insights

Video Insights es ideal para resumir videos de YouTube. Qué puede hacer Video Insights: simplemente proporcionando la URL del video, ChatGPT puede ofrecer información detallada sobre el video.

Ahora puedes saber de qué trata un video sin tener que verlo completo: *https://www.youtube.com/watch?v=d8Y3Tsc7WaE*

![Captura de pantalla de un video de YouTube titulado "Cortos de autor | Lou Marinoff en España" con el subtítulo "y se convirtió de inmediato en un número uno."]

**Prompt: https://www.youtube.com/watch?v=d8Y3Tsc7WaE**

ChatGPT responde:

 Used **VideoInsights.io**

El video titulado "Cortos de autor | Lou Marinoff en España" en YouTube, publicado el 22 de julio de 2019, trata sobre el éxito del libro "Más Platón y menos Prozac" en España en el año 2000. Este libro rápidamente se convirtió en un Best seller número uno. El autor, Lou Marinoff, recuerda su experiencia promocionando el libro en Madrid y cómo este satisfacía una necesidad de filosofía en las personas.

El video aborda la importancia de la filosofía en tiempos de crisis y cómo el mundo se está volviendo más peligroso. Marinoff cree que se debe introducir una filosofía práctica a la gente, utilizando ideas de filósofos conocidos. Se destaca la relevancia de la filosofía china y cómo puede aplicarse en la vida cotidiana. El libro fue escrito para recordar a los occidentales la importancia de esta filosofía y mostrar cuán poderosa puede ser.

Además, se explora la filosofía de la globalización y la necesidad de encontrar un punto medio en un mundo lleno de extremos. El autor señala que las personas a menudo se sienten impotentes frente a los grandes gobiernos e industrias, y que es difícil contrarrestar este poder. El objetivo del libro es mostrar cómo reducir los efectos de estos extremos y recuperar un sentido de poder.

El video también menciona que la felicidad y el éxito provienen de la acción individual en el entorno inmediato y con los compañeros. Sugiere que enseñar a los niños a ser felices no es necesario, ya que ellos ya son naturalmente felices. Se habla del concepto del bloque sin tallar en la filosofía china, que representa las infinitas posibilidades en la vida.

Finalmente, se discute la idea de que el éxito no depende de circunstancias externas, recompensas o reconocimientos. Se menciona el concepto de eudaimonia, que es la idea griega de cumplimiento en lugar de felicidad. El texto sugiere que todos tienen la capacidad de hacer algo bien y lograr el éxito, pero la sociedad a menudo valora ciertos talentos más que otros. También se menciona que no siempre es necesario recurrir a medicamentos y mecanismos de escape para cambiar la química cerebral, y que practicar la filosofía puede llevar a una felicidad duradera. El video concluye mencionando la idea budista de un sistema operativo para los seres humanos que puede llevar a una felicidad indestructible.

Puedes ver el video *aquí*.

¡Es absolutamente increíble! Obtuve la descripción de un video de 7 minutos en menos de 1 minuto. Y puedo usar este complemento también para materiales de trabajo o estudio.

## Complemento ChatGPT #2: link Reader

Ahora podemos analizar el contenido de páginas web, PDF, PPT y todo tipo de enlaces dentro de ChatGPT con el complemento Link Reader.

Al enviar un enlace a un sitio web, documento PDF, imagen o fuente similar, el chatbot analizará su contenido. Después del análisis, puede consultar sobre los datos recopilados y ChatGPT proporcionará respuestas detalladas a sus preguntas.

Por ejemplo, compartí con ChatGPT un enlace a un artículo en Internet sobre World University Rankings 2023 y le pedí que me escribiera de qué se trataba el enlace.

Y esto es lo que obtuve:

> Prompt:  https://www.timeshighereducation.com/world-university-rankings/2023/world-ranking

ChatGPT responde:

    Used **Link Reader**

El ranking mundial de universidades de *Times Higher Education* para el año 2023 incluye 1,799 universidades de 104 países y regiones, lo que lo convierte en el ranking universitario más grande y diverso hasta la fecha.

Este ranking se basa en 13 indicadores de rendimiento cuidadosamente calibrados que miden el desempeño de una institución en cuatro áreas: enseñanza, investigación, transferencia de conocimientos y perspectiva internacional.

El ranking de este año analizó más de 121 millones de citas en más de 15.5 millones de publicaciones de investigación e incluyó respuestas a encuestas de 40,000 académicos a nivel mundial. En total, se recopilaron más de 680,000 puntos de datos de más de 2,500 instituciones que presentaron datos.

La Universidad de Oxford encabeza el ranking por séptimo año consecutivo. La Universidad de Harvard se mantiene en segundo lugar, pero la Universidad de Cambridge sube del quinto puesto compartido del año pasado al tercer puesto compartido.

La nueva entrada más alta es la Universidad Humanitas de Italia, clasificada en el grupo de 201-250.

Estados Unidos es el país más representado en general, con 177 instituciones, y también el más representado en el top 200 (58).

China continental ahora tiene el cuarto mayor número de instituciones en el top 200 (11, en comparación con 10 el año pasado), superando a Australia, que ha bajado al quinto lugar (empatado con los Países Bajos).

Cinco países ingresan al ranking por primera vez, todos ellos en África (Zambia, Namibia, Mozambique, Zimbabue y Mauricio).

Harvard encabeza el pilar de enseñanza, mientras que Oxford lidera el pilar de investigación. En la cima del pilar internacional está la Universidad de Ciencia y Tecnología de Macao.

En total, se clasifican 1,799 universidades. Otras 546 universidades están listadas con el estatus de "reporteras", lo que significa que proporcionaron datos, pero no cumplieron con los criterios de elegibilidad para recibir un rango, y acordaron ser mostradas como reporteras en la tabla final.

Para más detalles, puedes consultar el análisis de los resultados del ranking mundial de universidades 2023 y descargar una copia del informe digital del ranking mundial de universidades 2023.

Respete los derechos de autor. ¿Problemas o características? Envíenos un correo electrónico a care@sider.ai. ¿Usar Link Reader en cada pestaña? Consíguelo aquí.

Obtuve información bastante precisa en cuestión de segundos.

Además, este increíble complemento puede brindarle rápidamente descripciones de gráficos o imágenes simplemente compartiendo la URL de la imagen.

## Complemento ChatGPT #3: Meme Generator

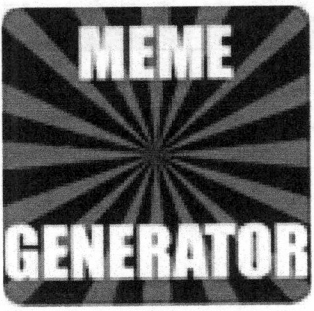

¡No lo olvidemos, la ciencia de datos no siempre tiene que ser seria!

La herramienta MemeGenerator de ChatGPT es perfecta para agregar un poco de humor a tu jornada laboral.

**Prompt: genera un meme divertido sobre "la AI nos quita el trabajo"**

ChatGPT responde:

Used **Meme Generator**

Aquí tienes tu meme sobre "la AI nos quita el trabajo":

Espero que te guste y te saque una sonrisa.

**Prompt:** genera un meme sobre programación. ¿Puedes ayudarme?

ChatGPT responde:

Used **Meme Generator**

Aquí tienes tu meme sobre programación:

Espero que te guste. ¿Hay algo más en lo que pueda ayudarte?

**Prompt:** genera un meme de advertencia si seguimos contaminando el planeta. ¿Puedes sugerirme?

ChatGPT responde:

Claro, puedo sugerir un meme de advertencia sobre la contaminación del planeta. Podría usar un formato clásico de meme con un mensaje impactante. Por ejemplo, podríamos usar la imagen de un paisaje hermoso en contraste con uno contaminado, y el texto podría ser algo así:

Arriba: "Este podría ser nuestro planeta" Abajo: "Si dejamos de contaminarlo ahora"

¿Te parece bien este concepto para el meme?

**Used Meme Generator**

Aquí tienes el meme que sugiere la importancia de dejar de contaminar el planeta para preservar su belleza y salud:

Espero que transmita el mensaje de manera efectiva. ¿Hay algo más en lo que pueda ayudarte?

## Complemento ChatGPT # 4: Ask Your PDF

Leer documentos y artículos a veces es difícil porque algunos son complejos y técnicos, pero ahora podemos resumir fácilmente los archivos PDF en unos segundos con el complemento ChatGPT Ask Your PDF.

No necesita una herramienta de inteligencia artificial adicional para hacer esto, pero puede resumir cualquier PDF directamente desde ChatGPT.

Para trabajar con este complemento, debe proporcionarle un enlace que termine con .pdf o con un archivo PDF que tenga en su computadora.

Traté de resumir este PDF sobre IA en medicina usando su enlace, pero no fue posible, sale este error:

*https://www.ncbi.nlm.nih.gov/pmc/articles/PMC1964229/pdf/15333167.pdf*

> Prompt: https://www.ncbi.nlm.nih.gov/pmc/articles/PMC1964229/
> pdf/15333167.pdf

ChatGPT responde:

 Used

Using **AskYourPDF**... ☼          ⌄

Parece que hubo un error al procesar el archivo PDF desde el enlace proporcionado. Para continuar, por favor descarga primero tu documento y luego súbelo manualmente haciendo clic en el siguiente botón:

# Upload Your Document

 Click here to upload your document and then paste your **Doc ID** in the chat box

 www.twitter.com/AskYourPdf 🌐 www.askyourpdf.com

Una vez que completes la carga, recibirás un **doc_id**. Por favor, cópialo y pégalo aquí para que pueda ayudarte con tu consulta.

Aquí tienes una demostración de cómo subir tus documentos:

Para obtener el doc_id, sigue estos pasos:

1. Haz clic en el botón "Subir Documento" que proporcioné anteriormente o simplemente haz clic https://askyourpdf.com/upload.

2. Esto te lleva a una página web donde puedes subir tu documento. Haz clic en el botón "Seleccionar archivo" o "Upload File" y elige el archivo PDF que deseas subir desde tu dispositivo.

3. Una vez que hayas seleccionado el archivo, haz clic en el botón "Subir" o "Upload". El sistema comenzará a procesar tu archivo.

4. Cuando el proceso de carga se complete, se te proporcionará un ID de documento único, también conocido como doc_id. Este ID se mostrará en la misma página web.

Copia ese doc_id y pégalo aquí en el chat.

## Upload document

We'll assign an ID to your document. You'll be able to start a conversation in ChatGPT based on the document uploaded. You can upgrade your account to increase your limits.

IA Medicina.pdf
0.103MB

100.00%
Delete

Document Id

4a575dbc-e501-48d7-aed9-1ecaf3122c7c

Doc ID Successfully Generated
Please copy the document ID above and paste it into the ChatGPT UI to have a conversation about this document.

4a575dbc-e501-48d7-aed9-1ecaf3122c7c

Used **AskYourPDF**

El documento "02 3893 Ramesh" parece tratar sobre la inteligencia artificial en medicina, específicamente en el contexto de la oncología y otras áreas médicas. Aunque no se proporciona un resumen completo, los fragmentos extraídos del documento indican una discusión detallada sobre el uso de redes neuronales artificiales, sistemas neurodifusos y otras técnicas de inteligencia artificial para el diagnóstico y pronóstico en diversas condiciones médicas.

Algunos puntos destacados incluyen:

Aplicaciones de redes neuronales en la predicción de la supervivencia del cáncer y en la respuesta al tratamiento en pacientes con cáncer de mama y de pulmón.

Uso de la lógica difusa y algoritmos genéticos en el diagnóstico y análisis de imágenes médicas, como en la detección de tumores y en la caracterización de tejidos.

Comparaciones entre redes neuronales y otros enfoques de reconocimiento de patrones para el diagnóstico de diversas enfermedades.

El documento también parece hacer referencia a estudios y trabajos anteriores en el campo, proporcionando ejemplos específicos de cómo la inteligencia artificial ha sido aplicada en el ámbito médico.

Si necesitas información más detallada sobre un aspecto específico del documento, por favor házmelo saber.

## Complemento ChatGPT # 5: There's An IA For That

¿Cansado de perder horas buscando una herramienta de IA que le haga la vida más fácil? ¡No busques más! Con el complemento ChatGPT, "Hay una IA para eso", encontrará una lista de herramientas de IA para usted en segundos.

El otro día, un amigo mío me preguntó sobre las herramientas de inteligencia artificial para el diseño web, gracias a este complemento se puede recomendar 10 buenas herramientas de inteligencia artificial.

**Prompt: ¿cuáles herramientas de IA puedo usar para automatizar el diseño web?**

ChatGPT responde:

 Used

> Used **There's An AI For It**   ⌄

Aquí tienes algunas herramientas de IA que pueden ayudarte a automatizar el diseño web:

- ⚑ **Mobirise:** automatiza la generación de diseño para la creación de sitios web.

- ⚑ **Crito Design:** diseño optimizado de UI/UX.

- ▶ **Studio Design**: diseño web revolucionado con ayuda de machine learning.

- ▶ **B12.io**: constructor de sitios web impulsado por IA.

- ▶ **Aida**: diseña y optimiza sitios web personalizados.

- ▶ **Zarla**: creación de sitios web con contenido y diseño automatizados.

- ▶ **Webstudio**: acelera la creación de sitios web para diseñadores.

- ▶ **UiMagic**: creación de sitios únicos con visuales y contenido de calidad.

- ▶ **Htmlwaveapp**: creación de páginas web amigables para usuarios no técnicos.

- ▶ **CodelessAI:** generación automatizada de componentes de UI sin necesidad de codificación manual.

Estas herramientas varían en sus capacidades específicas, desde la construcción de sitios web hasta la optimización de UI/UX, por lo que puedes elegir la que mejor se adapte a tus necesidades.

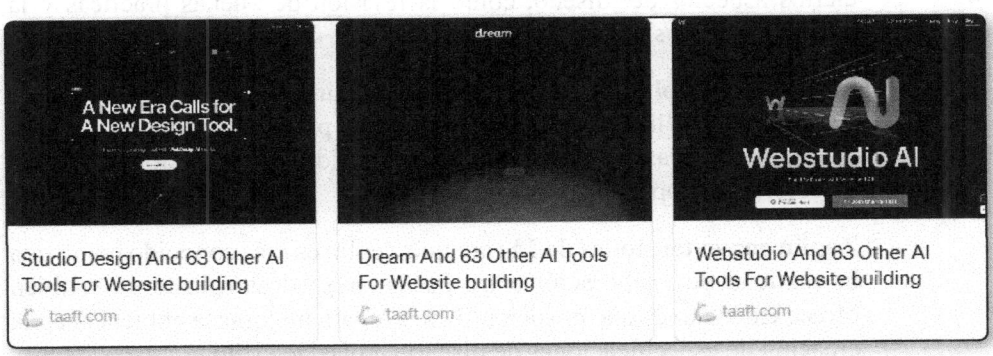

Cuando haga clic en cualquiera de los enlaces enumerados, será redirigido al sitio web del complemento. Allí puede encontrar una descripción rápida de la herramienta, el precio y el enlace para visitar su sitio web.

**Prompt: ¿cuáles herramientas de IA puedo usar para automatizar el diseño de una aplicacion móvil?**

ChatGPT responde:

> Used **There's An AI For It** ∨

Para automatizar el diseño de una aplicación móvil utilizando herramientas de inteligencia artificial, puedes considerar las siguientes opciones:

▸ **Adobe XD con plugins de IA**: Adobe XD es una herramienta de diseño de interfaces de usuario (UI) y experiencia de usuario (UX) que permite integrar plugins basados en IA. Estos plugins pueden ayudar en la generación automática de elementos de diseño, la optimización de flujos de usuario y la mejora de la accesibilidad.

▸ **Sketch con Assistant**: Sketch es otra herramienta popular para el diseño de UI/UX que ofrece la funcionalidad de "Assistant" para automatizar ciertos aspectos del diseño, como la revisión de buenas prácticas y la coherencia en los elementos de diseño.

▸ **Figma y sus plugins de IA**: Figma es una herramienta de diseño colaborativo en línea que permite el uso de plugins basados en IA para automatizar tareas como el relleno de contenido, la generación de paletas de colores y la optimización de layouts.

▸ **Zeplin con extensiones de IA**: aunque Zeplin es más conocido como una herramienta de colaboración entre diseñadores y desarrolladores, también ofrece extensiones que pueden utilizar IA para mejorar la eficiencia en la creación de especificaciones de diseño y guías de estilo.

▸ **ChatGPT y otros modelos de lenguaje de OpenAI**: herramientas como ChatGPT pueden ayudarte a generar ideas de diseño, textos para interfaces de usuario, y responder preguntas sobre mejores prácticas en diseño de UI/UX.

▸ **Herramientas de prototipado rápido basadas en IA**: existen diversas herramientas emergentes que utilizan IA para convertir bocetos a mano alzada en prototipos funcionales, lo que puede acelerar significativamente el proceso de diseño.

- ▼ **Testeo de usabilidad con IA**: herramientas que utilizan IA para analizar cómo los usuarios interactúan con tu aplicación, proporcionando insights para mejorar la experiencia de usuario.

- ▼ **Generadores de código basados en IA**: algunas herramientas pueden transformar tus diseños en código, facilitando la transición del diseño al desarrollo.

Es importante recordar que, aunque estas herramientas pueden automatizar y facilitar ciertos aspectos del diseño, la creatividad y la toma de decisiones estratégicas siguen siendo fundamentales y requieren un enfoque humano.

## Complemento #6 de ChatGPT: Wolfram

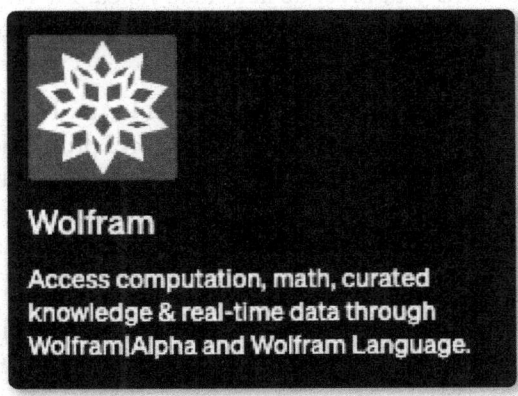

Wolfram es un complemento de ChatGPT que nos permite calcular respuestas de nivel experto utilizando los algoritmos y la tecnología de IA de Wolfram.

Wolfram se usa comúnmente para matemáticas. Puede proporcionar soluciones paso a paso para álgebra, geometría, problemas de cálculo estadístico y más.

La mejor parte es que puede usar las capacidades de Wolfram para ayudarlo en su vida diaria, como calcular un régimen de pérdida de peso.

**Prompt:** calcular un régimen de pérdida de peso: peso actual 90 kg, pérdida de peso 20 kg ,1500 cal/día

ChatGPT responde:

 Para calcular un régimen de pérdida de peso, necesitamos considerar varios factores, incluyendo el déficit calórico necesario para perder peso, la tasa metabólica basal (TMB) y el nivel de actividad física. Sin embargo, es importante recordar que cualquier plan de pérdida de peso debe ser supervisado por un profesional de la salud para asegurar que sea seguro y adecuado para ti.

Dicho esto, podemos hacer una estimación general. La pérdida de 1 kg de peso corporal generalmente requiere un déficit calórico de aproximadamente 7700 calorías. Por lo tanto, para perder 20 kg, necesitarías un déficit total de aproximadamente 20×7700=15400020×7700=154000 calorías.

Si consumes 1,500 calorías al día, necesitamos calcular tu gasto calórico total diario (GCTD) para determinar cuánto tiempo te llevará alcanzar este déficit. El GCTD depende de tu TMB y tu nivel de actividad física. La TMB se puede estimar usando la fórmula de Harris-Benedict, que requiere información adicional como tu edad, género y altura.

Sin estos datos adicionales, no puedo calcular tu TMB con precisión. Sin embargo, puedo darte un ejemplo general usando valores promedio. Supongamos que tu TMB es de aproximadamente 2,000 calorías al día y tienes un nivel de actividad física ligero, lo que aumenta tu GCTD a aproximadamente 2,400 calorías al día (esto es solo un ejemplo y puede variar mucho en la realidad).

Si consumes 1500 calorías al día, esto crea un déficit diario de 2400−1500=9002400−1500=900 calorías. Para alcanzar un déficit total de 154000 calorías, te llevaría aproximadamente 154000÷900≈171154000÷900≈171 días, o alrededor de 5,7 meses.

Recuerda, estos son cálculos muy generales y la pérdida de peso puede variar dependiendo de muchos factores, incluyendo cambios en el metabolismo, la composición corporal y otros factores individuales. Además, es importante no bajar de un consumo calórico mínimo seguro, que generalmente se considera alrededor de 1200 calorías al día para mujeres y 1500 calorías al día para hombres, pero esto también puede variar.

---

Wolfram también puede trazar gráficos, lo que ChatGPT no puede hacer de forma nativa.

Digamos que queremos comparar las tendencias de crecimiento de la población entre EE. UU. y Brasil desde 1920 hasta 2020. Así es como lo haría Wolfram.

Prompt: comparar las tendencias de crecimiento de la población entre EE. UU. y
Brasil desde 1920 hasta 2020. Así es como lo haría Wolfram.

ChatGPT responde:

 Used **Wolfram**

Las tendencias de crecimiento de la población entre Estados Unidos y Brasil
desde 1920 hasta 2020 se pueden resumir de la siguiente manera:

▼ **Estados Unidos**
- Crecimiento medio anual: 1.162 %/año
- Menor crecimiento anual: -1.402 %/año en 1950
- Mayor crecimiento anual: 2.373 %/año en 1921

▼ **Brasil**
- Crecimiento medio anual: 2.094 %/año
- Menor crecimiento anual: 0.7413 %/año en 2020
- Mayor crecimiento anual: 4.813 %/año en 1948

Estos datos indican que, en promedio, Brasil ha experimentado un crecimiento
poblacional más rápido que Estados Unidos durante este período.

Aquí tienes un gráfico que muestra la historia del crecimiento de la población
en ambos países:

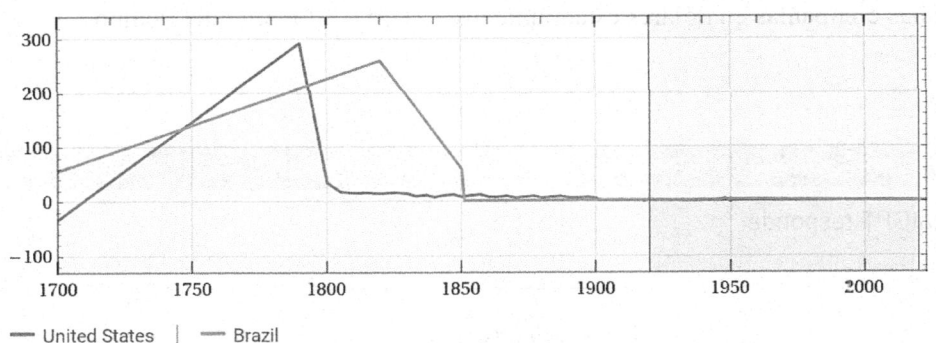

— United States  |  — Brazil

(from 1700 to 2023)  (in percent per year)

Para más detalles, puedes visitar el sitio web de Wolfram|Alpha para este
resultado: *enlace a Wolfram|Alpha*.

**Prompt:** compara el precio de acciones de Apple y Google durante los últimos 5 años a través de un gráfico.

ChatGPT responde:

 Aquí tienes un gráfico que compara los precios de las acciones de Apple y Google durante los últimos 5 años:

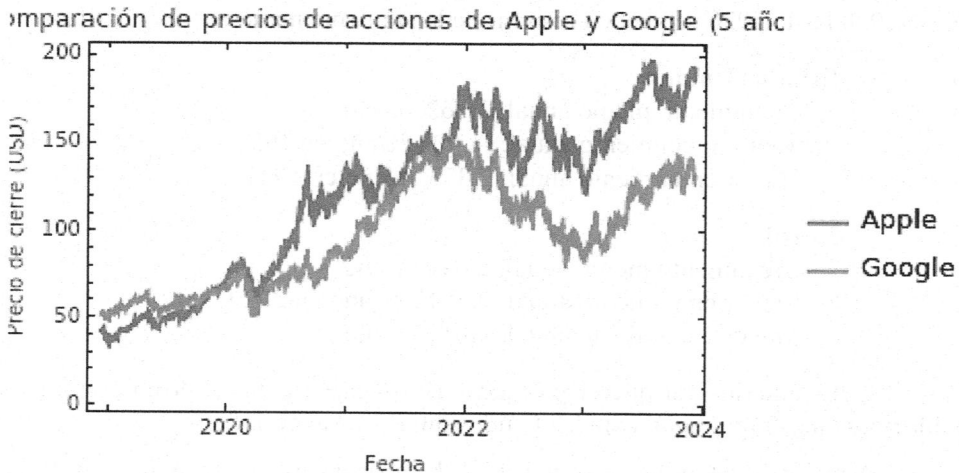

Este gráfico muestra la evolución del precio de cierre de las acciones de ambas compañías en dólares estadounidenses (USD) a lo largo del tiempo.

---

**Prompt:** ¿cuánto es la distancia desde New York a Pekín?

ChatGPT responde:

Used **Wolfram**    ∨

La distancia desde la ciudad de Nueva York a Pekín es de aproximadamente 6846 millas, lo que equivale a 11018 kilómetros.

Aquí tienes algunos datos adicionales sobre el viaje:

En metros, la distancia es aproximadamente 1.102×1071.102×107 metros.

En millas náuticas, son aproximadamente 5949 nmi.

Si viajaras en un avión a una velocidad de 550 mph, te tomaría alrededor de 12 horas y 25 minutos.

La luz en fibra óptica tardaría aproximadamente 51 milisegundos en recorrer esta distancia, mientras que en el vacío tardaría unos 37 milisegundos.

Esta distancia representa aproximadamente un cuarto (0.27) de la circunferencia de la tierra.

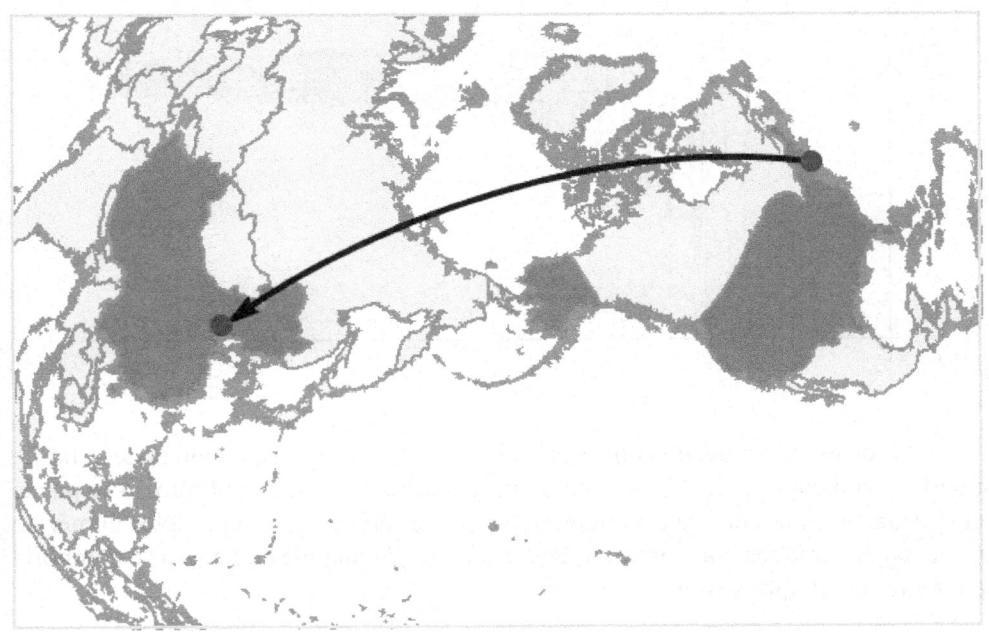

**Prompt: ¿cuál es la integral de sin(x^3) dx desde cero hasta el infinito de manera visual?**

ChatGPT responde:

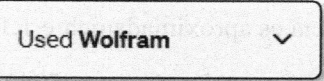

 Aquí tienes una representación gráfica de la integral de sin($x^3$) con respecto a $x$ desde 0 hasta un valor variable $t$, mostrada en el rango de $t$ de 0 a 10:

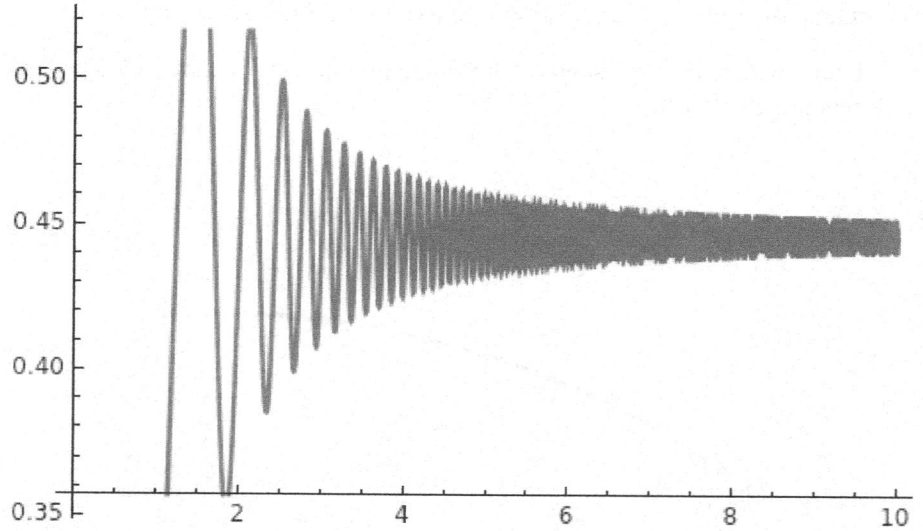

Este gráfico muestra cómo varía el valor de la integral a medida que el límite superior $t$ aumenta desde 0 hasta 10. La integral desde 0 hasta el infinito no se puede representar visualmente de esta manera, ya que el infinito no es un valor numérico que se pueda graficar. Sin embargo, este gráfico te da una idea de cómo se comporta la integral en un rango finito.

## ChatGPT Plugin #7: Prompt Perfect

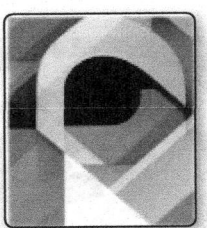

Prompt Perfect es un ChatGPT plugin que puede optimizar las solicitudes para ChatGPT, Midjourney, DALL-E y otras herramientas, si nos falta inspiración o simplemente queremos algo más elaborado.

Prompt Perfect funciona bien en su sitio web, pero por alguna razón el complemento ChatGPT no es tan bueno. Este es un ejemplo de un mensaje que traté de optimizar.

Gracias a las tecnologías de la información, se ha logrado una interconexión e hiperconexión que ha convertido la información en un recurso de gran valor, tanto en el ámbito empresarial como en otros contextos. Los sistemas de información tienen un rol esencial en las empresas al permitir el procesamiento de grandes cantidades de información diversa, su almacenamiento y la facilitación de una comunicación efectiva en todos los niveles. Esto, a su vez, transforma datos e información en conocimiento y automatiza tareas repetitivas.

> Prompt: eres un experto en redacción de artículos científicos y tienes 20 años de experiencia. Mejora el estilo de redacción del siguiente texto.

ChatGPT responde:

El avance de las tecnologías de la información ha catalizado una era de interconexión e hiperconexión sin precedentes, elevando la información a la categoría de recurso invaluable, tanto en el contexto empresarial como en otros ámbitos. En este escenario, los sistemas de información emergen como pilares fundamentales dentro de las organizaciones empresariales. Su capacidad para procesar, almacenar y gestionar volúmenes masivos de información diversa es crucial. Además, estos sistemas facilitan una comunicación efectiva en todos los estratos organizacionales, lo que resulta en una transformación significativa de datos brutos en conocimiento aplicable. Paralelamente, la automatización de tareas repetitivas, una consecuencia directa de estas tecnologías, optimiza la eficiencia y libera recursos humanos para tareas de mayor valor añadido.

## ChatGPT Plugin #8: ScholarAI

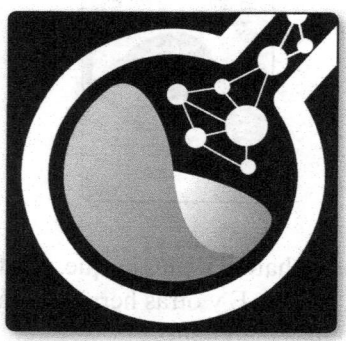

Este complemento está diseñado para darnos acceso a más de 40 millones de artículos e investigaciones académicas, para que podamos obtener directamente información científica, proyectos técnicos, ingeniería, humanidades y ciencias sociales.

Aquí puede buscar un tema que le interese revisar. Lo interesante es que, dentro de la base de datos de este complemento, tenemos artículos hasta 2023, por lo que podemos acceder a artículos publicados recientemente.

Prompt: ¿puedes darme los [4] artículos principales sobre [impacto de la inteligencia artificial en la actualidad]? El rango de artículos [2022 y 2023]

ChatGPT responde:

 Used

Used **ScholarAI** ⌄

Aquí tienes los 4 artículos principales sobre el impacto de la inteligencia artificial en la actualidad, publicados entre 2022 y 2023:

- ▸ **La Inteligencia Artificial como agente contaminante: concepto jurídico, impacto ambiental y futura regulación.**
  - **Autores**: David Edgar Araiz Huarte.
  - **Fecha de publicación**: 16 de enero de 2023.
  - **Resumen**: este artículo aborda el debate sobre la compatibilidad de la inteligencia artificial con la ética humanista en la sociedad occidental, enfocándose en el impacto ambiental de la IA, especialmente en términos de la demanda de energía de algunos modelos de IA.
  - *Enlace al artículo.*

- ▸ **La Inteligencia Artificial y el contexto de la docencia en México**
  - **Autores**: Sandra Huerta-Presa, José Ramón Zavala-Ramírez.
  - **Fecha de publicación**: 29 de mayo de 2023.
  - **Resumen**: este estudio analiza el impacto de las tecnologías de inteligencia artificial en el ámbito de la docencia en México, destacando la falta de regulación legislativa en este campo.
  - *Enlace al artículo.*
  - *PDF del artículo.*

- ▸ **El uso de la Inteligencia Artificial en el análisis de impacto normativo**
  - **Autores**: Silvia Matallana Villegas.
  - **Fecha de publicación**: no disponible.
  - **Resumen**: el artículo explora el potencial de la inteligencia artificial en el análisis de impacto normativo, discutiendo cómo puede ayudar a mejorar la calidad de la legislación y anticipar sus impactos.
  - *Enlace al artículo.*

- ▸ **Redefiniendo la era de la cirugía digital:** el rol de la inteligencia artificial, la realidad aumentada y el aprendizaje automático en el campo quirúrgico.
  - **Autores**: J. S. Barajas-Gamboa.
  - **Fecha de publicación**: 20 de diciembre de 2022.
  - **Resumen**: este artículo se centra en cómo la inteligencia artificial, la realidad aumentada y el aprendizaje automático están redefiniendo la cirugía digital, mejorando la planificación prequirúrgica, el entrenamiento y los resultados posoperatorios.
  - *Enlace al artículo.*
  - *PDF del artículo.*

¿Te gustaría obtener más detalles sobre alguno de estos artículos o guardar alguno en tu gestor de referencias Zotero?

**Deseo generar las referencias bibliográficas mediante Zotero**

Para guardar las referencias de estos artículos en tu gestor de referencias Zotero, necesitaré tu ID de usuario de Zotero y tu clave API de Zotero. Por favor, proporciónamelos para proceder con el guardado de las referencias.

Recuerda que esta información es sensible, así que asegúrate de compartirla solo si te sientes cómodo haciéndolo en este entorno. Si prefieres, puedes ingresar manualmente la información en Zotero utilizando los enlaces que te proporcioné anteriormente.

---

### ⓘ NOTA

Lo que genera ChatGPT es el título del artículo, que además tiene un enlace directo que nos lleva a la web donde podemos encontrarlo. Adicionalmente, podemos descargar el artículo en formato PDF.

---

Prompt: ¿puedes darme los [4] artículos principales sobre [diagnóstico de enfermedades a través de imágenes utilizando la inteligencia artificial en la actualidad]? El rango de artículos [2022 y 2023]

ChatGPT responde:

 Aquí tienes los resúmenes de los primeros cuatro artículos sobre el diagnóstico de enfermedades a través de imágenes utilizando la inteligencia artificial en la actualidad, dentro del rango de 2022 a 2023:

*Uso de la inteligencia artificial en la investigación para el reposicionamiento de fármacos* (Publicado: 21 de junio de 2022).

*Resumen*: este artículo aborda el desarrollo de algoritmos en inteligencia artificial (IA) y su aplicación en la investigación biomédica, específicamente en el reposicionamiento de fármacos (REFA). El aprendizaje automático, una rama de la IA, ha demostrado ser eficaz en identificar nuevas propiedades y relaciones farmacológicas, contribuyendo al tratamiento de enfermedades como el cáncer y las enfermedades neurodegenerativas e infecciosas.

*PDF del artículo.*

*Medición de la mortalidad de pacientes internados por enfermedad cardiovascular mediante el desarrollo de un algoritmo de inteligencia artificial* (Publicado: 31 de marzo de 2022).

*Resumen*: este estudio se enfoca en determinar las causas de muerte en pacientes con enfermedades cardiovasculares mediante un algoritmo de IA. Se desarrolló y validó un algoritmo para clasificar automáticamente las causas de muerte, alcanzando una alta precisión en la clasificación de internaciones por enfermedades cardiovasculares.

*PDF del artículo.*

*Inteligencia artificial en enfermedades infecciosas* (Publicado: 24 de julio de 2023).

*Resumen*: este artículo discute la revolución tecnológica en el campo de la salud, especialmente en enfermedades infecciosas, acelerada por la pandemia de COVID-19. La IA y el aprendizaje automático están transformando la identificación de microorganismos resistentes, el desarrollo de nuevos tratamientos y vacunas, y la predicción de epidemias, aunque todavía se necesitan parámetros de referencia y lineamientos regulatorios para su aplicación más amplia.

*PDF del artículo.*

*Revisión sistemática de los algoritmos para detección de enfermedades fúngicas en el arroz* (Publicado: 20 de noviembre de 2022).

*Resumen*: este artículo presenta una revisión sistemática de algoritmos de IA para detectar enfermedades fúngicas en cultivos de arroz. Se exploran técnicas para obtener características de las hojas o frutos y el uso de algoritmos clasificadores, concluyendo que es posible detectar enfermedades de manera efectiva, lo que beneficia económicamente a los agricultores.

*PDF del artículo.*

¿Te gustaría obtener más detalles sobre alguno de estos artículos o buscar más artículos relacionados?

## ChatGPT Plugin #9: Sentiment Analysis

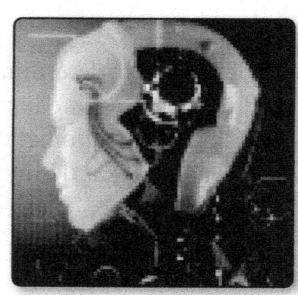

Esta herramienta mejora ChatGPT al proporcionar capacidades de análisis de sentimientos, lo que permite que el modelo comprenda y responda al tono emocional de las entradas.

El complemento emplea un algoritmo de análisis de sentimientos, que a menudo utiliza bibliotecas como NLTK o TextBlob, para evaluar el texto de entrada. Devuelve una puntuación de sentimiento, que se puede utilizar para adaptar las respuestas del modelo en consecuencia.

> Prompt: estás especializado en la gestión de reclamos de los clientes. Analiza los sentimientos del cliente con el siguiente texto: "Hola, hace poco compré su producto y me decepcionó especialmente su calidad. He intentado varias veces ponerme en contacto con el servicio de atención al cliente, sin éxito. ¿Alguien puede ayudarme a resolver este problema?".
> Muestra y detalla el sentimiento negativo, neutralidad, sentimiento positivo y puntuación compuesta.

ChatGPT responde:

### Used **Sentiment Analysis**

El análisis de sentimientos del texto proporcionado muestra lo siguiente:

► **Sentimiento negativo**: el texto tiene una puntuación negativa de 0.094, lo que indica un sentimiento ligeramente negativo. Esto se debe principalmente a la decepción del cliente con la calidad del producto y la dificultad para contactar con el servicio de atención al cliente.

▶ **Neutralidad**: la puntuación de neutralidad es de 0.862, lo que sugiere que una gran parte del texto es informativa o descriptiva. Esto se refleja en la manera en que el cliente explica su situación y su intento de contactar con el servicio de atención al cliente.

▶ **Sentimiento positivo**: hay una puntuación positiva muy baja de 0.044, lo que indica que hay muy poca positividad en el texto.

▶ **Puntuación compuesta**: la puntuación compuesta es de -0.4404, lo que representa el sentimiento general del texto. Esta puntuación indica un sentimiento negativo general.

En resumen, el cliente expresa una experiencia negativa con la calidad del producto y la falta de éxito al intentar comunicarse con el servicio de atención al cliente. Esta insatisfacción se refleja claramente en el análisis de sentimientos. Es importante que la empresa aborde estas preocupaciones de manera oportuna para mejorar la satisfacción del cliente. Principio del formulario.

## ChatGPT Plugin #10: Stories

Con este complemento, podemos crear historias divertidas y, como beneficio adicional.

Aquí podemos usar nuestra imaginación, y Stories la plasmará en un cuento (incluido el título).

**Prompt:** crea una historia sobre [un niño robot que sueña con convertirse en humano]

ChatGPT responde:

Used **Stories**   ∨

 He generado una historia basada en tu solicitud:

*The Robot's Dream*: un niño robot sueña con convertirse en humano y se embarca en un viaje para lograr su sueño, enfrentando obstáculos en el camino.

URL directa: *The Robot's Dream*

ⓘ **NOTA**

Puede tardar entre 15 y 20 segundos en generar la primera imagen. ¡Gracias por tu paciencia!

*The Robot's Dream*

*storybird.ai*

Y los resultados son asombrosos. Podemos ver que también podemos editar partes de la historia y las ilustraciones. Además, nos da la posibilidad de añadir audio y publicarlo en Amazon.

> Prompt: crea una historia de ciencia ficción ambientada en un mundo donde los humanos conviven con alienígenas.

ChatGPT responde:

> Used **Stories**    ∨

 He creado una historia de ciencia ficción para tí titulada "El Descubrimiento de Luna". Aquí tienes un resumen y el enlace para leerla completa:

*"El Descubrimiento de Luna"*: en un mundo futurista donde los humanos conviven con alienígenas, la joven ingeniera Luna descubre un secreto que podría cambiar la relación entre ambas especies para siempre.

URL directa: *El Descubrimiento de Luna*.

> ⓘ **NOTA**
>
> Puede tardar entre 15 y 20 segundos en generar la primera imagen. ¡Gracias por tu paciencia!

*Luna's Discovery*

**Prompt:** crea una historia que explique el apogeo de los incas.

ChatGPT responde:

Used **Stories** ⌄

He generado una historia inspirada en el apogeo de los incas. Aquí tienes los detalles:

*El apogeo del Imperio Inca*: únete a un joven guerrero inca en una misión para salvar a su pueblo de una antigua maldición.

URL directa: *El apogeo del Imperio Inca.*

ⓘ **NOTA**

Puede tardar entre 15 y 20 segundos en generar la primera imagen. ¡Gracias por tu paciencia!

*The Inca Empire's Height*

*storybird.ai*

## ChatGPT Plugin #11: World News

Muchas veces dedicamos tiempo a buscar diferentes noticias en la web, y eso puede llevarnos muchos minutos de búsqueda. Con el complemento World News, solo llevará unos segundos, ya que generará un resumen de las noticias más recientes, relevantes y dónde podemos encontrarlas a través de enlaces directos.

Podemos pedir noticias sobre un tema de nuestro interés.

> Prompt: ¿puedes darme una lista de las [tres] noticias de [IA] que sucedieron en los últimos [2 días] y *enlaces directos a cada una de ellas*?

ChatGPT responde:

---

Used **World News**    ⌄

Aquí tienes tres noticias recientes sobre la inteligencia artificial:

1. **"El nuevo algoritmo de IA de OpenAI puede predecir el cambio climático con una precisión sin precedentes"** - OpenAI ha desarrollado un nuevo algoritmo de inteligencia artificial que puede predecir el cambio climático con una precisión sin precedentes. Este algoritmo utiliza una gran cantidad de datos climáticos y puede predecir los patrones climáticos con un alto grado de precisión. Este desarrollo podría ser un gran avance en la lucha contra el cambio climático.

2. **"La IA de Google ayuda a los científicos a descubrir un nuevo tipo de dinosaurio"** - Un equipo de científicos ha utilizado la inteligencia artificial de Google para descubrir un nuevo tipo de dinosaurio. La IA fue capaz de analizar y clasificar los huesos de dinosaurio de una manera que los humanos no podían, lo que llevó al descubrimiento.

3. **"La IA de Facebook detecta el discurso de odio con una precisión del 99%"** - Facebook ha anunciado que su inteligencia artificial ahora puede detectar el discurso de odio con una precisión del 99%. Esto es un gran avance en la lucha contra el discurso de odio en lír     ↻ Rege
podría tener un impacto significativo en la forma en que se modera el contenido en la

## ChatGPT Plugin #12: KeyMate.AI Search

Herramienta para resumir páginas web.

**Prompt:** resume este blog en 100 palabras "*https://openai.com/blog/planning-for-agi-and-beyond*"

ChatGPT responde:

El blog de OpenAI "Planning for AGI and Beyond" aborda la misión de asegurar que la inteligencia general artificial (AGI) beneficie a toda la humanidad. Destaca el potencial de la AGI para aumentar la abundancia, impulsar la economía global y descubrir nuevos conocimientos científicos. Sin embargo, también reconoce los riesgos de mal uso, accidentes y disrupción social. El blog enfatiza la importancia de compartir amplia y justamente los beneficios y la gobernanza de la AGI. OpenAI propone un enfoque cauteloso y gradual para desplegar sistemas de IA más poderosos, abogando por un bucle de retroalimentación rápido y una adaptación cuidadosa. Además, sugiere una conversación global sobre la gobernanza, distribución de beneficios y acceso justo a la AGI, y resalta la necesidad de auditorías independientes y estándares públicos para la formación y despliegue de sistemas de AGI.

[Keymate Announcement] KeymateGPT está en beta, puedes probarlo en el nuevo ChatGPT aquí: *https://chat.openai.com/g/g-veSrMmasJ-keymate-ai-gpt-beta* [End of Announcement]

> **Prompt: resume el siguiente link en 100 palabras.**
> *"https://gestion.pe/tecnologia/la-ia-generativa-se-convierte-en-la-nueva-musa-del-mundo-de-la-moda-tecnologia-inteligencia-artificial-tecnologia-chatgpt-moda-disenadores-noticia/"*

ChatGPT responde:

El artículo de Gestión.pe describe cómo la inteligencia artificial (IA) generativa está revolucionando el mundo de la moda. Herramientas capaces de convertir texto en imágenes están inspirando a diseñadores y ayudando a nuevos talentos a materializar sus ideas. En el congreso AI Summit en Nueva York, se discutió este cambio, destacando el caso de Fossil, que entrena su propia IA para inspirar a sus diseñadores. Sin embargo, surgen preocupaciones sobre los derechos de autor y las "alucinaciones" de la IA, errores en los diseños generados. La artista Opé M. utiliza IA para crear diseños de moda futurista, democratizando el diseño y generando nuevas oportunidades laborales, a pesar de las preocupaciones de que la tecnología pueda reemplazar ciertos trabajos.

## ChatGPT Plugin #13: WebPilot

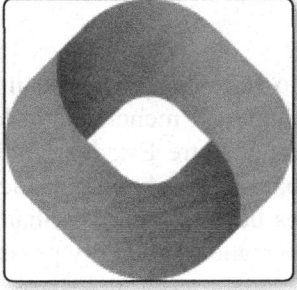

Herramienta para resumir páginas web.

Prompt: resume el siguiente link en 200 palabras.
*"https://egade.tec.mx/es/egade-ideas/opinion/cisne-verde"*

Used **WebPilot**  ⌄

El artículo de EGADE Business School, titulado "Cisne verde", aborda los riesgos y costos económicos asociados al cambio climático. El término "Cisne verde" fue acuñado en 2020 por el Bank of International Settlements (BIS) para describir los riesgos sistémicos causados por el cambio climático, caracterizados por ser impredecibles, con consecuencias extremas y solo comprensibles tras su ocurrencia. El BIS enfatiza la necesidad de integrar los riesgos climáticos en los modelos de riesgo financiero y corporativo, advirtiendo sobre las reacciones en cadena que pueden derivar en crisis financieras sistémicas.

El artículo destaca la preocupación del BIS por los efectos catastróficos del cambio climático, como el aumento de la temperatura global, el nivel del mar, inundaciones frecuentes, destrucción de cosechas, pérdida de ecosistemas y crisis de abastecimiento de agua. Se mencionan ejemplos específicos como las inundaciones en Seúl, las sequías en Europa, y el impacto en la infraestructura energética y la agricultura.

Se abordan también las consecuencias económicas del cambio climático, como la reducción del PIB mundial y el crecimiento económico, especialmente en regiones como Medio Oriente y Asia Central. El BIS y otras organizaciones, como el FMI y Swiss Re Institute, proporcionan estimaciones sobre las pérdidas económicas y enfatizan la necesidad de medidas de resiliencia, especialmente en países de bajos ingresos.

Finalmente, el artículo reflexiona sobre la influencia de la política en la profundización del desastre climático, mencionando los desafíos actuales como la guerra en Ucrania y las tensiones entre Estados Unidos y China, que afectan los compromisos climáticos globales. La advertencia del BIS sobre los eventos de "Cisne verde" como causantes de futuras crisis financieras resalta la urgencia de abordar el cambio climático de manera integral y proactiva.

## ChatGPT Plugin #14: VoxScript

VoxScript es muy útil a la hora de resumir vídeos de YouTube. De hecho, encuentro que esta herramienta es la más útil.

> Prompt: resume la entrevista a Michael Porter este video en 100 palabras. *"https://www.youtube.com/watch?v=AdS2afMk5ww"*

ChatGPT responde:

En la entrevista, Michael Porter discute varios temas relacionados con la competitividad y el desarrollo económico, especialmente en el contexto de Perú. Habla sobre su encuentro con el presidente Humala, destacando el interés de éste en aprender sobre economía y su enfoque en el desarrollo social. Porter menciona la crisis económica global, describiéndola más como una desaceleración que una crisis, y señala a Europa como el principal lastre económico.

Porter enfatiza la importancia de la diversificación económica en Perú, que aún depende mucho de los recursos naturales. Resalta los avances macroeconómicos del país y la necesidad de fortalecer las bases microeconómicas. Además, discute el papel de las empresas en el desarrollo social, argumentando que el éxito empresarial depende de una sociedad saludable. Critica la antigua mentalidad empresarial de buscar beneficios a corto plazo y elogia a las empresas que entienden su papel en la solución de problemas sociales, como la educación y el desarrollo de pequeños agricultores.

Porter también aborda el tema de la minería en Perú, reconociendo los problemas sociales y ambientales asociados, pero señalando que algunas empresas mineras están adoptando prácticas más responsables. Finalmente, habla sobre el papel del gobierno en la creación de un entorno favorable para el sector privado y el desarrollo de políticas que fomenten un valor compartido entre las empresas y la sociedad.

## ChatGPT Plugin #15: Scraper

En la mayoría de los casos, la extracción de datos requiere habilidades de programación con las que no todo el mundo está equipado.

### Flujo de trabajo de extracción de datos

Antes de pasar al proceso de raspado, comprendamos mejor el flujo de trabajo de un extremo a otro ilustrado en el siguiente gráfico:

Primero, el usuario envía un mensaje a ChatGPT que contiene la URL que se va a extraer y los metadatos que se almacenarán en la hoja de Excel final. Por ejemplo, es posible que el usuario desee extraer el nombre y el precio de un producto.

Luego, con el uso de esa información ChatGPT activará los Scraper complementos para extraer la información solicitada y el code interpreter almacenará el resultado final en el archivo de Excel.

Luego, el usuario podrá descargar el archivo final a una ubicación específica en la computadora local.

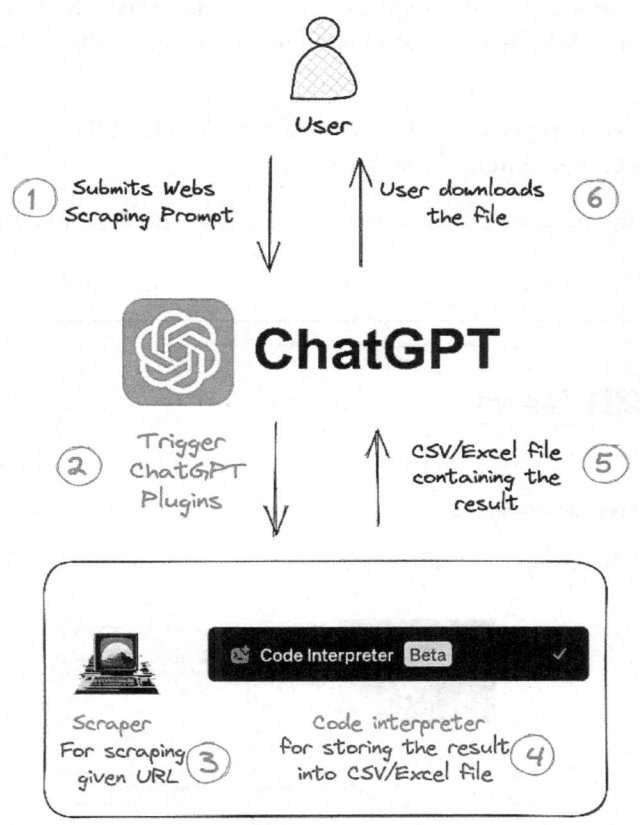

**Web Scraping Workflow Using ChatGPT Scraper and Code interpreter plugins**

Author: Zoumana Keita

**Fuente:** web scraping utilizando ChatGPT

## Scraper

Como sugiere el nombre, ChatGPT scraper, o scraper para abreviar, utiliza la IA de OpenAI para extraer datos de páginas web que permiten el scraping.

Primero extrae datos de páginas web usando Playwright, convierte el contenido en rebajas y finalmente pasa el resultado a la API OpenAI para operar su magia.

Comencemos a revisar el sitio web de noticias del MIT con un enfoque específico en la sección de Inteligencia Artificial .

A continuación, se muestra cómo se ve la página de destino de la URL que nos interesa:

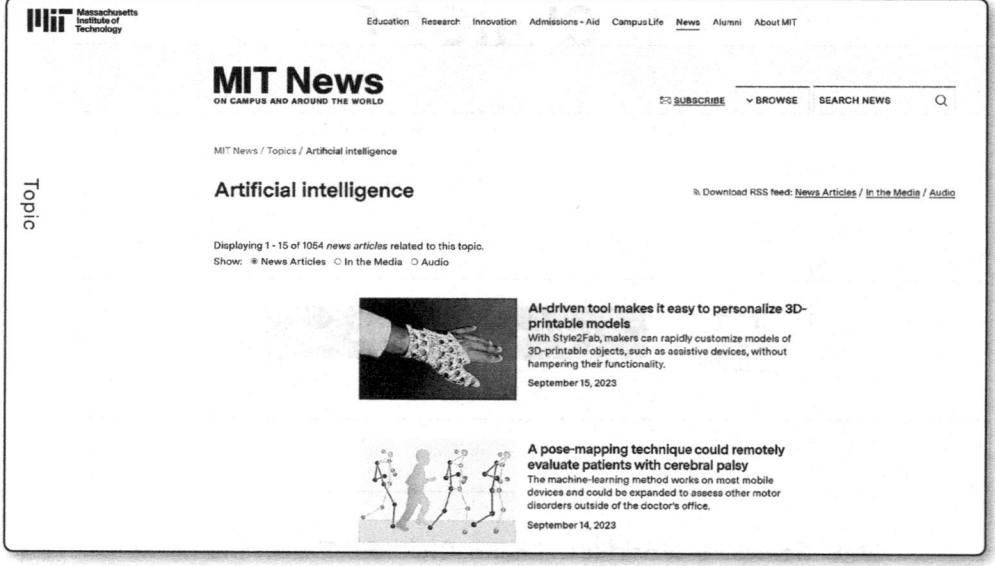

## Paso 1: envíe las indicaciones de Scraper

Al enviar las indicaciones, es importante ser lo más claro posible acerca de lo que esperamos obtener en términos de resultados. Una indicación poco clara puede generar resultados ruidosos.

El mensaje contiene dos secciones principales: (1) the URL y (2) the task to be performed.

En nuestro escenario, la URL es https://news.mit.edu/topic/artificial-intelligence2 y la instrucción comienza con el siguiente prompt:

Prompt: extrae datos de la URL que se proporciona a continuación: https://news.mit.edu/topic/artificial-intelligence2

ChatGPT responde:

He extraído información del sitio web de noticias del MIT sobre inteligencia artificial. Aquí hay un resumen de algunos artículos recientes:

- **Ingenieros del MIT desarrollan un método para determinar cómo se comportan las superficies de los materiales**: utilizando aprendizaje automático, este método computacional puede proporcionar detalles de cómo los materiales funcionan como catalizadores, semiconductores o componentes de baterías. (Publicado el 7 de diciembre de 2023)

- **Eric Evans renuncia como director del laboratorio Lincoln del MIT**: durante 18 años de liderazgo, Evans estableció nuevas áreas de misión de I+D, fortaleció los lazos con la comunidad del MIT e incrementó los esfuerzos de inclusión y educación. (Publicado el 6 de diciembre de 2023)

- **La IA acelera la resolución de problemas en escenarios complejos**: un nuevo enfoque basado en datos podría conducir a mejores soluciones para problemas de optimización complicados como el enrutamiento global de paquetes o la operación de la red eléctrica. (Publicado el 5 de diciembre de 2023)

- **¿Qué depara el futuro para la IA generativa?**: Rodney Brooks, cofundador de iRobot, inicia un simposio en el MIT sobre la promesa y los posibles peligros de herramientas de IA cada vez más potentes como ChatGPT. (Publicado el 29 de noviembre de 2023)

- **Nuevo método utiliza retroalimentación multitudinaria para ayudar a entrenar robots**: la Exploración Guiada por Humanos (HuGE) permite a los agentes de IA aprender rápidamente con ayuda de humanos, incluso si estos cometen errores. (Publicado el 27 de noviembre de 2023)

- **El algoritmo de búsqueda revela casi 200 nuevos tipos de sistemas CRISPR**: analizando datos bacterianos, los investigadores han descubierto miles de nuevos sistemas CRISPR raros que tienen una variedad de funciones y podrían habilitar la edición de genes, diagnósticos y más. (Publicado el 23 de noviembre de 2023)

▶ **Estudiantes presentan ideas transformadoras en IA generativa en la competencia MIT Ignite**: doce equipos de estudiantes y posdoctorados de la comunidad del MIT presentaron ideas innovadoras de startups con potencial para un impacto real. (Publicado el 21 de noviembre de 2023)

▶ **La imaginería sintética establece un nuevo estándar en la eficiencia del entrenamiento de IA**: investigadores del MIT CSAIL innovan con imaginería sintética para entrenar IA, abriendo camino para un aprendizaje automático más eficiente y con menos sesgos. (Publicado el 20 de noviembre de 2023)

Estos son solo algunos de los artículos disponibles en la página. Si necesitas más detalles sobre alguno de ellos o información adicional, házmelo saber.

Ahora, necesitamos decir cuál es la información exacta que extraer, y esto se hace con el siguiente mensaje adicional:

> Prompt: la información a recopilar para cada artículo de noticias contiene los siguientes atributos:
> Título.
> Fecha de publicación.
> Descripción.
> Enlace al artículo.
> Muestra el resultado en una tabla donde las columnas corresponden a los atributos anteriores.

ChatGPT responde:

Claro, aquí tienes la información de los artículos en formato de tabla:

| Título | Fecha de Publicación | Descripción | Enlace al Artículo |
|---|---|---|---|
| Ingenieros del MIT desarrollan un método para determinar cómo se comportan las superficies de los materiales | 7 de diciembre de 2023 | Utilizando aprendizaje automático, este método computacional puede proporcionar detalles de cómo los materiales funcionan como catalizadores, semiconductores o componentes de baterías. | *Leer más* |

| | | | |
|---|---|---|---|
| Eric Evans renuncia como director del Laboratorio Lincoln del MIT | 6 de diciembre de 2023 | Durante 18 años de liderazgo, Evans estableció nuevas áreas de misión de I+D, fortaleció los lazos con la comunidad del MIT e incrementó los esfuerzos de inclusión y educación. | *Leer más* |
| La IA acelera la resolución de problemas en escenarios complejos | 5 de diciembre de 2023 | Un nuevo enfoque basado en datos podría conducir a mejores soluciones para problemas de optimización complicados como el enrutamiento global de paquetes o la operación de la red eléctrica. | *Leer más* |
| ¿Qué depara el futuro para la IA generativa? | 29 de noviembre de 2023 | Rodney Brooks, cofundador de iRobot, inicia un simposio en el MIT sobre la promesa y los posibles peligros de herramientas de IA cada vez más potentes como ChatGPT. | *Leer más* |
| Nuevo método utiliza retroalimentación multitudinaria para ayudar a entrenar robots | 27 de noviembre de 2023 | La Exploración Guiada por Humanos (HuGE) permite a los agentes de IA aprender rápidamente con ayuda de humanos, incluso si estos cometen errores. | *Leer más* |
| El algoritmo de búsqueda revela casi 200 nuevos tipos de sistemas CRISPR | 23 de noviembre de 2023 | Analizando datos bacterianos, los investigadores han descubierto miles de nuevos sistemas CRISPR raros que tienen una variedad de funciones y podrían habilitar la edición de genes, diagnósticos y más. | *Leer más* |
| Estudiantes presentan ideas transformadoras en IA generativa en la competencia MIT Ignite | 21 de noviembre de 2023 | Doce equipos de estudiantes y posdoctorados de la comunidad del MIT presentaron ideas innovadoras de startups con potencial para un impacto real. | *Leer más* |
| La imaginería sintética establece un nuevo estándar en la eficiencia del entrenamiento de IA | 20 de noviembre de 2023 | Investigadores del MIT CSAIL innovan con imaginería sintética para entrenar IA, abriendo camino para un aprendizaje automático más eficiente y con menos sesgos. | *Leer más* |

Estos enlaces te llevarán directamente a los artículos completos para más detalles.

## ChatGPT Plugin #16: Canva

Esto significa que ahora puede utilizar el poder del modelo de lenguaje GPT-4 para crear presentaciones, logotipos y publicaciones en redes sociales de forma rápida y sencilla.

**Prompt: crea un diseño para el banner de mi artículo. Es sobre tecnología. Que sea colorido, con una relación de aspecto de 16:9.**

ChatGPT responde:

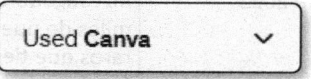

 Aquí tienes algunas opciones de plantillas de Canva para un banner sobre tecnología con una relación de aspecto de 16:9 y un diseño colorido:

*Banner videojuegos gaming estilo neon degradado colorido azul morado.*

*Banner Electrónica y Tecnología Exhibición Moderno Retractable Azul y Rosa.*

*Banner de LinkedIn Tecnología Negro.*

[Banner de LinkedIn Azul Ilustrado Tecnología](*https://www.canva.com/de sign?create=true&template=EAE7ydvP*

network error

## Tipos de comando

▶ **Predicciones:** puedes pedirme que haga predicciones basadas en datos o tendencias. Por ejemplo, podrías preguntar sobre las posibles tendencias futuras en tecnología, economía, moda, etc.

▶ **Feedback:** si necesitas una opinión o evaluación sobre algo, como un escrito, un diseño, o incluso una idea, puedes pedirme feedback. Te proporcionaré una respuesta basada en mis conocimientos y capacidades de análisis.

▶ **Escenario:** si tienes un escenario hipotético o una situación que quieres explorar, puedo ayudarte a desarrollarlo. Esto puede ser útil para la planificación de eventos, la creación de historias, o la solución de problemas teóricos.

▶ **Opiniones:** aunque como IA no tengo opiniones personales, puedo proporcionarte una síntesis de diversas perspectivas sobre un tema. Esto puede incluir resúmenes de opiniones expertas, debates populares, o diferentes puntos de vista culturales.

▶ **Instrucciones:** si necesitas saber cómo hacer algo, puedo darte instrucciones paso a paso. Esto puede variar desde recetas de cocina hasta procesos técnicos o consejos para realizar actividades.

▶ **Explicaciones:** puedo explicarte conceptos, ideas, procesos, o eventos. Si algo no está claro para ti o necesitas una explicación más profunda sobre un tema, con gusto te proporcionaré información detallada y comprensible.

## Conformación de comandos

Los comandos prompt como TRF, CRF, CRTT y ERTF, son acrónimos que corresponden a diferentes estructuras para formular peticiones o instrucciones. Vamos a desglosar cada uno para entender mejor su conformación:

### TRF (Rol–Tarea–Formato):

▶ **Rol:** define quién o qué debe llevar a cabo la tarea. Podría ser una persona, un equipo, una herramienta o un sistema.

▶ **Tarea:** especifica qué acción se debe realizar.

▶ **Formato:** describe cómo se debe presentar o entregar el resultado de la tarea.

Ejemplo:

▶ **Rol:** eres un artista digital que crea imágenes únicas.

▶ **Tarea:** quiero que diseñes una imagen de un paisaje futurista con edificios altos y autos voladores. El cielo debe tener tonos morados y azules, y debe haber personas caminando en calles elevadas entre los edificios.

▶ **Formato:** la imagen debe ser de alta calidad y en formato horizontal (1792x1024).

### CRF (Contexto–Tarea–Formato):

▶ **Contexto:** proporciona información sobre el entorno o las circunstancias en las que se debe realizar la tarea.

▶ **Tarea:** de nuevo, define la acción específica a realizar.

▶ **Formato:** indica el método o la manera en que se espera que se complete la tarea.

Ejemplo:

▶ **Contexto:** estoy escribiendo un cuento sobre un mundo mágico oculto en un bosque antiguo.

▶ **Tarea:** quiero una imagen que capture la esencia de este mundo, mostrando un claro en el bosque con árboles centenarios, criaturas mágicas como hadas y un río brillante que fluye a través del claro. La atmósfera debe ser encantadora y misteriosa.

▶ **Formato:** la imagen debe ser cuadrada (1024x1024) y con colores vivos y detalles ricos.

### CRTT (Contexto–Rol–Tarea–Tono):

▶ **Contexto:** detalla el entorno o las condiciones bajo las cuales se realizará la tarea.

▶ **Rol:** identifica al ejecutante de la tarea.

▶ **Tarea:** describe la actividad o acción específica a realizar.

▶ **Tono:** puede referirse a la actitud, el enfoque o el estilo que se debe adoptar al realizar la tarea.

Ejemplo:

▶ **Contexto:** proporciona información de fondo o la situación que inspira la imagen. Por ejemplo: "Estoy creando un juego de mesa ambientado en una era medieval fantástica".

▶ **Rol:** define tu papel o lo que buscas lograr. Ejemplo: "Como diseñador del juego, necesito arte para las cartas y el tablero".

▼ **Tarea:** describe específicamente lo que debe contener la imagen. Por ejemplo: "Necesito una imagen de un castillo medieval en una colina, rodeado de un bosque oscuro, con un dragón volando en el cielo".

▼ **Tono:** explica la atmósfera o el sentimiento que debe transmitir la imagen. Por ejemplo: "La imagen debe tener un tono místico y aventurero, con colores ricos y una iluminación dramática".

**ERTF (Ejemplo–Rol–Tarea–Formato):**

▼ **Ejemplo:** proporciona un caso o instancia específica para ilustrar la tarea.

▼ **Rol:** determina quién debe realizar la tarea.

▼ **Tarea:** describe la acción que se debe ejecutar.

▼ **Formato:** especifica cómo se debe presentar el resultado de la tarea.

▼ Estos comandos parecen ser útiles para estructurar peticiones o instrucciones de manera clara y detallada, asegurando que todos los aspectos importantes sean considerados.

Ejemplo:

▼ **Ejemplo:** proporciona un caso o situación específica que sirva de referencia. Por ejemplo: "Imagina una escena como la de 'El Señor de los Anillos', donde los personajes principales observan una ciudad élfica en un valle".

▼ **Rol:** define tu papel o lo que buscas lograr. Por ejemplo: "Como autor de una novela de fantasía, necesito inspiración visual para describir escenas similares".

▼ **Tarea:** detalla lo que debe contener la imagen, basándote en el ejemplo proporcionado. Por ejemplo: "Quiero una imagen de una ciudad mágica en un valle, rodeada de montañas nevadas y con estructuras brillantes y etéreas".

▼ **Formato:** especifica las características técnicas de la imagen, como su tamaño y orientación. Ejemplo: "La imagen debe ser en formato horizontal (1792x1024) y con una paleta de colores vibrantes".

## Potenciar su productividad diaria

ChatGPT no es solo un chatbot entretenido, es un avance de IA que podría superar la revolución de Internet:

- ☞ Codificación de redes neuronales completas desde cero.
- ☞ Crear chistes que compitan con los mejores comediantes.
- ☞ Escribir cuentos indistinguibles de los mejores autores.
- ☞ Leer trabajos de investigación y debatir con expertos de clase mundial.

Desde su debut, este modelo de IA de última generación se ha vuelto viral: ¡acumuló más de un millón de usuarios en 5 días!

Esa es la adopción más rápida de cualquier tecnología en toda la historia humana.

Desde entonces, he trabajado con él todos los días, encontrando formas de mejorar mi escritura, investigar temas, generar ideas y aumentar mi productividad general.

Con la IA progresando a pasos agigantados, todos nos enfrentamos a 2 opciones en 2023 y más allá:

- ☞ Temerle a la IA y alimentar nuestro miedo con las noticias del fin del mundo que nos bombardean con "¡La IA nos reemplazará!"

- ☞ Adoptar la IA y aprovecharla para aumentar la productividad, aprender más rápido y ganar más dinero.

Unámonos a mí y a los pocos que eligen lo último.

Descargo de responsabilidad: el único propósito de este apartado es educarlo y familiarizarlo con ChatGPT. No se fomenta el uso de ChatGPT con fines poco éticos, ilegales o fraudulentos.

## Crear (varios tipos de) plantillas de correo electrónico

Ya sea respondiendo a un colega molesto o escribiendo al servicio de atención al cliente, no podemos vivir sin correos electrónicos.

> Prompt: escribe un correo electrónico formal de 100 palabras para enviar un artículo científico a un editor de renombre.

ChatGPT responde:

Asunto: sometimiento de artículo científico para consideración.

Estimado [Nombre del Editor],

Espero que este mensaje le encuentre bien. Me dirijo a usted para someter mi último artículo científico titulado "[Título del Artículo]", que considero podría ser una valiosa adición para [Nombre de la Revista o Publicación]. Este trabajo es el resultado de una exhaustiva investigación en el campo de [Campo de estudio], y aporta nuevos conocimientos sobre [Breve descripción del tema].

Adjunto el manuscrito y cualquier otro material relevante para su revisión. Agradecería enormemente su consideración y la oportunidad de contribuir a su prestigiosa publicación.

Quedo a la espera de su respuesta y disponibilidad para cualquier consulta o información adicional que requiera.

Atentamente,

[Su Nombre] [Su Afiliación Institucional] [Información de Contacto]

ChatGPT responde:

 Claro, aquí tienes un ejemplo de un correo electrónico para solicitar una entrevista a un Investigador. Distinguido para una conferencia internacional:

Asunto: invitación a participar en la conferencia internacional [Nombre de la conferencia]

Estimado Dr./Dra. [Apellido del Investigador],

Espero que este mensaje le encuentre bien. Me dirijo a usted en representación del comité organizador de la conferencia Internacional [Nombre de la Conferencia], un evento destacado en el campo de [Campo de estudio o tema de la Conferencia], que se llevará a cabo en [Lugar y fecha de la Conferencia].

Nos complacería enormemente contar con su participación como investigador distinguido en nuestro evento. Su trayectoria y contribuciones en [campo específico del investigador] han sido ampliamente reconocidas y serían de gran valor para nuestra audiencia internacional, compuesta por académicos, profesionales y estudiantes apasionados por [Tema de la Conferencia].

Nos gustaría invitarlo a compartir su experiencia y conocimientos a través de una entrevista especial, la cual se realizará en un formato interactivo, permitiendo un intercambio enriquecedor de ideas con los participantes. Esta sesión sería un punto destacado de nuestro programa y estamos seguros de que motivará y enriquecerá a todos los asistentes.

Comprendemos que su tiempo es valioso, por lo que nos comprometemos a adaptarnos a su agenda para facilitar su participación. Además, nos encargaríamos de todos los detalles logísticos necesarios para asegurar una experiencia cómoda y gratificante.

Agradeceríamos mucho si pudiera informarnos sobre su disponibilidad para este evento. Estamos a su disposición para proporcionarle cualquier información adicional que pueda requerir.

Esperamos con interés la posibilidad de contar con su valiosa presencia en la conferencia internacional [Nombre de la Conferencia].

Atentamente,

[Tu nombre] [Posición en el comité organizador] [Nombre de la organización/ universidad] [Información de contacto].

Espero que este ejemplo te sea útil. Puedes ajustarlo según tus necesidades específicas y el contexto de tu conferencia.

Enumere sus casos de uso de correo electrónico comunes y genere plantillas plug-and-play como las anteriores para ellos. Esto puede ahorrarle horas y horas de aburrida escritura repetitiva.

## Genere ideas para actividades secundarias, pasatiempos y hábitos

La pandemia hizo añicos el mito de la "seguridad" laboral.

Múltiples fuentes de ingresos ya no son un lujo, sino una necesidad. Si bien escribir es un gran ajetreo secundario, ChatGPT arrojó algo de luz sobre otras ideas para 2024 y más allá.

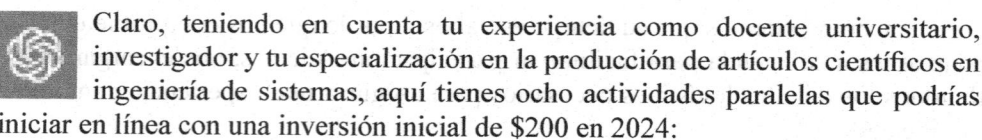

> Prompt: soy docente universitario investigador especializado en la producción de artículos científicos. Ingeniero de sistemas. Sugiere 8 actividades paralelas que pueda iniciar y tener éxito con $200 en línea en 2024.

ChatGPT responde:

Claro, teniendo en cuenta tu experiencia como docente universitario, investigador y tu especialización en la producción de artículos científicos en ingeniería de sistemas, aquí tienes ocho actividades paralelas que podrías iniciar en línea con una inversión inicial de $200 en 2024:

▸ **Creación de un blog o sitio web especializado**: inicia un blog centrado en temas de ingeniería de sistemas y publicación científica. Puedes usar parte del dinero para comprar un dominio y hosting. Este blog podría incluir tutoriales, análisis de tendencias en investigación, y consejos para publicar artículos científicos.

▶ **Cursos en línea o webinars**: desarrolla y ofrece cursos en línea o webinars sobre redacción y publicación de artículos científicos, o temas específicos de ingeniería de sistemas. Utiliza parte del dinero para adquirir una buena cámara web y un micrófono.

▶ **Asesoramiento y consultoría**: ofrece servicios de consultoría o asesoramiento en línea para investigadores o estudiantes que buscan publicar en revistas científicas.

▶ **Desarrollo de software o herramientas educativas**: utiliza tus habilidades de programación para crear software o herramientas educativas que puedan ayudar en la investigación o enseñanza de la ingeniería de sistemas.

▶ **Edición y revisión de artículos científicos**: ofrece servicios de edición y revisión de artículos científicos para investigadores no nativos en inglés o para aquellos que buscan mejorar la calidad de sus manuscritos.

▶ **Venta de e-books o guías digitales**: escribe y vende e-books o guías digitales sobre aspectos específicos de la ingeniería de sistemas o consejos para la publicación científica.

▶ **Creación de contenido multimedia**: produce y vende contenido multimedia como podcasts o videos que aborden temas de ingeniería de sistemas y la investigación científica.

▶ **Participación en redes de freelance**: únete a plataformas de freelance para ofrecer tus servicios como experto en ingeniería de sistemas o como redactor y revisor científico.

Recuerda que el éxito en estas actividades dependerá de tu dedicación, la calidad de tu trabajo y tu capacidad para comercializar tus servicios o productos en línea.

**El éxito personal es tan crucial como el éxito profesional. Ahí es donde entran los hábitos.**

> **Prompt:** tengo 58 años, soy docente universitario investigador y practico fútbol. ¿Cuáles son los 8 mejores hábitos diarios (sostenibles) que puedo desarrollar para mejorar mi vida en 2024 y más allá?

ChatGPT responde:

A los 58 años, como docente universitario, investigador y practicante de fútbol, hay varios hábitos diarios sostenibles que puedes desarrollar para mejorar tu vida en 2024 y más allá. Aqui te presento ocho sugerencias:

- **Actividad física regular**: continúa practicando fútbol y complementa con ejercicios de fuerza y flexibilidad, como yoga o pilates, al menos dos veces por semana. Esto ayudará a mantener tu condición física y a prevenir lesiones.

- **Alimentación equilibrada**: consume una dieta rica en frutas, verduras, proteínas magras y granos enteros. Evita los alimentos procesados y limita el consumo de azúcares y grasas saturadas.

- **Hidratación adecuada**: beber suficiente agua es crucial para mantener una buena salud. Apunta a al menos 2 litros al día, ajustando según tu nivel de actividad física y las condiciones climáticas.

- **Sueño reparador**: asegúrate de dormir entre 7 y 8 horas por noche. Mantén una rutina de sueño regular, incluso los fines de semana, para mejorar la calidad de tu descanso.

- **Mantenimiento de la salud mental**: dedica tiempo a actividades que disfrutes y te relajen. La meditación, la lectura o pasar tiempo con seres queridos pueden ser muy beneficiosos.

- **Aprendizaje continuo**: como docente e investigador, el aprendizaje continuo es fundamental. Dedica tiempo a leer sobre tu campo de estudio o explora nuevas áreas de interés.

- **Conexión social**: mantén y cultiva relaciones significativas con familiares, amigos y colegas. La interacción social es clave para el bienestar emocional.

- **Autocuidado y chequeos regulares**: realiza visitas periódicas al médico para chequeos generales y sigue sus recomendaciones. El autocuidado también incluye tomar descansos cuando sea necesario y ser consciente de tus propias necesidades físicas y emocionales.

Estos hábitos te ayudarán no solo a mantenerte física y mentalmente saludable, sino también a disfrutar de una vida plena y activa.

## ChatGPT mismo le enseñará la mejor manera de usarlo

El poder de ChatGPT radica en las indicaciones que le das. Si bien la pura experimentación puede funcionar, requiere mucho tiempo. Abrevia el proceso solicitando a ChatGPT que revele sus secretos.

> Prompt: ¿cuáles son las mejores formas de escribir mensajes para sacar el máximo provecho de ti?

ChatGPT responde:

Para sacar el máximo provecho de nuestras interacciones, aquí tienes algunas sugerencias sobre cómo redactar tus mensajes:

- **Sé claro y específico**: cuanto más clara y específica sea tu pregunta o solicitud, mejor podré entender y responder a tus necesidades. Por ejemplo, en lugar de preguntar "¿Cómo hago una torta?", sería más útil preguntar "¿Puedes darme una receta de torta de chocolate para 8 personas?".

- **Utiliza preguntas concretas**: en lugar de hacer preguntas muy generales o abiertas, intenta formular preguntas que sean directas y concretas. Esto ayuda a enfocar la respuesta en lo que realmente necesitas saber.

- **Proporciona contexto cuando sea necesario**: si tu pregunta o solicitud se basa en cierto contexto o necesitas una respuesta relacionada con un tema específico, incluir ese contexto puede ser muy útil.

- **Sé paciente con las respuestas complejas**: algunas respuestas requieren una investigación o una elaboración más detallada. En estos casos, puede tomar un poco más de tiempo proporcionar una respuesta completa y precisa.

- **Utiliza las herramientas disponibles**: puedo crear imágenes, realizar cálculos matemáticos, escribir código, buscar en la web y más. Si tu pregunta involucra alguna de estas áreas, no dudes en especificarlo.

- **Reformula tu pregunta si es necesario**: si no estás satisfecho con una respuesta, puedes reformular tu pregunta o pedir más detalles para aclarar.

- **Evita preguntas demasiado abiertas o ambiguas**: aunque puedo manejar una variedad de temas, las preguntas extremadamente abiertas o ambiguas pueden llevar a respuestas menos precisas o útiles.

Siguiendo estas pautas, puedes mejorar la calidad y precisión de las respuestas que recibes.

**Prompt:** sugiere 15 formas diferentes de utilizarte para subir de nivel mi conocimiento, sabiduría y habilidades.

ChatGPT responde:

¡Por supuesto! Aquí tienes 15 formas en las que puedes usar esta herramienta para mejorar tus conocimientos, sabiduría y habilidades:

- **Aprendizaje de idiomas**: practica un nuevo idioma preguntándome sobre gramática, vocabulario y expresiones comunes. También puedo ayudarte a traducir textos.

- **Desarrollo de habilidades de programación**: envíame ejercicios de codificación o dudas sobre programación en diferentes lenguajes como Python, JavaScript, etc., y te ayudaré a resolverlos.

- **Entrenamiento en resolución de problemas matemáticos**: puedes enviarme problemas matemáticos complejos, y te mostraré paso a paso cómo resolverlos.

- **Mejora de conocimientos generales**: hazme preguntas sobre historia, ciencia, tecnología o cualquier otro tema que te interese.

- **Práctica de pensamiento crítico**: plantéame dilemas éticos o problemas de lógica para discutir y analizar juntos.

- **Desarrollo de habilidades artísticas**: utiliza la herramienta DALL-E para explorar conceptos de diseño gráfico, arte digital y creatividad visual.

- **Investigación académica**: pídeme que busque estudios, artículos y fuentes de información para tus proyectos de investigación.

- **Entrenamiento en escritura creativa**: te puedo ayudar a generar ideas para historias, mejorar tus habilidades de redacción y ofrecer consejos de escritura creativa.

- **Preparación para entrevistas de trabajo**: realiza prácticas de preguntas comunes en entrevistas y obtén consejos sobre cómo responderlas eficazmente.

- **Consejos de desarrollo personal**: pregunta sobre técnicas de gestión del tiempo, hábitos productivos y estrategias de automejora.

- ▶ **Aprendizaje de habilidades de cocina**: pídeme recetas o consejos sobre técnicas culinarias y cocina.

- ▶ **Entendimiento de conceptos financieros**: aprende sobre inversiones, economía, criptomonedas y otros temas financieros.

- ▶ **Consejos de salud y ejercicio**: obtén información sobre ejercicios, nutrición y cuidado de la salud.

- ▶ **Desarrollo de habilidades de jardinería y horticultura**: aprende sobre cuidado de plantas, paisajismo y jardinería.

- ▶ **Práctica de toma de decisiones**: presenta situaciones hipotéticas o decisiones de vida reales para discutir y analizar las mejores opciones.

Estas son solo algunas ideas para comenzar. ¡Recuerda que estoy aquí para ayudarte en lo que necesites! Principio del formulario

## Usos variados de ChatGPT en la vida diaria

La comunidad ha estado entusiasmada, explorando las impresionantes posibilidades de ChatGPT. Los usos de ChatGPT son simplemente infinitos y embriagadores. Lo que puede hacer con ChatGPT solo está limitado por su imaginación. Pero, necesitas aprender a usar esta herramienta. Puedes usar ChatGPT gratis. Pero, si paga $ 20 por mes, puede usar este chatbot más rápido y según GPT-4.

Ahora describiremos algunos usos.

## Resúmenes

Todos los días salen nuevos libros en áreas como finanzas, motivación y TI, ¿verdad? Seamos realistas, no tenemos tiempo para leer la mayoría de estos libros. Aquí es donde entra en juego ChatGPT. Para mostrar esto, pidamos a ChatGPT que resuma un libro específico.

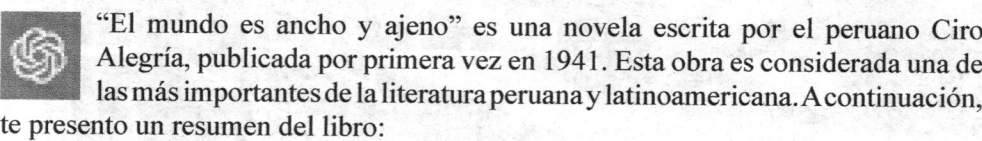

**Prompt:** elabora un resumen del libro El Mundo es Ancho y Ajeno de Ciro Alegría.

ChatGPT responde:

"El mundo es ancho y ajeno" es una novela escrita por el peruano Ciro Alegría, publicada por primera vez en 1941. Esta obra es considerada una de las más importantes de la literatura peruana y latinoamericana. A continuación, te presento un resumen del libro:

## Ambientación

La historia se desarrolla en el imaginario pueblo indígena de Rumi, situado en los Andes peruanos, en un contexto de tensión entre las comunidades indígenas y el Estado peruano.

## Trama principal

El conflicto central de la novela es la lucha de los habitantes de Rumi para defender su tierra y su modo de vida ancestral frente a la presión del gobierno, que quiere despojarlos de sus tierras para construir un cuartel. Esta representación destaca la opresión y la injusticia que sufren las comunidades indígenas en la región.

## Personajes

- **Don Álvaro Amenábar**: abogado que defiende a los indígenas y su causa.

- **Rosendo Maqui**: líder de la comunidad de Rumi y principal defensor de los derechos de su pueblo.

- **Benito Castro**: representante del gobierno, simboliza los intereses opuestos a los de la comunidad de Rumi.

- **Otros personajes**: la novela cuenta con un amplio elenco de personajes que representan la rica diversidad cultural y social de la región, así como las distintas posturas y conflictos internos.

## Desenlace

A pesar de los esfuerzos de la comunidad y de su lucha legal y pacífica, el gobierno decide desalojar a los habitantes de Rumi y destruir el pueblo. Sin embargo, la resistencia de los habitantes es tal que el gobierno se ve obligado a usar la fuerza militar. La novela culmina con la trágica destrucción de Rumi y la dispersión de sus habitantes.

## Temas principales

- La lucha por la tierra y la identidad.
- La resistencia cultural y social frente a la opresión.
- La injusticia social y la discriminación hacia las comunidades indígenas.
- El choque entre la modernidad y la tradición.

"El mundo es ancho y ajeno" es una obra que denuncia la situación de las comunidades indígenas en el Perú del siglo XX, pero sus temáticas son universales y siguen siendo relevantes en el contexto latinoamericano y global.

ChatGPT escribe un resumen del libro. Por supuesto, es mejor leer todo el libro. Pero si no tiene tiempo, esta es una forma de hacerse una idea del libro. Por lo tanto, al mirar este resumen, puede decidir si dedicar tiempo al libro.

## Resúmenes de Videos

Ahora crearemos resúmenes de videos, para ello nos apoyaremos de la extensión HARPA AI:

Ahora ubicamos el video: *https://www.youtube.com/ watch?v=UzvGwh4vLbg&t=250s*

Presione todos los comandos:

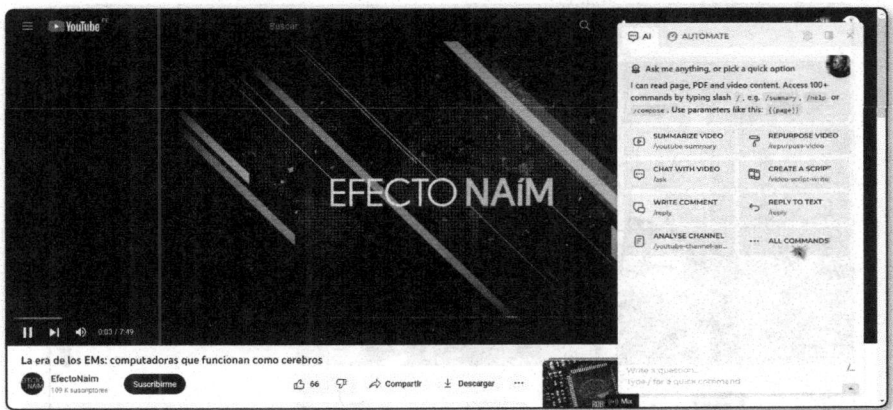

Presionamos clic en CREATE:

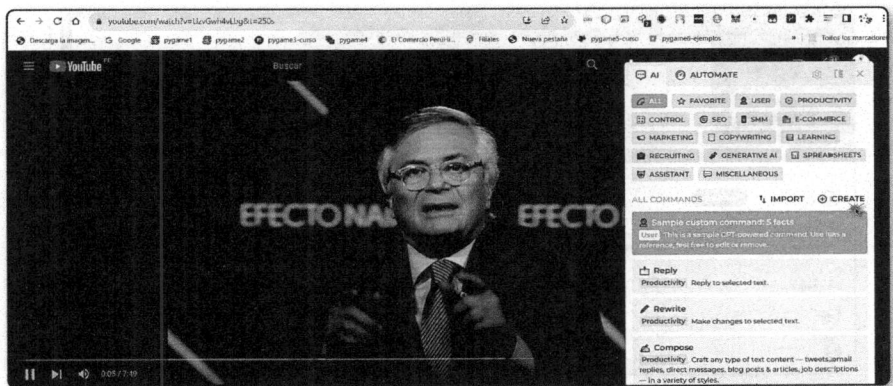

Seleccionamos GPT:

Ahora eliminamos la plantilla:

Ahora presionamos comandos:

Ahora indicamos que deseamos hacer un resumen del video:

Ahora agregamos una entrada:

Resumen, tipo blog, largo, fin:

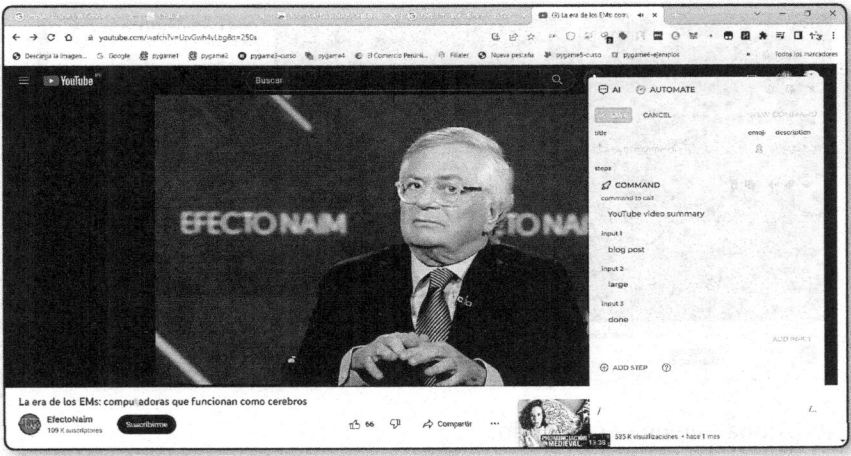

Ahora ejecutamos el comando: ADD STEP

Presione GPT:

Ahora escriba el prompt e indicar un nombre: resumen y luego presiona guardar y confirmar:

Presiona clic en el comando:

Ahora obtenemos el resumen:

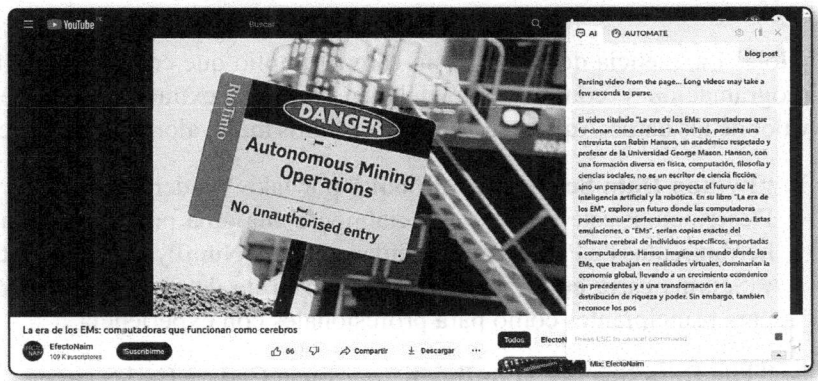

## Recomendaciones

Siempre queremos encontrar productos de la mejor calidad y leer los mejores libros. A menudo leemos reseñas y vemos videos para encontrar los mejores. Pero este proceso es muy agotador y lleva mucho tiempo, ¿verdad? ChatGPT ayuda a encontrar los mejores productos.

Digamos que quieres especializarte en Ciencia de Datos. Quieres encontrar los mejores libros para esto.

**Prompt: hola ChatGPT, recomienda los 5 mejores libros sobre Ciencia de Datos.**

ChatGPT responde:

¡Hola! La Ciencia de Datos es un campo amplio que combina estadísticas, programación y conocimiento del negocio para extraer conocimientos y valor de los datos. Aquí te recomiendo 5 libros muy valorados en este campo:

1. **"Python Data Science Handbook"** por Jake VanderPlas
   Descripción: este libro es esencialmente una guía práctica para usar las herramientas de Python más populares, como NumPy, pandas, Matplotlib y Scikit-Learn, en el ámbito de la ciencia de datos. Es adecuado tanto para principiantes como para profesionales con experiencia.

2. **"The Data Science Handbook"** por Field Cady y Carl Shan
   Descripción: más que centrarse en las herramientas y técnicas, este libro es una compilación de entrevistas con prominentes científicos de datos. Ofrece una visión del mundo real de lo que es ser un científico de datos, así como consejos y perspectivas sobre el campo.

3. **"The Hundred-Page Machine Learning Book"** por Andriy Burkov
   Descripción: aunque se centra en el aprendizaje automático, es una parte esencial de la ciencia de datos. Este libro es conocido por su enfoque conciso y claro para presentar conceptos clave en el aprendizaje automático, lo que lo hace ideal para aquellos que quieren una introducción rápida pero profunda.

4. **"Data Science for Business"** por Foster Provost y Tom Fawcett
   Descripción: este libro se destaca al centrarse en cómo la ciencia de datos se aplica al mundo de los negocios. Cubre conceptos fundamentales, técnicas y preocupaciones prácticas para aquellos en roles de toma de decisiones en empresas.

5. **"Pattern Recognition and Machine Learning"** por Christopher M. Bishop
   Descripción: este es un libro más avanzado que se adentra en el aprendizaje automático y el reconocimiento de patrones desde un enfoque teórico. Es ideal para aquellos que buscan un entendimiento más profundo y matemático del campo.

Es importante tener en cuenta que la Ciencia de Datos es un campo en constante evolución. Estos libros ofrecen una base sólida, pero siempre es útil mantenerse al tanto de las últimas investigaciones y desarrollos en el campo. ¡Buena lectura!

Como puede ver, ChatGPT comenzó a recomendar libros en segundos. Escribe no solo los nombres de los libros sino también las características de los libros.

De esta manera, puede obtener recomendaciones de vacaciones, películas y computadoras de ChatGPT.

## Marketing y Ventas

Sí, ChatGPT puede ser utilizado en varias áreas del marketing y las ventas. Aquí hay algunas aplicaciones: generación de contenido, atención al cliente, análisis de datos del cliente, generación de ideas creativas: Puede generar ideas para campañas publicitarias, nombres de productos, o estrategias de marketing, automatización de respuestas en redes sociales, personalización de la experiencia del cliente, capacitación y formación, análisis de sentimientos.

**Prompt:** hola ChatGPT, crea un anuncio de Facebook para la mejor agencia de Desarrollo Web.

ChatGPT responde:

**¡Por supuesto! Aquí tienes una propuesta de anuncio para Facebook para una agencia de Desarrollo Web:**

¡Descubre la Agencia de Desarrollo Web que transformará tu negocio!

¿Buscas una página web que capte la esencia de tu marca, sea rápida y se adapte a móviles? ¿Necesitas una solución e-commerce potente o una plataforma personalizada?

[Nombre de la Agencia] es tu solución.

Diseños modernos y adaptativos. Desarrollo rápido y seguro. SEO optimizado para que tu negocio destaque. Soporte técnico 24/7.

¡No esperes más! Haz que tu visión se convierta en realidad.

www.tuagencia.com

[Imagen o gráfico impactante que represente el profesionalismo y la calidad de la agencia]

**Recuerda que la efectividad de un anuncio depende en gran medida de la segmentación y del conocimiento que tengas sobre tu público objetivo. También es fundamental adaptar el diseño y el mensaje según las tendencias actuales y las preferencias de tu audiencia. ¡Buena suerte con tu campaña!**

Como se puede ver, primero escribió el título y luego nos dio los textos necesarios.

Esto es asombroso. Ya no necesita buscar una agencia para un anuncio. ChatGPT hizo esto en segundos.

ChatGPT no se limita solo a la publicidad. Desde campañas de correo electrónico hasta publicaciones en redes sociales, puede hacer que este modelo se encargue de todo su contenido de marketing. Por lo tanto, puede ahorrar tiempo y dinero.

ChatGPT responde:

Hola, es genial escuchar sobre tu negocio de exportación de frutas. Para aumentar tus ventas en línea, especialmente a clientes en los Estados Unidos, aquí hay algunas estrategias que podrías considerar:

▶ **Optimización de sitio web y SEO**: asegúrate de que tu sitio web esté optimizado para los motores de búsqueda. Usa palabras clave relevantes que los clientes potenciales en los Estados Unidos podrían utilizar para buscar frutas y productos relacionados.

▶ **Marketing en redes sociales**: utiliza plataformas como Instagram, Facebook y Twitter para promocionar tus productos. Publica contenido atractivo que muestre la calidad y variedad de tus frutas.

▶ **Anuncios pagados**: invierte en publicidad online, como Google Ads o anuncios en redes sociales, dirigidos específicamente a tu mercado objetivo en los Estados Unidos.

▶ **Colaboraciones y asociaciones**: busca asociaciones con influencers o marcas relacionadas con la alimentación y la salud en los Estados Unidos. Esto puede aumentar la visibilidad de tu marca.

▶ **Email marketing**: crea una lista de correo electrónico de clientes y envía regularmente newsletters con ofertas, novedades y contenido educativo sobre tus frutas.

▶ **Mejora del servicio al cliente**: asegúrate de que el proceso de compra y envío sea lo más eficiente y amigable posible. Una buena experiencia de cliente puede generar recomendaciones y clientes recurrentes.

▶ **Análisis de mercado**: realiza una investigación de mercado para entender mejor las preferencias y necesidades de los consumidores estadounidenses.

▶ **Diversificación de productos**: considera añadir nuevos productos o variedades de frutas que puedan ser populares en los Estados Unidos.

▶ **Certificaciones y calidad**: resalta cualquier certificación de calidad o aspectos ecológicos/sostenibles de tu negocio, ya que esto puede ser un gran atractivo en el mercado estadounidense.

▶ **Participación en ferias y eventos**: asiste a ferias comerciales y eventos relacionados con alimentos en los Estados Unidos para aumentar la red de contactos y la visibilidad de tu empresa.

Recuerda que cada mercado es único, así que es importante adaptar estas estrategias a las características específicas de tu negocio y a las preferencias de tus clientes en los Estados Unidos. ¡Mucha suerte con tu expansión!

---

**Prompt: hola ChatGPT, soy un minorista de ropa y deseo que desarrolles un documento de perfil de personalidad de mi cliente.**

ChatGPT responde:

Entender la personalidad de tu cliente es crucial para el éxito de tu negocio de ropa minorista. Aquí tienes un esbozo de documento de perfil de personalidad que puedes adaptar según tus necesidades:

**Documento de perfil de personalidad del Cliente–Tienda de ropa minorista**

▶ Información General
- **Nombre de la tienda:** [Nombre de tu tienda]
- **Fecha:** [Fecha actual]
- **Elaborado por:** [Tu nombre]

▶ Perfil de Cliente Ideal

- **Demografía:**
  - Edad: [Rango de edades]
  - Género: [Masculino, femenino, no binario, etc.]
  - Ubicación: [Ciudad/Región]
  - Nivel educativo: [Nivel educativo promedio]
  - Ingresos: [Rango de ingresos]

- **Preferencias de estilo:**
  - Estilos preferidos: [Casual, elegante, deportivo, etc.]
  - Colores favoritos: [Lista de colores]
  - Marcas preferidas: [Lista de marcas]
  - Rango de precios: [Rango de precios aceptable]

- **Comportamiento de compra:**
  - Frecuencia de compra: [Cuántas veces compra al año]
  - Comportamiento en la tienda: [Explorador, decidido, comparador, etc.]
  - Canales de compra preferidos: [Tienda física, online, etc.]

- **Influencias externas:**
  - Influencers o celebridades que siguen: [Lista de nombres]
  - Redes sociales favoritas: [Instagram, Facebook, etc.]
  - Eventos o tendencias que influyen en sus compras: [Moda sostenible, descuentos de temporada, etc.]

- **Necesidades y expectativas:**
  - Calidad del producto: [Expectativas de calidad]
  - Experiencia de compra: [Expectativas de servicio y ambiente]
  - Variedad y disponibilidad: [Preferencias de variedad y stock]

- **Retos y obstáculos:**
  - Barreras para la compra: [Presupuesto, accesibilidad, etc.]
  - Dudas comunes: [Ajuste, durabilidad, etc.]

- **Oportunidades de fidelización:**
  - Programas de lealtad: [Ideas para programas de lealtad]
  - Comunicación post-venta: [Newsletter, seguimiento de satisfacción, etc.]
  - Promociones y descuentos personalizados: [Ideas de promociones]

▸ Estrategias de Marketing y Ventas

- **Campañas publicitarias:**
  - Mensajes clave: [Mensajes para resonar con el cliente]
  - Canales efectivos: [Redes sociales, Email, etc.]
  - Estrategias visuales: [Imágenes, colores, estilos]

- **Experiencia en la tienda:**
  - Diseño y ambiente: [Estética de la tienda]
  - Servicio al cliente: [Estrategias de atención personalizada]
  - Eventos y actividades: [Eventos en la tienda]

- **Estrategias online:**
  - Presencia en redes sociales: [Estrategia de contenido e interacción]
  - Tienda Online: [Usabilidad y experiencia de usuario]
  - Email Marketing: [Boletines, ofertas especiales]

▸ Conclusión

- **Resumen de acciones a tomar:** [Puntos clave para enfocarse]
- **Evaluación y seguimiento:** [Cómo y cuándo revisar el perfil]

Este documento es solo un punto de partida. Puedes adaptarlo y expandirlo según la información específica de tus clientes y las necesidades de tu negocio. Recuerda que conocer a tus clientes es un proceso continuo y este perfil debería actualizarse regularmente.

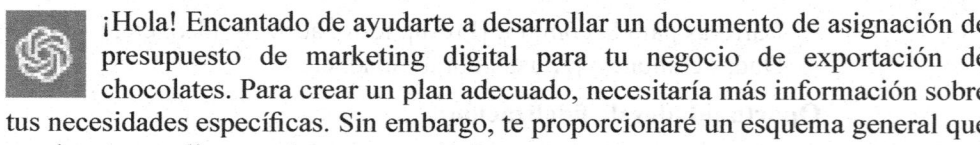

Prompt: hola ChatGPT, soy un exportador de chocolates deseo que desarrolles un documento de asignación de presupuesto de marketing digital alineado con las necesidades individuales del cliente.

ChatGPT responde:

¡Hola! Encantado de ayudarte a desarrollar un documento de asignación de presupuesto de marketing digital para tu negocio de exportación de chocolates. Para crear un plan adecuado, necesitaría más información sobre tus necesidades específicas. Sin embargo, te proporcionaré un esquema general que puedes personalizar según tus requerimientos.

### Documento de Asignación de Presupuesto de Marketing Digital para Exportación de Chocolates

**⯈ Resumen ejecutivo**

- Descripción breve del negocio y del mercado objetivo.
- Objetivos generales del marketing digital.
- Análisis de la situación actual.
- Evaluación del estado actual del marketing digital.
- Análisis SWOT (Fortalezas, debilidades, oportunidades, amenazas).

**⯈ Definición del público objetivo**

- Características demográficas y psicográficas del público.
- Preferencias y comportamiento en línea del mercado objetivo.

**⯈ Objetivos de marketing digital**

- Objetivos específicos (p. ej., aumento de la conciencia de marca, generación de leads, ventas en línea).
- Metas cuantificables (p. ej., incremento en un 20% de las ventas en línea en 6 meses).

**⯈ Estrategias y canales de marketing digital**

- SEO (Optimización en motores de búsqueda).
- Marketing de contenidos (Blogs, videos, infografías sobre chocolates).

- Redes sociales (Selección de plataformas relevantes como Instagram, Facebook, Linkedin).
- Publicidad en línea (Google Ads, publicidad en redes sociales).
- Email marketing (Boletines informativos, promociones).

▶ **Asignación de Presupuesto**

- Desglose del presupuesto por canal y estrategia.
- Justificación de la asignación según objetivos y ROI esperado.

▶ **Plan de implementación**

- Cronograma de actividades y campañas.
- Asignación de responsabilidades dentro del equipo.

▶ **Métricas y evaluación**

- Indicadores clave de rendimiento (KPIs) para cada canal.
- Proceso de seguimiento y ajustes periódicos.

▶ **Conclusiones y recomendaciones**

- Resumen de estrategias propuestas.
- Recomendaciones para maximizar el impacto del presupuesto.

▶ **Anexos**

- Datos de mercado relevantes.
- Ejemplos de materiales de marketing.

**Notas adicionales:**

▶ **Personalización**: asegúrate de adaptar este documento a las características específicas de tu mercado y productos.

▶ **Flexibilidad**: el marketing digital requiere constante adaptación. Mantén flexibilidad en tu presupuesto para ajustes según el rendimiento.

▶ **Innovación**: considera nuevas tendencias y tecnologías en marketing digital que puedan ser relevantes para tu producto.

Este es un esquema básico que puedes utilizar como punto de partida. Si necesitas ayuda más específica o detalles en alguna de las secciones, no dudes en preguntar.

Prompt: ola ChatGPT, "Soy un CEO de una empresa de telecomunicaciones deseo que desarrolles un informe de análisis de mi sitio web alineado con las necesidades de mis clientes", "Deseo incrementar mis ventas", "Mis principales clientes son operadoras de telefonía", "Mis principales competidores son empresas chinas", "Mi sitio web posee chat, blog, compra en línea", "Recibo muchas quejas sobre el servicio post ventas", "No uso herramientas de analítica de mi sitio web."

ChatGPT responde:

Para desarrollar un informe de análisis de tu sitio web, enfocado en las necesidades de tus clientes y con el objetivo de incrementar las ventas, consideraremos varios aspectos claves. A continuación, te presento un esquema general de cómo podría estructurarse dicho informe:

1. Análisis de la Experiencia del Usuario

- **Navegación y diseño:** evaluación de la facilidad de navegación, diseño responsivo y accesibilidad.

- **Funcionalidades:** revisión de la eficacia del chat, blog y sistema de compra en línea.

- **Comparación con competidores:** análisis de las características de sitios web de competidores chinos para identificar áreas de mejora.

2. Análisis del Contenido

- **Relevancia para operadoras de telefonía:** asegurarse de que el contenido sea pertinente y valioso para tus clientes principales.

- **Blog:** evaluación de la calidad y frecuencia de las publicaciones, y su alineación con las necesidades del cliente.

3. Análisis de Servicio Post-Venta

- **Quejas de clientes:** examinar las quejas comunes y sugerir mejoras en el proceso de servicio postventa.

- **Integración en el sitio web:** propuestas para incorporar mejoras en el servicio postventa en el sitio web.

4. Análisis de Competencia

- **Benchmarking:** comparación de tu sitio con los sitios de competidores, en términos de funcionalidades, contenido, y experiencia del usuario.

5. Recomendaciones de Herramientas de Analítica Web

- **Selección de herramientas:** sugerencias de herramientas analíticas para comprender mejor el tráfico del sitio y el comportamiento de los usuarios.

- **Implementación y monitoreo:** estrategias para la implementación de estas herramientas y cómo utilizar los datos recopilados para mejorar.

6. Estrategias de Mejora y Crecimiento

- **Optimización SEO:** mejoras para aumentar la visibilidad en buscadores.

- **Marketing de contenidos:** estrategias para mejorar el engagement a través del contenido.

- **Campañas de publicidad digital:** sugerencias para campañas dirigidas a operadoras de telefonía.

7. Plan de Acción y Cronograma

- **Pasos concretos:** propuesta de un plan de acción con pasos específicos a seguir.

- **Cronograma:** establecimiento de un calendario para la implementación de las mejoras.

8. Seguimiento y Evaluación

- **Métricas de éxito:** definición de KPIs para medir el impacto de las mejoras realizadas.

- **Revisión periódica:** plan para la revisión y ajuste continuo del sitio web.

Este esquema es solo un punto de partida. Se puede ajustar y profundizar en cada sección según las necesidades específicas de tu empresa y las retroalimentaciones que recibas.

Prompt: hola ChatGPT, desarrolla un plan de pruebas A/B personalizado y alineado con las necesidades individuales de mis clientes, extrayendo información de los materiales de referencia suministrados.

ChatGPT responce:

Para desarrollar un plan de pruebas A/B personalizado, necesitaré conocer más detalles sobre tus clientes y los objetivos específicos de las pruebas. Sin embargo, puedo proporcionarte un esquema general que podrás adaptar a tus necesidades. Aquí tienes un plan básico:

▸ **Definir objetivo y métricas clave**: establece claramente qué quieres lograr con la prueba A/B. Esto podría incluir aumentar las conversiones, mejorar la participación de los usuarios, etc. Define también las métricas que utilizarás para medir el éxito, como la tasa de clics, el tiempo de permanencia en la página, las ventas, entre otros.

▸ **Segmentación de la audiencia**: identifica a tu público objetivo. Esto puede variar según el cliente y el producto. Divide a tu audiencia en segmentos relevantes que puedan ser significativos para la prueba, como por edad, ubicación geográfica, comportamiento de compra previo, etc.

▸ **Desarrollo de variantes**: crea dos o más variantes para probar. Estas variantes podrían ser diferentes diseños de una página web, diferentes textos en un botón de llamada a la acción, diferentes imágenes, etc. Asegúrate de que solo cambias un elemento a la vez para poder atribuir los resultados directamente a ese cambio.

▸ **Prueba y recolección de datos**: utiliza una herramienta de prueba A/B para mostrar aleatoriamente las diferentes variantes a tus segmentos de audiencia. Recopila datos durante un período de tiempo suficiente para obtener resultados significativos.

▸ **Análisis de resultados**: analiza los datos recopilados para ver cuál de las variantes funcionó mejor según tus métricas definidas. Busca tendencias o patrones en los datos que te puedan dar insights adicionales.

▸ **Implementación y optimización continua**: una vez identificada la variante ganadora, implementa esa versión. Sin embargo, las pruebas A/B deben ser un proceso continuo. Utiliza los aprendizajes de cada prueba para refinar y desarrollar nuevas pruebas, optimizando constantemente para tus clientes.

▸ **Personalización para clientes individuales**: para cada cliente, personaliza este proceso en función de su público objetivo, sus objetivos de negocio y cualquier otra información relevante que tengas sobre ellos.

Recuerda que, para una recomendación más específica, necesitaré detalles sobre los tipos de clientes y los objetivos que tienes en mente.

## Según el siguiente caso: pañales y cerveza

La historia, se sitúa a finales de los 90, en la sede central de la cadena de supermercados Wal-Mart, donde decidieron iniciar un proyecto de basket analysis utilizando la ingente cantidad de información contenida en su Teradata datawarehouse.

Inicialmente, los resultados no parecieron muy espectaculares, ya que vieron que quien compraba pasta dentífrica también compraba cepillos de dientes; tampoco sorprendió que quien comprase whisky DYC inevitablemente adquiriese Coca-Cola... La sorpresa fue observar una correlación estadísticamente significativa entre la compra de pañales y cerveza.

Incorporaron la información de sus tarjetas de fidelización para profundizar en el estudio, y vieron que los compradores de cerveza y pañales eran varones de entre 25 y 35 años, que solían comprar estos productos conjuntamente los viernes por la tarde.

Con todos estos datos, fue fácil dar una explicación al fenómeno, y tomar medidas comerciales para aumentar las ventas, y justificar así el sueldo de todos estos analistas. Como los pañales son voluminosos, las madres enviaban a los padres de las criaturas a comprar los pañales, estos esperaban a último momento para hacerlo, y aprovechaban para comprar cervezas que se tomarían en casa, ya que en la sociedad americana está mal visto que un padre de familia frecuente los bares hasta tarde, y vuelva a casa dando tumbos...

Sea como fuere, tomaron la decisión de colocar las cervezas cerca de los pañales, con la intención de que los padres que compraban pañales y que no solían comprar cerveza, se acordasen que faltaba cerveza en casa. Me imagino que el argumento contrario también debe ser cierto, es decir, que los señores que iban a comprar cerveza, se acordasen que tienen un niño en casa.

> Prompt: hola ChatGPT, actúa como gerente de ventas y establece algunas estrategias comerciales para incrementar las ventas, en una correlación de consumo nada obvia entre pañales y cerveza.

ChatGPT responde:

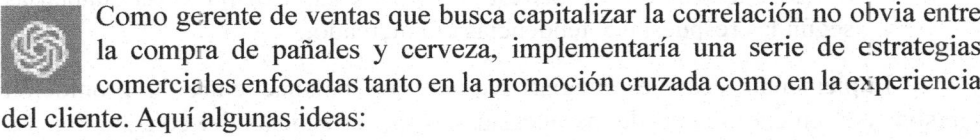

Como gerente de ventas que busca capitalizar la correlación no obvia entre la compra de pañales y cerveza, implementaría una serie de estrategias comerciales enfocadas tanto en la promoción cruzada como en la experiencia del cliente. Aquí algunas ideas:

▼ **Ubicación estratégica de productos**: colocaría los pañales y la cerveza en proximidad el uno del otro. Esta estrategia de "merchandising" fomenta las compras impulsivas y aprovecha la correlación descubierta.

- **Promociones cruzadas**: ofrecería descuentos o promociones cuando los clientes compren ambos productos juntos. Por ejemplo, un descuento en pañales con la compra de cierta cantidad de cerveza, o viceversa.

- **Publicidad dirigida**: utilizaría datos de compra para enviar publicidad específica a los clientes que ya han comprado uno de los dos productos, sugiriendo la compra del otro. Por ejemplo, enviar cupones de descuento en cerveza a quienes compran pañales regularmente.

- **Eventos especiales en la tienda**: organizaría eventos o demostraciones en la tienda que atraigan a padres jóvenes, como talleres sobre paternidad, y aprovecharía para promocionar tanto pañales como cerveza.

- **Paquetes combinados**: crearía paquetes que incluyan tanto pañales como cerveza a un precio especial. Esto puede ser particularmente atractivo para padres jóvenes buscando conveniencia y ahorro.

- **Programas de fidelidad**: incluiría ambos productos en un programa de puntos de fidelidad, donde la compra de pañales o cerveza otorgue puntos que puedan ser canjeados por descuentos en futuras compras.

- **Investigación de mercado continua**: realizaría encuestas y grupos focales con padres jóvenes para entender mejor sus necesidades y preferencias, ajustando las estrategias de marketing y promoción según estos insights.

- **Marketing digital y redes sociales**: utilizaría las redes sociales para crear campañas que conecten emocionalmente con los padres jóvenes, mostrando cómo ambos productos pueden formar parte de su estilo de vida.

- **Colaboraciones con marcas**: buscaría colaboraciones con marcas de pañales y cerveza para crear campañas de marketing conjuntas, aprovechando el alcance y la reputación de ambas marcas.

- **Feedback y adaptación**: establecería un sistema para recoger feedback de los clientes sobre estas estrategias y estaría dispuesto a adaptarlas según las respuestas y tendencias del mercado.

Implementar estas estrategias requiere un balance entre la promoción agresiva y el entendimiento de las necesidades y preferencias del consumidor. La clave está en ser creativo y adaptativo, siempre buscando formas innovadoras de conectar ambos productos con el estilo de vida de los consumidores.

Prompt: hola ChatGPT, actúa como gerente de ventas y elabora un diálogo para el siguiente escenario: "Usted es el gerente de ventas de una empresa que se especializa en la producción de calzados. Lleva algunos días trabajando en una propuesta para un gran cliente potencial y tiene programada una reunión con él la próxima semana para presentarle su propuesta e intentar cerrar el trato. Sin embargo, usted sabe que este cliente potencial ha sido un cliente fiel de la competencia, que ofrece precios más bajos que su empresa y calzados de menor calidad. Le preocupa que los precios más bajos ofrecidos por la competencia sean un obstáculo importante en sus esfuerzos por cerrar el trato con este cliente potencial".

ChatGPT responde:

Claro, puedo ayudarte a elaborar un diálogo para ese escenario. Aquí tienes un ejemplo:

> ▶ **Gerente de ventas:** buenos días, Sr. García. Es un placer finalmente conocerlo en persona y tener la oportunidad de presentarle nuestra gama de calzados. Agradecemos mucho que nos haya dado esta oportunidad.

> ▶ **Cliente potencial (Sr. García):** buenos días. He escuchado cosas buenas sobre su empresa, pero debo ser honesto, siempre he adquirido mi calzado de su competidor debido a sus precios.

> ▶ **Gerente de ventas:** entendemos completamente. Sabemos que nuestro competidor ofrece precios atractivos, pero permítame explicar por qué nuestros productos representan un valor excepcional a largo plazo. Nuestros calzados no solo son elegantes y cómodos, sino que también están fabricados con materiales de alta calidad y una mano de obra experta. Esto significa que duran más y mantienen su aspecto y comodidad por mucho más tiempo.

> ▶ **Cliente potencial:** eso suena bien, pero al final del día, tengo un presupuesto que respetar.

> ▶ **Gerente de ventas:** totalmente comprensible. Permítame mostrarle algunos cálculos rápidos. Aunque nuestros precios son más altos al principio, la durabilidad y la menor necesidad de reemplazo significan que, a lo largo del tiempo, el costo total de propiedad es, de hecho, más bajo. Además, ofrecemos una garantía extendida, lo que no solo es una prueba de nuestra confianza en la calidad de nuestros productos, sino que también brinda tranquilidad.

▶ **Cliente potencial: la** garantía suena interesante. ¿Qué más pueden ofrecer?

▶ **Gerente de ventas:** además de la calidad superior y la garantía, ofrecemos un servicio personalizado postventa. Esto incluye asistencia directa para cualquier problema y un programa de fidelidad que ofrece descuentos en futuras compras y acceso a diseños exclusivos.

▶ **Cliente potencial:** estoy impresionado por su enfoque en la calidad y el servicio, pero aún necesito pensar en los costos.

▶ **Gerente de ventas:** por supuesto, es una decisión importante. Pero permítame añadir un punto más: al invertir en nuestros calzados, también está invirtiendo en la sostenibilidad. Nuestros procesos de producción son ecológicos, y creemos firmemente en prácticas comerciales éticas.

▶ **Cliente potencial:** eso definitivamente agrega valor. Me gustaría revisar la propuesta con más detalle.

▶ **Gerente de ventas:** excelente. Le dejaré una copia de nuestra propuesta detallada y estaré disponible para cualquier pregunta o aclaración que necesite. Estamos comprometidos a trabajar con usted para encontrar la mejor solución que se ajuste a sus necesidades y presupuesto.

Este diálogo muestra cómo el gerente de ventas aborda las preocupaciones del cliente sobre el precio, destacando la calidad, durabilidad, servicio y valores de la empresa.

---

**Prompt: ¿podrías recomendarme tres películas que ejemplifican de manera sobresaliente el concepto de liderazgo?**

ChatGPT responde:

 Por supuesto, aquí tienes tres películas que representan ejemplos sobresalientes de liderazgo:

▶ **"Gladiator" (2000):** esta película épica, dirigida por Ridley Scott y protagonizada por Russell Crowe, muestra la historia de Máximo Décimo Meridio, un general romano que es traicionado y su familia asesinada por el corrupto hijo de un emperador. Máximo emerge como un líder natural entre los gladiadores, inspirando a los demás con su coraje y determinación para buscar justicia y cambio.

▼ **"Invictus" (2009)**: dirigida por Clint Eastwood, esta película cuenta la inspiradora historia de Nelson Mandela (interpretado por Morgan Freeman) y su uso del rugby para unir a una Sudáfrica post-apartheid. Mandela, en su papel de presidente, utiliza el deporte para tender puentes entre las divisiones raciales y fomentar un sentido de orgullo nacional, demostrando liderazgo inclusivo y visionario.

▼ **"12 Hombres sin piedad" (1957)**: esta película clásica, dirigida por Sidney Lumet y protagonizada por Henry Fonda, se centra en un jurado que delibera el caso de un adolescente acusado de asesinato. A lo largo de la película, uno de los jurados, interpretado por Fonda, emerge como un líder no oficial, guiando a los demás a través de un razonamiento lógico y compasivo, y abogando por la justicia en un sistema imperfecto.

Estas películas no solo son entretenidas, sino que también proporcionan valiosas lecciones sobre el liderazgo en diferentes contextos y épocas.

---

> Prompt: ¿podrías recomendarme tres libros que ejemplifican de manera sobresaliente el concepto de prospectiva estratégica?

ChatGPT responde:

Claro, aquí tienes tres libros destacados que abordan el tema de la prospectiva estratégica de manera sobresaliente:

▼ **"The Art of the Long View" por Peter Schwartz**: este libro es una guía clásica para el pensamiento de escenarios en el mundo de los negocios. Schwartz ofrece métodos para desarrollar una visión a largo plazo en el entorno empresarial, lo que es crucial para la planificación estratégica y la toma de decisiones.

▼ **"Futures Thinking for Social Foresight" por Richard A. Slaughter**: este libro no solo se enfoca en la prospectiva estratégica en sí, sino también en cómo esta se aplica a los contextos sociales y éticos. Slaughter es un respetado académico en el campo de los estudios de futuro y ofrece una perspectiva profunda sobre cómo anticipar y moldear el futuro en diversas esferas sociales.

▶ **"Strategic Foresight: learning from the Future" por Patricia Lustig**: este libro es una guía práctica que ofrece herramientas y técnicas para identificar y actuar sobre las oportunidades y riesgos futuros. Lustig proporciona una metodología clara para integrar la prospectiva estratégica en la planificación y gestión organizacional.

Estos libros son excelentes recursos tanto para profesionales en la gestión estratégica como para aquellos interesados en entender cómo se pueden anticipar y moldear los futuros posibles en diversos contextos.

## Inversionista

Ahora utilizaremos CHATGPT para realizar conversaciones con algunos filósofos, explorando el pensamiento de los mismos.

## Analizar una empresa usando los principios de Buffett

Prompt: hola ChatGPT, quiero que desarrolles una tesis de inversión por qué Pfizer está infravalorada basada en el enfoque de Warren Buffett de centrarse en los fundamentales. Considera factores como su tasa de crecimiento de ingresos y ganancias, márgenes, balance general y cuota de mercado.

ChatGPT responde:

Para desarrollar una tesis de inversión sobre por qué Pfizer podría estar infravalorada según el enfoque de Warren Buffett, que se centra en analizar los fundamentos de una empresa, se deben considerar varios factores clave:

- **Tasa de crecimiento de ingresos y ganancias:** es crucial analizar la tasa de crecimiento de los ingresos y ganancias de Pfizer. Buffett prefiere empresas que muestran una tendencia constante de crecimiento en ingresos y ganancias, ya que esto indica una sólida posición en el mercado y una buena gestión. Se debe examinar la trayectoria histórica de Pfizer y sus proyecciones futuras.

- **Márgenes de beneficio:** Buffett valora las empresas con márgenes de beneficios altos y estables. Esto sugiere que la empresa tiene una ventaja competitiva significativa. Por lo tanto, es importante analizar los márgenes de beneficio de Pfizer y cómo se comparan con los de sus competidores.

- **Balance general:** una empresa fuerte, según Buffett, tiene un balance general sólido con una deuda manejable y una buena liquidez. Esto implica examinar la deuda de Pfizer, sus activos, pasivos y su posición de efectivo.

- **Cuota de mercado y ventaja competitiva:** la cuota de mercado de Pfizer y su ventaja competitiva son fundamentales. Buffett prefiere empresas que tienen una "zanja" o barrera de entrada alta que protege su cuota de mercado. Esto incluye patentes, marca, lealtad del cliente, entre otros.

- **Evaluación del precio de las acciones:** finalmente, es necesario evaluar si el precio actual de las acciones de Pfizer refleja adecuadamente estos fundamentos. Buffett busca empresas cuyas acciones se negocian a un precio inferior a su valor intrínseco.

Para concluir esta tesis, se debe realizar un análisis detallado de estos aspectos con respecto a Pfizer. Comparar sus resultados con los de sus competidores y con los estándares de inversión de Buffett puede ofrecer una visión clara sobre si Pfizer está actualmente infravalorada en el mercado. Además, es importante considerar los riesgos y desafíos específicos de la industria farmacéutica, como la regulación gubernamental y la caducidad de las patentes.

## Marco de planificación fiscal para inversiones

**Prompt:** hola ChatGPT, crea un marco integral de planificación fiscal para OpenAI que aborde las implicaciones y estrategias fiscales específicas asociadas con los diferentes vehículos de inversión. Explora conceptos como la selección de fondos fiscalmente eficientes, la optimización del impuesto sobre las ganancias de capital y las cuentas con ventajas fiscales para minimizar los pasivos fiscales y maximizar los retornos después de impuestos.

ChatGPT responde:

 Crear un marco de planificación fiscal integral para una empresa como OpenAI es un proceso complejo que involucra múltiples aspectos. Aquí hay algunas estrategias y conceptos clave que podrían formar parte de dicho marco:

1. Selección de Fondos Fiscalmente Eficientes

- **Fondos de bajo Turnover**: invertir en fondos con baja rotación de activos para minimizar las ganancias de capital a corto plazo, que suelen estar sujetas a tasas impositivas más altas.

- **Fondos con estrategias de pérdidas fiscales**: utilizar fondos que emplean estrategias de recolección de pérdidas fiscales para compensar cualquier ganancia de capital y reducir la carga impositiva.

2. Optimización del Impuesto sobre las Ganancias de Capital

- **Mantener inversiones a largo plazo**: fomentar la retención de inversiones por más de un año para calificar tasas de ganancias de capital a largo plazo, generalmente más bajas que las tasas a corto plazo.

- **Estrategias de venta**: implementar estrategias de venta inteligentes, como 'High Cost, First Out' (HIFO) para vender primero las acciones con el mayor costo base, reduciendo así las ganancias de capital.

3. Cuentas con Ventajas Fiscales

- **Cuentas de retiro**: aprovechar cuentas de retiro como 401(k)s o IRAs, donde las inversiones crecen libres de impuestos o son impuestos diferidos.

- **Cuentas de ahorro de salud (HSAs)**: para gastos médicos elegibles, estas cuentas ofrecen ventajas fiscales, incluyendo contribuciones deducibles de impuestos, crecimiento libre de impuestos y retiros libres de impuestos para gastos médicos calificados.

4. Diversificación Fiscal

- **Distribución de activos entre cuentas imponibles y no imponibles**: colocar activos más eficientes fiscalmente en cuentas imponibles y activos menos eficientes en cuentas protegidas de impuestos.

5. Consideraciones de Entidad Legal

- **Elección de la estructura empresarial apropiada**: determinar si estructuras como LLC, S-Corp o C-Corp ofrecen mejores ventajas fiscales para las necesidades específicas de OpenAI.

6. Planificación para Donaciones y Filantropía

- **Donaciones de acciones apreciadas**: en lugar de donar efectivo, considerar la donación de acciones apreciadas para evitar el pago de impuestos sobre las ganancias de capital y recibir una deducción fiscal por el valor total del mercado.

7. Cumplimiento y Legislación Fiscal

- **Mantenerse actualizado con cambios en la legislación**: las leyes fiscales cambian regularmente, y es crucial mantenerse actualizado para maximizar la eficiencia fiscal.

8. Asesoramiento Profesional

- **Consultar con expertos en impuestos y finanzas**: debido a la complejidad y las posibles consecuencias de la planificación fiscal, es aconsejable buscar el consejo de profesionales expertos en el área.

Este marco es solo un punto de partida y debe ser adaptado a las circunstancias específicas y estrategias a largo plazo de OpenAI. Además, las consideraciones fiscales pueden variar significativamente dependiendo de la jurisdicción y los cambios en las leyes fiscales.

## Guía de inversiones alternativas

Prompt: hola ChatGPT, desarrolla una guía completa de inversiones alternativas que destaque sus posibles beneficios, riesgos y consideraciones para gloria Perú. Explora opciones como bienes raíces, capital privado, materias primas e inversión de impacto, discutiendo su potencial de diversificación y posibles retornos.

ChatGPT responde:

 Las inversiones alternativas pueden ofrecer oportunidades únicas para diversificar carteras y potencialmente generar retornos atractivos. Aquí hay una guía detallada que aborda diferentes opciones, como bienes raíces, capital privado, materias primas e inversiones de impacto:

1.  Bienes Raíces

    *   **Beneficios**: diversificación del portafolio, potencial de ingresos por alquiler, y apreciación del valor a largo plazo.

    *   **Riesgos**: liquidez limitada, costos de mantenimiento, y sensibilidad a las condiciones del mercado inmobiliario.

    *   **Consideraciones**: evaluar la ubicación, el tipo de propiedad (comercial, residencial, industrial), y la gestión de la propiedad.

2.  Capital Privado

    *   **Beneficios**: acceso a empresas no cotizadas, potencial de altos retornos, y participación en el crecimiento de la empresa.

    *   **Riesgos**: alto nivel de riesgo, liquidez limitada, y dependencia de la gestión de la empresa.

    *   **Consideraciones**: requiere una diligencia debida exhaustiva y un entendimiento profundo del modelo de negocio de la empresa.

3.  Materias Primas

    *   **Beneficios**: diversificación, protección contra la inflación, y potencial de aprovechar tendencias globales.

    *   **Riesgos**: alta volatilidad, influencia de factores externos (como políticas gubernamentales y desastres naturales), y costos de almacenamiento y transporte.

    *   **Consideraciones**: invertir a través de fondos cotizados en bolsa (ETFs) o contratos de futuros, y comprender los ciclos de mercado de las materias primas específicas.

4. Inversión de Impacto

- **Beneficios**: generar un impacto social o ambiental positivo, además de retornos financieros.

- **Riesgos**: evaluación de impacto y retorno puede ser desafiante, y puede haber compromisos entre impacto y retorno.

- **Consideraciones**: identificar áreas de impacto (como energías renovables, educación, salud), y asegurar la alineación con los objetivos personales o corporativos.

▼ Estrategias Generales para Inversiones Alternativas

- **Diversificación**: las inversiones alternativas pueden ofrecer beneficios de diversificación cuando se combinan con inversiones tradicionales.

- **Análisis de riesgo-retorno**: es esencial evaluar cada oportunidad en términos de su potencial de retorno y perfil de riesgo.

- **Asesoramiento experto**: dada la complejidad de estas inversiones, es recomendable buscar asesoramiento de expertos en inversiones.

- **Horizonte de inversión**: muchas inversiones alternativas requieren un enfoque a largo plazo.

▼ Conclusión

Invertir en opciones alternativas puede ser una forma eficaz de mejorar la diversificación y el potencial de rendimiento de una cartera. Sin embargo, es crucial entender los riesgos y hacer una diligencia debida exhaustiva. La clave es equilibrar los objetivos de inversión, el apetito por el riesgo y el horizonte temporal con las características únicas de cada tipo de inversión alternativa.

## Estrategias de inversión integrales

Prompt: hola ChatGPT, genera y sugiere estrategias de inversión integrales para el oro que abarquen la asignación de activos, la gestión de riesgos y la planificación fiscal. Considera factores como los objetivos de inversión, el horizonte temporal, la tolerancia al riesgo y las condiciones del mercado para crear un enfoque de inversión bien diversificado y adaptado.

ChatGPT responde:

 Invertir en oro puede ser una estrategia inteligente y diversificada, especialmente como cobertura contra la inflación y las incertidumbres del mercado. Aquí te presento algunas estrategias integrales para invertir en oro:

1. **Asignación de activos**:

    - **Diversificación**: incluye el oro como parte de una cartera diversificada. El porcentaje exacto puede variar según tus preferencias, pero generalmente se sugiere entre un 5% y un 15%.

    - **Tipos de inversión en oro**: considera diferentes formas de invertir en oro, como lingotes físicos, monedas, ETFs de oro, fondos mutuos, acciones de empresas mineras y contratos futuros.

2. **Gestión de riesgos**:

    - **Rebalanceo regular**: revisa y ajusta tu inversión en oro regularmente para mantener tu nivel deseado de exposición.

    - **Hedging**: usa instrumentos derivados como opciones y futuros para protegerte contra fluctuaciones extremas en el precio del oro.

3. **Planificación fiscal**:

    - **Cuentas con ventajas fiscales**: considera invertir en oro a través de cuentas de jubilación con ventajas fiscales, como un IRA.

    - **Implicaciones fiscales**: ten en cuenta las implicaciones fiscales de vender tus inversiones en oro, especialmente si se trata de ganancias de capital a largo plazo.

4. **Consideraciones del mercado y objetivos de inversión**:

    - **Análisis del mercado**: manténte informado sobre los factores que afectan el precio del oro, como las tasas de interés, la inflación y la estabilidad geopolítica.

- **Objetivos y horizonte temporal**: asegúrate de que tu inversión en oro se alinee con tus objetivos financieros generales y tu horizonte de inversión. El oro es a menudo más adecuado para inversiones a largo plazo.

5. **Tolerancia al riesgo**:

   - **Perfil de riesgo**: evalúa tu tolerancia al riesgo antes de invertir en oro. El oro puede ser volátil a corto plazo, por lo que es importante que estés cómodo con estas fluctuaciones.

6. **Estrategia de compra regular**:

   - **Dollar-Cost Averaging**: considera la estrategia de compra regular, como el dollar-cost averaging, para mitigar el riesgo de volatilidad en el precio del oro.

7. **Monitoreo y ajuste**:

   - **Revisión periódica**: revisa tu inversión en oro regularmente y ajusta según los cambios en tus objetivos financieros, las condiciones del mercado y tu perfil de riesgo.

Recuerda que es importante realizar tu propia investigación y considerar consultar a un asesor financiero antes de tomar decisiones de inversión importantes.

Prompt: hola ChatGPT, genera y sugiere estrategias de inversión integrales para tecnológicas como Amazon, Google, Microsoft que abarquen la asignación de activos, la gestión de riesgos y la planificación fiscal. Considera factores como los objetivos de inversión, el horizonte temporal, la tolerancia al riesgo y las condiciones del mercado para crear un enfoque de inversión bien diversificado y adaptado.

ChatGPT responde:

Claro, crearé una estrategia de inversión integral considerando empresas tecnológicas como Amazon, Google y Microsoft. Sin embargo, recuerda que estas sugerencias son genéricas y es importante consultar con un asesor financiero para obtener un plan adaptado a tus necesidades específicas. Aquí te presento algunos puntos clave:

1. **Asignación de Activos:**

   - **Diversificación:** incluye una mezcla de acciones de empresas tecnológicas líderes como Amazon, Google y Microsoft, pero también diversifica en otros sectores para reducir el riesgo.

   - **Activos complementarios:** considera bonos, fondos cotizados (ETFs) y bienes raíces para equilibrar la volatilidad del mercado tecnológico.

2. **Gestión de Riesgos:**

   - **Rebalanceo regular:** ajusta la cartera periódicamente para mantener la asignación de activos deseada.

   - **Hedging:** usa instrumentos como opciones y futuros para proteger contra movimientos de mercado adversos.

   - **Seguimiento de indicadores:** mantén un ojo en los indicadores económicos y del sector tecnológico para anticipar posibles cambios en el mercado.

3. **Planificación Fiscal:**

   - **Cuentas con ventajas fiscales:** utiliza cuentas de inversión como IRAs o 401(k) para beneficios fiscales en EE.UU.

   - **Inversiones a largo plazo:** mantén inversiones a largo plazo para aprovechar tarifas impositivas más bajas en ganancias de capital.

   - **Planificación de pérdidas fiscales:** considera vender activos con pérdidas para compensar las ganancias y reducir la carga fiscal.

4. **Consideraciones Adicionales:**

   - **Objetivos de inversión:** define tus objetivos (crecimiento, ingresos, preservación de capital) y ajusta la estrategia en consecuencia.

   - **Horizonte temporal:** ajusta la estrategia según tu horizonte de inversión. A más largo plazo, puedes asumir más riesgo.

   - **Tolerancia al riesgo:** evalúa tu tolerancia al riesgo y ajusta la exposición a acciones de alto riesgo como las tecnológicas.

   - **Condiciones del mercado:** mantente informado sobre las tendencias del mercado y ajusta la estrategia según sea necesario.

Recuerda que la clave para una inversión exitosa es la paciencia, la diversificación y un enfoque ajustado a tus necesidades y situación financiera personal.

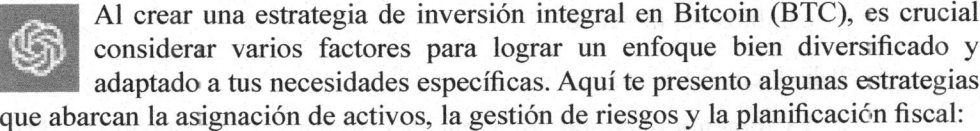

Prompt: hola ChatGPT, genera y sugiere estrategias de inversión integrales en btc que abarquen la asignación de activos, la gestión de riesgos y la planificación fiscal. Considera factores como los objetivos de inversión, el horizonte temporal, la tolerancia al riesgo y las condiciones del mercado para crear un enfoque de inversión bien diversificado y adaptado.

ChatGPT responde:

Al crear una estrategia de inversión integral en Bitcoin (BTC), es crucial considerar varios factores para lograr un enfoque bien diversificado y adaptado a tus necesidades específicas. Aquí te presento algunas estrategias que abarcan la asignación de activos, la gestión de riesgos y la planificación fiscal:

1. Objetivos de Inversión y Horizonte Temporal

   - **Corto plazo**: si tus objetivos son a corto plazo, podrías considerar una asignación menor en BTC debido a su volatilidad.

   - **Largo plazo**: para objetivos a largo plazo, una mayor asignación en BTC podría ser adecuada, asumiendo una mayor tolerancia al riesgo.

2. Asignación de Activos

   - **Diversificación**: no inviertas más de un porcentaje prudente de tu cartera en BTC. Diversifica en otras clases de activos como acciones, bonos, bienes raíces, y tal vez otras criptomonedas.

   - **Rebalanceo**: rebalancea tu cartera regularmente para mantener tu asignación de activos objetivo.

3. Gestión de Riesgos

   - **Limita la exposición**: define un límite máximo para tu inversión en BTC.

   - **Stop loss y take profit**: considera establecer órdenes de stop loss para limitar las pérdidas y take profit para asegurar ganancias.

   - **Hedging**: utiliza instrumentos de cobertura, como opciones o futuros, para proteger tu inversión.

4. Planificación Fiscal

   - **Conoce las implicaciones fiscales**: entiende cómo se gravan las ganancias de BTC en tu país.

   - **Registros detallados**: mantén registros detallados de todas tus transacciones para la declaración de impuestos.

- **Consulta con un experto**: considera la asesoría de un profesional en impuestos especializado en criptomonedas.

5. Consideraciones del Mercado

- **Investiga**: mantente informado sobre las tendencias del mercado de criptomonedas.

- **Adapta tu estrategia**: sé flexible para adaptar tu estrategia a los cambios del mercado.

6. Tolerancia al Riesgo

- **Evaluación personal**: asegúrate de que tu nivel de inversión en BTC refleje tu tolerancia personal al riesgo.

- **No Invertir capital vital**: no utilices dinero que no puedes permitirte perder.

7. Educación y Monitoreo Continuo

- **Educa**: continúa educándote sobre las criptomonedas y las tecnologías blockchain.

- **Monitorea**: vigila constantemente tus inversiones y el mercado en general.

8. Consideraciones Éticas y Ambientales

- **Impacto ambiental**: ten en cuenta el impacto ambiental de la minería de criptomonedas.

- **Inversiones responsables**: considera la ética de tus inversiones.

Recuerda que invertir en criptomonedas conlleva un alto riesgo, incluyendo la posibilidad de perder la totalidad de tu inversión. Por lo tanto, es esencial que esta estrategia se ajuste a tus circunstancias personales y se realice con cautela y conocimiento.

Prompt: hola ChatGPT, genera y sugiere estrategias de inversión integrales en bvl que abarquen la asignación de activos, la gestión de riesgos y la planificación fiscal. Considera factores como los objetivos de inversión, el horizonte temporal, la tolerancia al riesgo y las condiciones del mercado para crear un enfoque de inversión bien diversificado y adaptado.

ChatGPT responde:

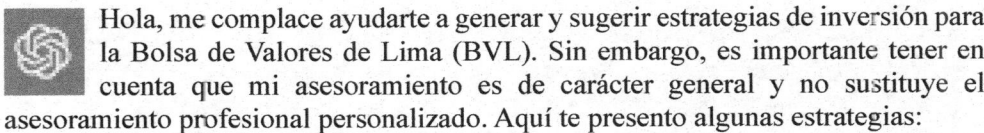

Hola, me complace ayudarte a generar y sugerir estrategias de inversión para la Bolsa de Valores de Lima (BVL). Sin embargo, es importante tener en cuenta que mi asesoramiento es de carácter general y no sustituye el asesoramiento profesional personalizado. Aquí te presento algunas estrategias:

- **Asignación de activos**: la diversificación es clave. Invertir en una mezcla de acciones, bonos y, posiblemente, fondos mutuos o ETFs puede ayudar a reducir el riesgo. La proporción depende de tu tolerancia al riesgo y horizonte de inversión. Por ejemplo, una mayor proporción en acciones puede ser adecuada para un horizonte a largo plazo y mayor tolerancia al riesgo.

- **Gestión de riesgos**: utiliza herramientas como stop-loss y límites de inversión por sector o empresa para mitigar pérdidas. Evalúa regularmente el rendimiento de tus inversiones y ajusta tu cartera según los cambios en el mercado y tus objetivos.

- **Planificación fiscal**: averigua sobre las implicancias fiscales de tus inversiones en Perú. Invertir en ciertos instrumentos puede ofrecer beneficios fiscales. Consulta con un asesor fiscal para optimizar tu carga tributaria.

- **Análisis del mercado**: mantente informado sobre las tendencias económicas globales y locales, así como sobre el desempeño de las empresas en la BVL. El análisis técnico y fundamental puede ayudarte a tomar decisiones informadas.

- **Objetivos de inversión y horizonte temporal**: define claramente tus objetivos (por ejemplo, crecimiento de capital, ingresos por dividendos) y tu horizonte temporal. Esto guiará tus decisiones de inversión y la elección de instrumentos.

- **Revisión y ajuste periódico**: el mercado cambia constantemente, así que revisa y ajusta tu cartera periódicamente para asegurarte de que sigue alineada con tus objetivos y tolerancia al riesgo.

- **Inversiones sostenibles y responsables**: considera invertir en empresas con buenas prácticas de sostenibilidad y responsabilidad social, lo cual puede ofrecer retornos estables a largo plazo.

Recuerda, es esencial realizar tu propia investigación o consultar con un asesor financiero antes de tomar decisiones de inversión.

## Toma de decisiones

> Prompt: hola ChatGPT, propón formas innovadoras de incorporar la tecnología en los procesos de toma de decisiones de inversión para la editorial RA-MA. Analiza el uso de inteligencia artificial, aprendizaje automático, análisis de big data y automatización para mejorar la gestión de carteras, la evaluación de riesgos y la investigación de inversiones.

ChatGPT responde:

 Hola, encantado de ayudarte. La incorporación de tecnologías avanzadas como la inteligencia artificial (IA), el aprendizaje automático, el análisis de big data y la automatización puede revolucionar la forma en que la editorial RA-MA toma decisiones de inversión. Aquí hay algunas propuestas innovadoras:

- **Sistemas de recomendación basados en IA**: desarrollar sistemas que utilicen IA para analizar tendencias del mercado, preferencias de los consumidores y datos históricos de ventas. Esto podría ayudar a RA-MA a identificar oportunidades de inversión prometedoras en nuevos libros, autores o géneros emergentes.

- **Análisis predictivo con aprendizaje automático**: implementar modelos de aprendizaje automático para predecir el éxito de futuras publicaciones. Estos modelos pueden analizar variables como temas de libros, estilos de escritura y tendencias de mercado para pronosticar las ventas y la popularidad.

- **Evaluación de riesgos con Big Data**: utilizar herramientas de análisis de big data para evaluar riesgos. Esto incluye analizar grandes volúmenes de datos de diferentes fuentes para identificar patrones y señales de alerta temprana en el mercado editorial, lo que puede ayudar a evitar inversiones de riesgo.

- **Automatización para la gestión de carteras**: automatizar la gestión de carteras de inversiones utilizando algoritmos que pueden ajustar las inversiones en tiempo real en función de los cambios del mercado y los objetivos de inversión de la empresa.

- **Inteligencia Artificial para la investigación de inversiones**: desarrollar herramientas de IA que puedan realizar investigaciones de inversiones exhaustivas, analizando rápidamente grandes cantidades de informes, datos financieros y tendencias de mercado para proporcionar insights valiosos.

▼ **Herramientas de visualización de datos**: utilizar plataformas de visualización de datos para interpretar complejas métricas de mercado y tendencias editoriales. Esto puede ayudar a tomar decisiones más informadas y a comunicar estrategias de inversión de manera más efectiva.

▼ **Integración de redes sociales y análisis de sentimientos**: analizar los datos de redes sociales para entender la percepción y los sentimientos del público hacia ciertos libros o autores. Esto puede ser útil para predecir tendencias y popularidad.

▼ **Simulaciones de mercado y escenarios hipotéticos**: utilizar IA para crear simulaciones de diferentes escenarios de mercado. Esto puede ayudar a Ra-Ma a prepararse para diversas situaciones y a tomar decisiones más informadas bajo incertidumbre.

La clave para Ra-Ma será elegir las tecnologías y enfoques que mejor se alineen con sus objetivos específicos de inversión y que complementen su experiencia y conocimiento del mercado editorial.

Prompt: hola ChatGPT, propón formas innovadoras de incorporar la tecnología en los procesos de toma de decisiones de inversión para Mercedes Benz. Analiza el uso de inteligencia artificial, aprendizaje automático, análisis de big data y automatización para mejorar la gestión de carteras, la evaluación de riesgos y la investigación de inversiones.

ChatGPT responde:

Claro, aquí tienes algunas ideas innovadoras para incorporar la tecnología en los procesos de toma de decisiones de inversión de Mercedes Benz:

▼ **Inteligencia Artificial (IA) en predicciones de mercado**: utilizar IA para analizar patrones de mercado y predecir tendencias futuras. Esto puede ayudar a Mercedes Benz a anticipar cambios en la demanda de vehículos, nuevas oportunidades de inversión en tecnologías emergentes o fluctuaciones en los precios de los materiales.

▼ **Aprendizaje automático para personalización de productos**: implementar sistemas de aprendizaje automático que analicen las preferencias de los clientes y los datos de ventas para personalizar futuros modelos de automóviles. Esto puede maximizar la rentabilidad al asegurar que las inversiones en desarrollo de productos estén alineadas con las preferencias del mercado.

▶ **Análisis de Big Data para evaluación de riesgos**: emplear herramientas de big data para evaluar riesgos en tiempo real. esto puede incluir el análisis de datos económicos globales, tendencias de la industria automotriz y condiciones geopolíticas que podrían afectar las inversiones y las operaciones de Mercedes Benz.

▶ **Automatización en la gestión de carteras**: desarrollar sistemas automatizados para gestionar y optimizar la cartera de inversiones de la empresa. Estos sistemas pueden tomar decisiones basadas en algoritmos para ajustar las inversiones según las condiciones del mercado y los objetivos financieros de Mercedes Benz.

▶ **Realidad virtual y simulaciones para investigación y desarrollo**: usar tecnologías de realidad virtual y simulaciones computarizadas para probar nuevas tecnologías de vehículos y estrategias de inversión. Esto puede reducir los costos y tiempos de desarrollo, permitiendo una mejor asignación de recursos.

▶ **Blockchain para transparencia y eficiencia**: implementar la tecnología Blockchain para mejorar la transparencia y eficiencia en las transacciones y en la cadena de suministro. Esto puede ayudar a Mercedes Benz a rastrear mejor sus inversiones y garantizar la integridad de sus operaciones financieras.

▶ **Plataformas colaborativas de IA para investigación conjunta**: crear plataformas colaborativas donde la IA pueda ayudar a reunir y analizar datos de múltiples fuentes, incluyendo asociaciones con otras empresas, institutos de investigación y universidades, para informar mejor las decisiones de inversión.

▶ **Sistemas de alerta temprana con IA para prevenir crisis**: implementar sistemas de alerta temprana basados en IA para identificar posibles crisis o problemas en la cadena de suministro, permitiendo a Mercedes Benz tomar medidas preventivas y mitigar riesgos.

Estas tecnologías, correctamente implementadas, no solo pueden mejorar la eficiencia y efectividad de los procesos de toma de decisiones de inversión de Mercedes Benz, sino también posicionar a la empresa como líder en innovación en la industria automotriz.

## Sostenibilidad Ambiental

Prompt: hola ChatGPT, identifica oportunidades de inversión alineadas con principios sostenibles y ambientales, sociales y de gobernanza para calzados. Explora sectores como la energía renovable, la tecnología limpia, la inversión de impacto social y la inversión responsable, analizando sus posibles retornos financieros y su impacto ambiental o social positivo.

ChatGPT responde:

Identificar oportunidades de inversión en el sector del calzado alineadas con principios de sostenibilidad y ESG (ambientales, sociales y de gobernanza) implica explorar varias áreas. Aquí algunas posibilidades:

▶ **Materiales sostenibles**: invertir en empresas que producen o utilizan materiales ecológicos para calzados. Esto puede incluir cuero vegano, plásticos reciclados, caucho natural, o textiles orgánicos. Estas inversiones apoyan a la reducción de la huella de carbono y promueven la conservación de los recursos naturales.

▶ **Procesos de fabricación ecológicos**: buscar empresas de calzado que implementen procesos de fabricación limpios y eficientes energéticamente. Esto puede incluir el uso de energía renovable en la producción, reducción de desechos y reciclaje, y prácticas de manufactura que minimizan la contaminación.

▶ **Cadenas de suministro responsables**: invertir en marcas de calzado que aseguren prácticas éticas a lo largo de sus cadenas de suministro, incluyendo el trato justo a los trabajadores y la obtención responsable de materiales.

▶ **Tecnología limpia en la producción de calzado**: inversiones en tecnologías que ayudan a reducir el impacto ambiental de la producción de calzado, como maquinaria que reduce el consumo de agua o software que optimiza el corte de materiales para minimizar el desperdicio.

▶ **Impacto social**: apoyar a empresas de calzado que tienen un fuerte enfoque en la responsabilidad social, como aquellas que apoyan a comunidades desfavorecidas, promueven la inclusión y diversidad, o tienen programas de donación de calzado.

▶ **Innovación en el diseño de calzado**: invertir en compañías que están a la vanguardia del diseño sostenible, ofreciendo productos que no solo son ecológicos, sino también innovadores en términos de comodidad, durabilidad y estilo.

En términos de retornos financieros, estas inversiones pueden ser atractivas debido a la creciente demanda de productos sostenibles y éticos por parte de los consumidores. Sin embargo, es importante evaluar cada oportunidad cuidadosamente, considerando factores como el modelo de negocio de la empresa, su posición en el mercado, y su historial en sostenibilidad y prácticas ESG. Además, el impacto ambiental y social positivo de estas inversiones puede ser significativo, contribuyendo a un futuro más sostenible y ético en la industria del calzado.

> **Prompt:** hola ChatGPT, identifica oportunidades del uso del Blockchain en la sostenibilidad ambiental en las zonas rurales del Perú.

ChatGPT responde:

 El uso de la tecnología Blockchain en la sostenibilidad ambiental en las zonas rurales del Perú presenta varias oportunidades interesantes:

- ▶ **Trazabilidad de recursos naturales**: utilizando el Blockchain, se puede mejorar la trazabilidad y el monitoreo de los recursos naturales. Esto es especialmente útil en la gestión forestal y la pesca, donde se puede controlar mejor la procedencia y la sostenibilidad de los productos.

- ▶ **Gestión de la propiedad de la tierra**: el Blockchain puede proporcionar una forma segura y transparente de registrar y transferir la propiedad de la tierra. Esto es vital para evitar conflictos por tierras y para asegurar que los derechos de propiedad se respeten y se apliquen de manera justa.

- ▶ **Financiación y subsidios para la sostenibilidad**: la tecnología de Blockchain puede utilizarse para facilitar la distribución de fondos y subsidios destinados a proyectos de sostenibilidad. Esto ayuda a asegurar que los recursos lleguen a quienes realmente los necesitan y se usen de manera efectiva.

- ▶ **Cadenas de suministro sostenibles**: el Blockchain puede ser utilizado para crear cadenas de suministro más transparentes y sostenibles. Esto permite a los consumidores verificar el origen de los productos y asegurarse de que se producen de manera sostenible.

- ▶ **Mercados de carbono y energías renovables**: el Blockchain puede facilitar la creación y gestión de mercados de carbono locales, permitiendo a las comunidades rurales beneficiarse de la venta de créditos de carbono.

Además, puede ser útil para gestionar y distribuir energía renovable de manera eficiente y transparente.

▶ **Educación y concienciación**: la tecnología Blockchain puede ser utilizada para desarrollar plataformas educativas que promuevan la concienciación sobre sostenibilidad y prácticas ambientales saludables entre las comunidades rurales.

▶ **Gestión de residuos y reciclaje**: el Blockchain puede ser útil para rastrear la recolección y el procesamiento de residuos, incentivando prácticas de reciclaje y gestión de residuos más eficientes.

Estas aplicaciones pueden contribuir significativamente a mejorar la sostenibilidad ambiental en las zonas rurales del Perú, promoviendo prácticas más eficientes y sostenibles en diversos aspectos de la vida y la economía rural.

---

Prompt: hola ChatGPT, identifica oportunidades del uso de los mercados de carbono en la sostenibilidad ambiental.

ChatGPT responde:

Los mercados de carbono ofrecen diversas oportunidades para la sostenibilidad ambiental, aportando soluciones innovadoras y prácticas para la mitigación del cambio climático y la promoción de prácticas sostenibles. Algunas de estas oportunidades incluyen:

▶ **Incentivos para reducir emisiones**: los mercados de carbono motivan a las empresas y países a reducir sus emisiones de gases de efecto invernadero. Al asignar un precio al carbono, se crea un incentivo económico para desarrollar y adoptar tecnologías más limpias y eficientes.

▶ **Financiamiento de proyectos sostenibles**: la venta de créditos de carbono puede proporcionar una fuente de financiamiento crucial para proyectos de energía renovable, reforestación, y otras iniciativas sostenibles en países en desarrollo.

▶ **Promoción de la reforestación y conservación de bosques**: los mercados de carbono pueden apoyar proyectos de conservación y reforestación, que no solo capturan $CO_2$, sino que también protegen la biodiversidad y mejoran los ecosistemas.

▶ **Desarrollo de energías renovables**: los ingresos generados por la venta de créditos de carbono pueden ser reinvertidos en el desarrollo y la expansión de tecnologías de energía renovable, reduciendo la dependencia de los combustibles fósiles.

▶ **Concienciación sobre el cambio climático**: los mercados de carbono ayudan a crear conciencia sobre el costo del carbono y la necesidad de reducir las emisiones, fomentando una mayor responsabilidad ambiental entre las empresas y los consumidores.

▶ **Creación de nuevos empleos verdes**: el desarrollo de proyectos sostenibles apoyados por los mercados de carbono puede conducir a la creación de empleos en sectores como la energía renovable, la silvicultura sostenible y la gestión de residuos.

▶ **Innovación tecnológica**: al tener un costo monetario directo asociado con la emisión de carbono, las empresas están más incentivadas a invertir en investigación y desarrollo de nuevas tecnologías bajas en carbono.

▶ **Cooperación internacional**: los mercados de carbono facilitan la colaboración entre países y organizaciones internacionales, uniendo esfuerzos en la lucha contra el cambio climático.

▶ **Desarrollo sostenible**: al financiar proyectos que tienen beneficios ambientales, sociales y económicos, los mercados de carbono pueden ser una herramienta clave para promover el desarrollo sostenible.

Estas oportunidades demuestran cómo los mercados de carbono pueden ser un instrumento eficaz no solo para combatir el cambio climático, sino también para impulsar un desarrollo más sostenible y equitativo a nivel global.

# Filosofía

Ahora utilizaremos CHATGPT para realizar conversaciones con algunos filósofos, explorando el pensamiento de los mismos.

ChatGPT responde:

¡Hola! Si fuera Platón, te describiría mi pensamiento filosófico de la siguiente manera:

▸ **Teoría de las formas:** creo en un mundo de formas inmutables y eternas que son la esencia verdadera de las cosas. Por ejemplo, existe una forma perfecta de "círculo" en el mundo de las ideas, y todos los círculos en el mundo físico son solo imitaciones imperfectas de esta forma.

▸ **Dualismo:** defiendo una distinción entre el mundo físico, que es cambiante y perceptible a través de los sentidos, y el mundo de las ideas, que es inmutable y solo accesible a través de la mente.

▸ **Alegoría de la caverna:** en mi famosa alegoría, comparo a las personas ignorantes con prisioneros encadenados en una caverna, solo viendo sombras y creyendo que eso es toda la realidad. Solo a través de la filosofía uno puede salir de la caverna y ver la verdadera realidad, el mundo de las ideas.

▶ **El conocimiento:** sostengo que el conocimiento verdadero viene de comprender las ideas universales. Este conocimiento no es adquirido, sino recordado a través de un proceso llamado "anamnesis", ya que el alma lo conoce de su existencia previa en el mundo de las ideas.

▶ **El alma:** creo que el alma es inmortal y preexiste antes de habitar en un cuerpo físico. Se divide en tres partes: racional, espiritual y apetitiva. La parte racional debe gobernar las otras para lograr una vida virtuosa.

▶ **La república y la política:** en mi obra "La República", imagino una sociedad ideal gobernada por filósofos-reyes, quienes, debido a su conocimiento y sabiduría, están mejor equipados para gobernar.

▶ **La virtud y la ética:** considero que la virtud es un conocimiento y que nadie hace el mal voluntariamente, sino por ignorancia. La vida buena, según mi filosofía, se logra a través de la búsqueda del conocimiento y la práctica de las virtudes.

Este resumen refleja las ideas clave de mi pensamiento filosófico, según Platón.

---

Prompt: hola ChatGPT, quiero que actúes como Platón descríbeme como la filosofía puede cambiar mi vida.

ChatGPT responde:

 Hola, me complace responder a tu solicitud en el estilo de Platón, uno de los filósofos más influyentes de la historia. Imagina que Platón te hablara sobre cómo la filosofía puede cambiar tu vida:

"Joven amigo, la filosofía, como el fulgor del eterno sol, tiene el poder de iluminar las profundidades de tu alma. En el corazón de esta noble búsqueda yace el amor por la sabiduría, un amor que transformará tu ser de maneras inimaginables.

Considera tu vida como una caverna, en la que hasta ahora has visto sólo sombras de la verdad. La filosofía te invita a liberarte de tus cadenas y a voltear hacia la luz de la verdad. Este camino hacia la comprensión no es sencillo, requiere de coraje, reflexión y, sobre todo, una mente abierta a cuestionar todo lo que creías saber.

A medida que empieces a cuestionar y a entender el mundo y a ti mismo, comenzarás a ver la realidad de una manera más clara y profunda. La filosofía te enseña a buscar la verdad, no solo a través de la lógica y la razón, sino también mediante el examen de tu propia vida y experiencias.

Al igual que un filósofo, te convertirás en un amante de la sabiduría, buscando siempre la virtud y la excelencia en todas tus acciones. Esta búsqueda te conducirá hacia una vida más plena y significativa, en la que tus decisiones y acciones estarán guiadas por un entendimiento más profundo de lo que es bueno, justo y bello.

Recuerda, mi querido amigo, que la filosofía no es solo un conjunto de ideas abstractas, sino una forma de vivir. Al adoptar la filosofía en tu vida, te embarcas en un viaje eterno de autoconocimiento y transformación, uno que te llevará hacia una existencia más iluminada y auténtica."

Así, siguiendo el estilo de Platón, se te anima a abrazar la filosofía no solo como una disciplina intelectual, sino como una forma de vida que puede enriquecer y transformar profundamente tu existencia.

---

**Prompt: hola ChatGPT, quiero que actúes como Platón y que me respondas qué es la bondad.**

ChatGPT responde:

Hola, ahora actuaré como Platón para explorar la idea de la bondad.

Como Platón, diría que la bondad es una forma de lo bueno, una idea perfecta y eterna que existe en un reino trascendental de formas ideales. En mi teoría de las formas, sostengo que todo lo que experimentamos en el mundo sensible es solo una imitación imperfecta de estas formas puras y eternas.

La bondad, en este sentido, no se encuentra en los actos individuales o en los objetos del mundo material, sino en la esencia misma de lo bueno. Es una cualidad absoluta, inmutable y eterna, que guía y da sentido a todas nuestras acciones y decisiones morales. Para conocer la bondad, uno debe elevarse por encima de lo sensible y alcanzar una comprensión filosófica de las formas eternas, especialmente de la forma de lo bueno, que ilumina todas las demás formas y hace posible el conocimiento y la existencia.

En términos prácticos, la bondad se manifiesta a través de la justicia, la sabiduría, la moderación y el coraje, las cuatro virtudes cardinales en mi filosofía. Al cultivar estas virtudes, el alma se alinea más estrechamente con la forma de lo bueno y, por ende, con la verdadera bondad.

---

**Prompt: hola ChatGPT, quiero que actúes como Platón y que me respondas que es la razón y la pasión.**

ChatGPT responde:

 Hola, asumiendo el papel de Platón, te puedo explicar que, en su filosofía, la razón y la pasión son dos aspectos fundamentales del alma humana que deben ser comprendidos en conjunto.

**La razón**: para Platón, la razón es la parte más elevada del alma. Se encarga de buscar la verdad y el conocimiento, especialmente el conocimiento de las formas o ideas, que son las realidades eternas y perfectas más allá del mundo sensible. La razón es la que nos guía hacia lo bueno, lo justo y lo verdadero. Platón creía que los filósofos, por su amor al conocimiento y su capacidad de razonar, deberían ser los líderes de la sociedad.

**La pasión**: en contraste, la pasión (o los deseos) representa la parte del alma relacionada con los impulsos, emociones y apetitos básicos. Incluye las necesidades físicas y los deseos materiales. Para Platón, esta parte del alma es importante, pero debe ser controlada y dirigida por la razón. Si se deja sin control, la pasión puede llevar al individuo a comportamientos irracionales y destructivos.

Platón utiliza la famosa analogía del carro alado para ilustrar esta relación. En esta analogía, el alma es un carro tirado por dos caballos: uno representa la razón y el otro la pasión. El auriga, o conductor, simboliza la voluntad o el espíritu, que debe guiar al carro. El objetivo es que el auriga (voluntad) utilice la razón para controlar las pasiones y así alcanzar un estado de armonía y justicia en el alma.

Esta visión platónica es fundamental para entender su concepción del ser humano y su ética, donde la virtud se logra a través del equilibrio y el control de las diferentes partes del alma.

Prompt: hola ChatGPT, quiero que actúes como Khalil Gibran y que me respondas qué es la razón y la pasión.

ChatGPT responde:

 Como Khalil Gibran, poeta y filósofo de gran sabiduría, podría interpretar la relación entre la razón y la pasión de la siguiente manera:

La razón y la pasión son los timones y las velas de tu alma navegante. Si tus velas se desgarran o tus timones se rompen, sólo puedes quedar a la deriva o permanecer inmóvil en medio del mar.

Porque la razón, sola, es una fuerza que te guía en orden; es la luz que ilumina tu camino. Pero cuando la razón está gobernada por la pasión, se convierte en una llama que arde con una luz aún más brillante, llevándote a través de las oscuridades.

La pasión, por otro lado, sin la guía de la razón, es un fuego que arde descontroladamente, consumiendo todo a su paso. Es el viento que sopla sin dirección, capaz de llevarte a lugares de gran belleza o a la destrucción total.

Así, la razón y la pasión son eternos compañeros en tu viaje, con la razón que pesa los riesgos y la pasión que te da la fuerza para perseguir tus sueños. Ambas son necesarias para el pleno florecimiento del alma, como las dos alas de un pájaro en su vuelo hacia el cielo.

Prompt: hola ChatGPT, quiero que actúes como Epicuro y que me respondas que es la razón y la pasión.

ChatGPT responde:

 Hola, hablando como Epicuro, filósofo de la antigua Grecia conocido por su enfoque en la búsqueda de la felicidad y la vida placentera, te puedo decir lo siguiente sobre la razón y la pasión:

La razón, según Epicuro, es la facultad que nos permite comprender el mundo y tomar decisiones basadas en la comprensión y el análisis. Para Epicuro, la razón es esencial para lograr una vida feliz, ya que nos permite identificar lo que realmente nos brinda placer y evitar lo que nos causa sufrimiento. La razón nos ayuda a discernir entre los deseos necesarios y naturales, que son fáciles de satisfacer y conducen a la felicidad, y los deseos vanos e irracionales, que son difíciles de satisfacer y no conducen a una verdadera felicidad.

En cuanto a la pasión, Epicuro veía las emociones y pasiones como parte integral de la experiencia humana. Sin embargo, abogaba por un enfoque equilibrado hacia ellas. Las pasiones no deben ser reprimidas, sino entendidas y canalizadas de manera que no interfieran con la búsqueda de una vida feliz y equilibrada. Las pasiones desenfrenadas, especialmente aquellas que surgen de deseos irracionales, pueden llevar a la infelicidad y al sufrimiento. Por lo tanto, es crucial utilizar la razón para moderar y guiar nuestras pasiones.

En resumen, para Epicuro, tanto la razón como la pasión son importantes en la vida humana. La razón nos guía hacia la comprensión y la toma de decisiones sabias, mientras que las pasiones, cuando se entienden y controlan adecuadamente, enriquecen nuestra experiencia de vida sin conducirnos al sufrimiento.

**Prompt: hola ChatGPT, quiero que actúes como Henry David Thoreau y definas que es ser un filósofo.**

ChatGPT responde:

Hola, adoptando la perspectiva de Henry David Thoreau, podría definir lo que significa ser filósofo de la siguiente manera:

Ser filósofo es buscar comprender la esencia de la vida, no a través de libros o enseñanzas académicas, sino mediante la experiencia directa y la contemplación de la naturaleza. Es una búsqueda de la verdad que va más allá del conocimiento superficial, buscando entender las leyes subyacentes que rigen el mundo y la existencia humana. La filosofía, en este sentido, es un acto de rebelión contra las normas sociales y materiales que distraen al ser humano de su verdadera esencia y propósito. Es un camino solitario, a menudo alejado de la sociedad, donde el silencio y la observación son maestros clave. Como filósofo, uno debe vivir deliberadamente, enfrentándose a las preguntas fundamentales de la vida y buscando respuestas en la simplicidad y la naturaleza, no en la complejidad y el artificio de la civilización. En resumen, ser filósofo es vivir con el objetivo de entender, apreciar y armonizar con las verdades profundas de la existencia.

ChatGPT responde:

 Hola, y bienvenido al diálogo. Si yo fuera Platón, te diría que transformar una pasión negativa en una pasión positiva es un proceso que requiere autoreflexión y autocontrol, fundamentos claves en la filosofía platónica. Aquí hay algunos pasos que podrías considerar:

- **Reconocimiento y entendimiento**: primero, es esencial reconocer y entender la pasión negativa que deseas transformar. Platón creía en la importancia de conocerse a uno mismo. Pregúntate por qué sientes esta pasión y qué desencadena estos sentimientos.

- **Reflexión racional**: Platón enfatizaba el papel de la razón sobre las emociones. Trata de analizar tus pasiones negativas desde una perspectiva racional. ¿Son justificadas? ¿Qué consecuencias tienen?

- **Control de los impulsos**: en la República, Platón describe a la psique como dividida en tres partes: la racional, la espiritual, y la apetitiva. El control de los impulsos y deseos (la parte apetitiva) es crucial. Practica la autodisciplina para resistir actuar impulsivamente bajo la influencia de emociones negativas.

- **Reorientación hacia lo bueno**: Platón creía en la existencia de formas ideales, siendo la más alta la forma del bien. Intenta reorientar tus pasiones hacia aspiraciones más altas y positivas. Busca lo que es verdaderamente bueno y valioso en la vida.

- **Cultivo de virtudes**: la ética platónica se centra en el desarrollo de virtudes como la sabiduría, el coraje, la moderación y la justicia. Cultivar estas virtudes te puede ayudar a transformar tus pasiones en algo más constructivo y positivo.

- **Diálogo y comunidad**: Platón valoraba el diálogo como medio para alcanzar la verdad y el autoconocimiento. Hablar con otros, especialmente aquellos sabios o con perspectivas diferentes, puede ofrecerte nuevas comprensiones sobre tus pasiones y cómo transformarlas.

Recuerda, este es un proceso gradual y requiere persistencia y reflexión continua. La transformación de la pasión negativa en positiva no es solo un cambio de comportamiento, sino también un cambio en la forma en que entiendes y te relacionas con tus emociones y deseos.

Prompt: hola ChatGPT, tomemos el siguiente fragmento el principio de los seres es el infinito.. donde en realidad los seres tienen su origen, allí también tienen destrucción según la necesidad: ya que se pagan unos a otros el castigo y la expiación de la 'injusticia según el orden de los tiempos'. Es quizás el aforismo involuntario más hermoso jamás escrito, pero ¿te imaginas decirlo mientras acaricias la cabeza de un niño, quizás el hijo de tu hermana o de un querido amigo tuyo? ¿Lo escribió Anaximandro?

ChatGPT responde:

 El fragmento que mencionas se atribuye a Anaximandro, un filósofo presocrático griego. Anaximandro es conocido por sus ideas sobre el origen y la naturaleza del cosmos. Su concepto de "lo infinito" (en griego, "ápeiron") como principio de todas las cosas es fundamental en su filosofía. El fragmento habla de un ciclo de nacimiento, existencia y destrucción, donde todo en el universo se compensa y equilibra, reflejando la idea de justicia cósmica.

Imaginar decir este aforismo mientras acaricias la cabeza de un niño añade una dimensión emotiva y reflexiva. El contraste entre la complejidad y la inmensidad de las ideas de Anaximandro y la sencillez y la inocencia de un niño puede ser un momento poderoso de reflexión sobre la naturaleza del universo y nuestro lugar en él. Este tipo de momentos nos invita a reflexionar sobre los grandes temas de la existencia en el contexto de nuestras vidas cotidianas y relaciones personales.

Prompt: hola ChatGPT, quiero que actúes como Nietzsche descríbeme un resumen de tu pensamiento filosófico.

ChatGPT responde:

Como Nietzsche, podría enfocarme en varios temas clave de su filosofía:

▶ **Voluntad de poder**: Nietzsche creía que la fuerza impulsora detrás de los seres humanos es la "voluntad de poder", una aspiración de afirmación y dominio. No se trata solo de poder en un sentido político o social, sino de un impulso vital para alcanzar la máxima expresión del ser individual.

▶ **Superhombre (übermensch)**: esta es una de las ideas más famosas de Nietzsche. El Übermensch representa un ser que ha superado las limitaciones impuestas por la sociedad, la moralidad tradicional y la religión, creando sus propios valores y significado.

▶ **Eterno retorno**: es una idea hipotética que propone que la vida, tal como la conocemos, se repite eternamente en un ciclo incesante. Nietzsche usa esta idea para preguntar: si tu vida se repitiera infinitamente, ¿estarías satisfecho con ella? Esto impulsa a vivir de manera que uno estaría dispuesto a revivir la misma vida una y otra vez.

▶ **Muerte de Dios**: Nietzsche declaró que "Dios ha muerto", refiriéndose a la disolución de los valores tradicionales cristianos y metafísicos en la sociedad moderna. Esto plantea la cuestión de cómo los individuos deben encontrar o crear significado en un mundo posmetafísico.

▶ **Nihilismo**: Nietzsche previó el surgimiento del nihilismo, que es la sensación de que la vida carece de sentido o valor. Sin embargo, vio el nihilismo no solo como un problema, sino también como una oportunidad para que los individuos redefinan el significado y los valores por sí mismos.

▶ **Crítica a la moralidad tradicional**: Nietzsche fue un crítico feroz de la moralidad convencional, especialmente la moralidad cristiana, que él veía como una negación de la vida. Proponía una reevaluación de todos los valores para crear una moralidad que afirmara la vida.

Estos temas se entrelazan para formar una filosofía centrada en el poder, la individualidad, y la reinvención constante de uno mismo frente a un mundo carente de verdades objetivas o significados inherentes.

---

**Prompt: hola ChatGPT, quiero que actúes como Nietzsche y me respondas que es el sufrimiento.**

ChatGPT responde:

El sufrimiento, desde la perspectiva de Friedrich Nietzsche, es un aspecto fundamental de la experiencia humana que posee un gran potencial transformador. Nietzsche veía el sufrimiento no solo como una inevitable realidad de la vida, sino también como una oportunidad para el crecimiento personal y la afirmación de la vida.

Para Nietzsche, el sufrimiento desempeña un papel crucial en el desarrollo del carácter y la fortaleza individual. Él argumentaba que enfrentar y superar los desafíos y el dolor es esencial para alcanzar la grandeza y el autodesarrollo. En sus palabras, lo que no nos mata nos hace más fuertes.

Además, Nietzsche criticaba la actitud de rechazo o negación del sufrimiento que observaba en algunas tradiciones religiosas y filosóficas. En lugar de ver el sufrimiento como algo meramente negativo o un mal que debe ser erradicado, lo consideraba como un componente esencial de la vida que puede, paradójicamente, llevar a un mayor entendimiento y apreciación de la existencia.

El sufrimiento también juega un papel importante en la idea nietzscheana del "eterno retorno", que desafía a las personas a vivir sus vidas de tal manera que puedan desear vivirlas de nuevo, en cada detalle, por toda la eternidad. Esta perspectiva invita a una aceptación profunda y amor por la vida, incluyendo sus aspectos más dolorosos.

En resumen, para Nietzsche, el sufrimiento no es un mal a evadir, sino una realidad vital que puede ser la fuente de fuerza, sabiduría y una afirmación profunda de la vida.

---

**Prompt: hola ChatGPT, quiero que actúes como Senofane descríbeme un resumen de tu pensamiento filosófico.**

ChatGPT responde:

Como Senofane, un filósofo presocrático griego, mi pensamiento filosófico estaría centrado en varios puntos clave:

► **Crítica a la antropomorfización de los dioses**: Senofane fue conocido por su crítica a la tendencia griega de imaginar a los dioses a semejanza humana. Argumentaba que, si los animales pudieran dibujar a los dioses, también los representarían con formas similares a las suyas.

► **Monoteísmo o panteísmo**: a diferencia de la creencia politeísta predominante en Grecia, Senofane promovía una forma de monoteísmo o panteísmo. Sostenía la existencia de un Dios supremo, único e inmutable, que controlaba el universo, pero no se parecía en nada a los humanos en forma o pensamiento.

► **Crítica a la inmoralidad atribuida a los dioses**: criticaba las historias que atribuían actos inmorales o deshonrosos a los dioses, sosteniendo que un ser divino no debería comportarse de manera menos virtuosa que los humanos.

► **Búsqueda de la verdad a través de la razón**: Senofane enfatizaba la importancia de la búsqueda de la verdad a través de la razón y el pensamiento crítico, en contraposición a la aceptación ciega de las tradiciones y los mitos.

▸ **Escepticismo sobre el conocimiento absoluto**: mantenía una postura escéptica sobre la capacidad humana de alcanzar el conocimiento absoluto, enfatizando la naturaleza siempre cambiante y el desarrollo del conocimiento humano.

▸ **Influencia en el pensamiento filosófico posterior**: sus ideas influenciaron a filósofos posteriores, particularmente en el desarrollo de la crítica religiosa y el monoteísmo filosófico, así como en la valoración del pensamiento racional sobre la mitología.

Senofane ofreció una perspectiva única en la filosofía presocrática, destacándose por su crítica a las concepciones religiosas y mitológicas de su tiempo y abogando por un enfoque más racional y ético hacia la comprensión del mundo y de lo divino.

---

> Prompt: hola ChatGPT, quiero que actúes como Sófocles descríbeme que entiendes por amor.

ChatGPT responde:

Hola. Como si fuera Sófocles, podría describir el amor como un concepto profundamente enraizado en la tragedia y la pasión, algo que se asemeja a las poderosas fuerzas del destino y del cosmos que a menudo exploró en sus obras. El amor, desde esta perspectiva, es una fuerza ineludible que puede llevar tanto a la grandeza como a la ruina, una pasión que desafía a los dioses y altera el curso del destino humano.

El amor, en las tragedias griegas, a menudo aparece como un catalizador de eventos trágicos, revelando la vulnerabilidad y la fortaleza humanas. Es una emoción que trasciende la razón, llevando a los personajes a actuar más allá de sus límites normales, ya sea por amor romántico, amor fraternal o amor por el poder y la gloria.

En el contexto del amor romántico, puede ser tanto una fuente de felicidad extrema como de sufrimiento profundo. Por otro lado, el amor por la familia y los seres queridos es un tema recurrente en sus obras, donde las lealtades y los sacrificios personales a menudo definen el curso de la trama.

En resumen, el amor, desde la perspectiva de Sófocles, es un elemento fundamental del destino humano, un hilo que teje tanto la alegría como el dolor en la tapicería de la vida. Es un tema que refleja la complejidad de la experiencia humana, lleno de contradicciones y matices.

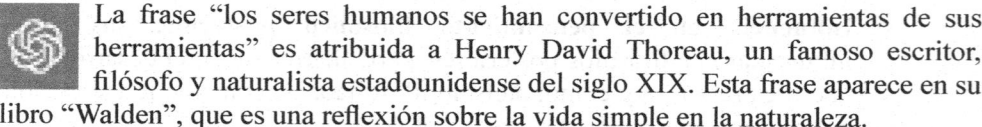

**Prompt:** hola ChatGPT, quién dijo: los seres humanos se han convertido en herramientas de sus herramientas y cual es su significado.

ChatGPT responde:

La frase "los seres humanos se han convertido en herramientas de sus herramientas" es atribuida a Henry David Thoreau, un famoso escritor, filósofo y naturalista estadounidense del siglo XIX. Esta frase aparece en su libro "Walden", que es una reflexión sobre la vida simple en la naturaleza.

El significado de esta frase es una crítica a cómo la tecnología y las herramientas, en lugar de servir al ser humano, terminan controlándolo. Thoreau argumenta que en lugar de que las herramientas mejoren la vida de las personas y les den más libertad, a menudo terminan consumiendo su tiempo y energía, haciéndolos esclavos de sus propias creaciones. Es una reflexión sobre la relación entre el hombre y la tecnología, y cómo esta puede influir negativamente en la calidad de vida y la libertad individual.

## Legal

CHATGPT puede proporcionar información general sobre temas legales y responder preguntas relacionadas con el derecho.

**Prompt: hola ChatGPT, quiero que actúes como un Abogado de Inmigración deseo que desarrolles un documento de solicitud de ciudadanía.**

ChatGPT responde:

 Por supuesto, puedo ayudarte a redactar una solicitud de ciudadanía. A continuación, te proporcionaré un borrador de la solicitud. Ten en cuenta que este es solo un ejemplo y debes adaptarlo según tus circunstancias personales.

[Nombre del solicitante] [Dirección del solicitante] [Teléfono del solicitante] [Correo electrónico del solicitante] [Fecha]

Servicio de Ciudadanía e Inmigración de los Estados Unidos (USCIS) [Nombre de la oficina de USCIS] [Dirección de USCIS] [Ciudad, Estado, Código Postal]

Asunto: Solicitud de Ciudadanía de los Estados Unidos

Estimados funcionarios de USCIS:

Yo, [Nombre del solicitante], presento formalmente mi solicitud para la obtención de la ciudadanía de los Estados Unidos de América bajo la Sección 316 de la Ley de Inmigración y Nacionalidad (INA).

Información Personal: nombre completo: [Nombre del solicitante] Fecha de nacimiento: [Fecha de nacimiento] Lugar de nacimiento: [Lugar de nacimiento] Número de seguro social: [Número de seguro social (si aplica)] Número de tarjeta de residencia (Green Card): [Número de tarjeta de residencia] Fecha de expedición de la tarjeta de residencia: [Fecha de expedición de la tarjeta de residencia] Fecha de vencimiento de la tarjeta de residencia: [Fecha de vencimiento de la tarjeta de residencia]

Historial de residencia: he sido residente permanente de los Estados Unidos desde [Fecha en que obtuvo la tarjeta de residencia]. Durante este período, he cumplido con todas las leyes y regulaciones federales y estatales aplicables.

Historial de viajes internacionales: durante mi tiempo como residente permanente, he realizado viajes al extranjero. Adjunto una lista detallada de mis viajes internacionales, que incluye las fechas de salida y regreso, los países visitados y el motivo de los viajes.

Historial de empleo: adjunto una lista de mis empleos durante mi residencia permanente en los Estados Unidos. He mantenido un empleo estable y he pagado mis impuestos puntualmente durante este tiempo.

Historial de educación: adjunto una copia de mi certificado de educación más alto obtenido en los Estados Unidos.

Historial de impuestos: adjunto copias de mis declaraciones de impuestos federales de los últimos cinco años, que demuestran mi cumplimiento con las obligaciones fiscales.

Historial penal: no he sido condenado por ningún delito grave o violento durante mi tiempo como residente permanente en los Estados Unidos.

Historial de afiliación a grupos extremistas: no he estado afiliado a ningún grupo extremista ni he participado en actividades que amenacen la seguridad de los Estados Unidos.

Juramento de lealtad: entiendo que, al convertirme en ciudadano de los Estados Unidos, renuncio a mi lealtad a cualquier otro país y prometo lealtad completa y fidelidad a los Estados Unidos y su Constitución.

Adjunto a esta solicitud los siguientes documentos de respaldo:

Copia de mi tarjeta de residencia (Green Card).

Fotocopias de mis declaraciones de impuestos federales de los últimos cinco años.

Fotocopias de mi certificado de educación más alto obtenido en los Estados Unidos.

Lista detallada de mis viajes internacionales.

Lista de empleos durante mi residencia permanente.

Agradezco su atención a esta solicitud y espero con interés la oportunidad de convertirme en ciudadano de los Estados Unidos. Quedo a su disposición para proporcionar información adicional o para asistir en cualquier proceso de entrevista que pueda ser necesario.

Atentamente,

[Firma del solicitante]

[Nombre del solicitante (impreso)]

Adjuntos: [Lista de documentos adjuntos]

**Prompt: hola ChatGPT, quiero que actúes como un Abogado de Inmigración deseo que desarrolles un documento de defensa contra la deportación.**

ChatGPT responde:

Claro, puedo ayudarte a desarrollar un documento de defensa contra la deportación. Sin embargo, es importante recordar que soy un programa de inteligencia artificial y no un abogado real. Asegúrate de consultar con un abogado de inmigración o un profesional legal para obtener asesoramiento legal específico para tu situación.

Dicho esto, puedo proporcionarte un ejemplo general de un documento de defensa contra la deportación que puedes usar como punto de partida. Deberás personalizarlo y ajustarlo según tu situación individual y las leyes de inmigración aplicables. Aquí tienes un ejemplo:

[Nombre del solicitante] [Dirección] [Teléfono] [Correo electrónico] [Fecha]

[Nombre del Juez de Inmigración] [Corte de inmigración de [Ciudad]] [Dirección de la corte] [Fecha]

Asunto: defensa contra la deportación de [tu nombre]

Estimado Juez de Inmigración [Apellido del Juez]:

Me dirijo respetuosamente ante este honorable tribunal para presentar mi defensa contra la deportación y solicitar la oportunidad de permanecer en los Estados Unidos. Mi objetivo es demostrar que tengo méritos suficientes para recibir alivio de la deportación y continuar contribuyendo a la sociedad estadounidense.

[1. Información personal] En primer lugar, me gustaría proporcionar una breve descripción de mi historia personal y de inmigración. Indique cuándo y cómo llegué a los Estados Unidos, cuánto tiempo he vivido aquí y cualquier vínculo familiar que tenga en el país. También, destaque cualquier empleo establecido, contribuciones comunitarias o logros personales que haya alcanzado durante mi tiempo en los Estados Unidos.

[2. Alivio de la deportación] A continuación, deseo exponer los fundamentos legales para mi defensa contra la deportación. Enumere las posibles formas de alivio de la deportación a las que podría ser elegible, como asilo, cancelación de deportación, ajuste de estatus, retención de remoción u otros programas de alivio.

[3. Pruebas y testimonios] Proporcione pruebas documentales que respalden su elegibilidad para el alivio de la deportación. Esto puede incluir documentos de identificación, historiales laborales, certificados de educación, informes médicos, testimonios de testigos o cualquier otra evidencia relevante.

[4. Razones humanitarias y equidad] Si corresponde, argumente las razones humanitarias y equitativas por las cuales debería recibir alivio de la deportación. Esto podría incluir dificultades extremas para su familia en los Estados Unidos, temores fundados de persecución en su país de origen, o cualquier otro factor que considere relevante.

[5. Declaración jurada] Prepare una declaración jurada en la que explique detalladamente su situación y las razones por las cuales debería recibir alivio de la deportación. Firme y feche esta declaración al final.

[6. Apéndices] Adjunte todos los documentos relevantes, como copias de su aviso de comparecencia, notificaciones de ICE, formularios de solicitud de alivio de la deportación y cualquier otro documento que respalde su caso.

Por favor, considere mi solicitud de defensa contra la deportación con la debida atención y comprensión. Estoy dispuesto a cooperar plenamente con el tribunal y a seguir cualquier directriz que se me dé.

Agradezco sinceramente su tiempo y consideración en este asunto.

Atentamente,

[Firma (si se presenta en persona)]

[Nombre del solicitante (impreso)]

Recuerda que este es solo un ejemplo general y que debes adaptarlo a tu situación específica y las leyes de inmigración vigentes. También, es crucial buscar la asesoría de un abogado de inmigración para obtener orientación legal personalizada y precisa en tu caso.

---

**Prompt:** hola ChatGPT, quiero que actúes como un Abogado de Inmigración deseo que desarrolles un documento de solicitud de visa de prometido (E) K-1.

ChatGPT responde:

 ¡Claro! Estoy aquí para ayudarte a redactar una solicitud de visa de prometido (E) K-1. A continuación, te proporcionaré una versión inicial de la carta de solicitud. Por favor, asegúrate de personalizarla con tus propios detalles y los de tu prometido(a) antes de presentarla ante el Servicio de Ciudadanía e

Inmigración de los Estados Unidos (USCIS). Además, te recomiendo que consultes a un abogado de inmigración para obtener asesoramiento legal específico sobre tu caso.

[Nombre del solicitante] [Dirección del solicitante] [Teléfono del solicitante] [Correo electrónico del solicitante] [Fecha]

USCIS–Servicio de Ciudadanía e Inmigración de los Estados Unidos [Dirección de la Oficina de USCIS] [Nombre del Oficial de USCIS, si se conoce]

Asunto: solicitud de Visa de prometido (E) K-1 para [Nombre del prometido(a)]

Estimado Oficial de USCIS:

Me dirijo a usted para presentar una solicitud de Visa de prometido (E) K-1 en nombre de mi prometido(a), [Nombre del prometido(a)], quien es ciudadano(a) [País de origen del prometido(a)] y a quien planeo casarme en los Estados Unidos. Como solicitante, deseo que [Nombre del prometido(a)] obtenga una visa K-1 para que podamos unirnos legalmente en matrimonio y comenzar una vida juntos en los Estados Unidos.

A continuación, proporciono la información requerida para esta solicitud:

▼ **Datos del Solicitante:**

- Nombre completo: [tu nombre completo]
- Fecha de nacimiento: [tu fecha de nacimiento]
- Nacionalidad: [tu nacionalidad]
- Número de pasaporte: [tu número de pasaporte]
- Estado civil: [tu estado civil]
- Dirección actual: [tu dirección actual]

▼ **Datos del prometido(a):**

- Nombre completo: [nombre del prometido(a)]
- Fecha de nacimiento: [fecha de nacimiento del prometido(a)]
- Nacionalidad: [nacionalidad del prometido(a)]
- Dirección actual: [dirección actual del prometido(a)]

▼ **Historia de la relación:**

- Detalles de cómo y cuándo conocimos al prometido(a).
- Descripción de la relación y evidencia de nuestra relación continua, como fotografías, mensajes de texto, correos electrónicos, cartas o cualquier otro tipo de comunicación.

▶ **Plan de matrimonio:**

- Descripción detallada de nuestros planes de matrimonio, incluyendo la fecha y el lugar de la ceremonia.

▶ **Soporte financiero:**

- Evidencia de que tengo la capacidad financiera para mantener a mi prometido(a) en los Estados Unidos, como declaración de impuestos, estados de cuenta bancarios y cualquier otra documentación relevante.

▶ **Carta de compromiso:**

- Carta de compromiso escrita por mí, declarando mi intención de casarme con [nombre del prometido(a)] dentro de los 90 días posteriores a su llegada a los Estados Unidos.

▶ **Otros documentos:**

- Adjunto todos los documentos adicionales requeridos por USCIS, según la lista de verificación oficial.

Estoy comprometido(a) a proporcionar cualquier información adicional o documentos que USCIS pueda requerir durante el proceso de evaluación de esta solicitud. Por favor, no dude en ponerse en contacto conmigo si necesita más información o aclaraciones.

Agradezco su atención y consideración de esta solicitud. Espero que se apruebe la Visa de prometido (E) K-1 para [nombre del prometido(a)] y que pronto podamos comenzar nuestra vida juntos en los Estados Unidos.

Atentamente,

[Firma del solicitante]

[Tu nombre impreso]

[Teléfono de contacto]

[Correo electrónico de contacto]

Recuerda que esta es una carta de solicitud de Visa de prometido (E) K-1 genérica. Asegúrate de verificar los requisitos y procedimientos específicos de USCIS y de personalizar la carta con los detalles de tu situación y relación antes de presentarla. Además, siempre es aconsejable buscar la asesoría de un abogado de inmigración o profesional legal para asegurarte de que tu solicitud esté completa y cumpla con todos los requisitos.

ChatGPT responde:

Claro, puedo ayudarte a crear un esquema básico para un documento de solicitud de asilo. Sin embargo, es importante recordar que este esquema es solo una guía general y deberías consultar a un abogado de inmigración calificado para obtener asesoramiento específico y personalizado. Además, los detalles específicos y la documentación requerida pueden variar según el país y las circunstancias individuales.

Esquema básico para un documento de solicitud de asilo

### 1. Encabezado

**Título del documento:** "solicitud de asilo"
**Nombre del solicitante:** [nombre completo]
**Fecha de nacimiento:** [fecha]
**Nacionalidad:** [nacionalidad]
**Número de identificación/ pasaporte:** [número]

### 2. Información personal

**Dirección actual:** [dirección]
**Información de contacto:** [teléfono, correo electrónico]
**Estado civil:** [estado civil]
**Información de familiares:** [detalles de familiares cercanos, si aplicable]

### 3. Antecedentes

**País de origen:** [país]
**Situación en el país de origen:** [breve descripción de las condiciones en el país de origen]
**Razones para solicitar asilo:** [descripción detallada de las razones por las cuales se solicita asilo, incluyendo persecución por raza, religión, nacionalidad, pertenencia a un grupo social particular, u opinión política]

### 4. Experiencia personal

**Historia personal de persecución o miedo fundado:** [descripción detallada de experiencias personales de persecución o motivos razonables para temer persecución]
**Pruebas y documentación de apoyo:** [detalles de cualquier evidencia que respalde la solicitud, como informes policiales, certificados médicos, testimonios, etc.]

### 5. Información adicional

**Integración en el país de asilo:** [información sobre cualquier vínculo ya establecido en el país de asilo, como familia, empleo, estudios, etc.]

**Declaraciones de apoyo:** [declaraciones de testigos o patrocinadores, si están disponibles]

### 6. Conclusión

**Resumen de la solicitud:** [resumen breve de la solicitud y razones para solicitar asilo]

**Petición formal:** [petición formal al gobierno o autoridad correspondiente para que se considere la solicitud de asilo]

### 7. Anexos

**Documentos de apoyo:** [copias de todos los documentos y evidencias adjuntas]

### 8. Firma

**Firma del solicitante:** [firma]
**Fecha:** [fecha de la firma]

Este esquema es solo un punto de partida. Cada solicitud de asilo es única y debe adaptarse a las circunstancias específicas del solicitante. Además, es crucial que toda la información proporcionada sea precisa y veraz. Recomiendo encarecidamente buscar asesoramiento legal profesional para completar y presentar una solicitud de asilo.

---

**Prompt: hola ChatGPT, quiero que actúes como un Abogado de Inmigración deseo que desarrolles un documento de solicitud de Visa.**

ChatGPT responde:

¡Por supuesto! Puedo ayudarte a crear un esquema básico para un documento de solicitud de Visa. Sin embargo, es importante recordar que este será solo un modelo general y que deberías consultar con un abogado de inmigración real para asegurarte de que todos los requisitos legales y específicos de tu situación sean cubiertos.

A continuación, te proporcionaré un esquema básico:

**[Nombre de la embajada o consulado]**
**Solicitud de Visa**
**Fecha: [fecha de solicitud]**

**A quien corresponda:**

**I. Información personal del solicitante:**

Nombre completo:
Fecha de nacimiento:
Nacionalidad:
Número de pasaporte:
Dirección actual:
Información de contacto (teléfono/correo electrónico):

**II. Propósito de la visita:**

Razón de la solicitud de Visa (turismo, negocios, estudio, etc.):
Duración prevista de la estancia:
Destino(s) dentro del país:

**III. Información adicional:**

Ocupación actual:
Estado civil:
Dependientes que viajarán con el solicitante (si corresponde):

**IV. Documentos adjuntos:**

Copia del pasaporte.
Fotografías de tamaño pasaporte.
Prueba de solvencia financiera (como estados de cuenta bancarios).
Itinerario de viaje (si está disponible).
Cartas de invitación o confirmación de alojamiento (si corresponde).
Cualquier otro documento requerido específicamente por la embajada/consulado.

**V. Declaración:** yo, [nombre del solicitante], declaro que la información proporcionada en esta solicitud es verdadera y completa. Entiendo que cualquier falsedad u omisión puede resultar en el rechazo de mi solicitud o en la revocación de la Visa.

**Firma:** [nombre del solicitante]

Este es solo un ejemplo básico. Es importante que personalices el documento según tus necesidades específicas y te asegures de cumplir con todos los requisitos del país al que deseas viajar. Además, debes verificar si hay formularios oficiales que debas usar, ya que algunos países tienen formatos estandarizados para las solicitudes de Visa.

> Prompt: hola ChatGPT, quiero que actúes como un Abogado de Inmigración deseo que desarrolles un documento de solicitud de Visa de visitante de intercambio J-1.

ChatGPT responde:

 Claro, puedo ayudarte a redactar un ejemplo de documento para una solicitud de Visa de visitante de intercambio J-1. Ten en cuenta que este será un modelo genérico y deberás adaptarlo a tu situación específica. Además, es importante que verifiques con las autoridades pertinentes o un abogado de inmigración calificado para asegurarte de que el documento cumpla con todos los requisitos actuales.

**[Encabezado con la información del solicitante y la fecha]**

Nombre completo del solicitante: [tu nombre completo]
Dirección: [tu dirección completa]
Teléfono: [tu número de teléfono]
Correo electrónico: [tu correo electrónico]
Fecha: [fecha de hoy]

**[Saludo]**

A quien corresponda,

**[Introducción y propósito de la solicitud]**

Por medio de la presente, me dirijo a ustedes para solicitar una Visa de visitante de intercambio J-1. Mi objetivo es [describir brevemente el propósito del viaje, como participar en un programa de estudio, enseñanza, investigación, o una pasantía].

**[Información personal]**

Nombre: [tu nombre completo]
Fecha de nacimiento: [tu fecha de nacimiento]
Nacionalidad: [tu nacionalidad]
Pasaporte número: [número de tu pasaporte]

**[Información del programa de intercambio]**

Me he inscrito en [nombre del programa] que se realiza en [nombre de la institución, empresa u organización en Estados Unidos]. Este programa tiene una duración de [duración del programa en meses o años] y se enfoca en [breve descripción del programa].

**[Justificación de la Visa J-1]**

La razón por la que solicito una visa J-1 es debido a que [explica cómo el programa de intercambio se relaciona con tus estudios actuales, tu carrera profesional o tus intereses personales].

**[Prueba de vínculos con tu país de origen]**

Para demostrar mi intención de regresar a mi país de origen al finalizar el programa, adjunto [mencionar cualquier prueba de vínculos con tu país, como propiedades, empleo, familia, etc.].

**[Conclusión y agradecimiento]**

Agradezco de antemano su atención a mi solicitud y quedo a la espera de su favorable respuesta.

Atentamente,

[Firma (si es un documento impreso)]

[Tu nombre completo]

Recuerda que este es un modelo básico y deberás completarlo con tu información personal y específica del programa de intercambio. Además, es crucial que te informes sobre todos los documentos y requisitos adicionales que necesitarás para tu solicitud.

---

Prompt: hola ChatGPT, quiero que actúes como un Abogado de Inmigración deseo que desarrolles un documento de autorización de empleo.

ChatGPT responde:

¡Por supuesto! Para comenzar, me gustaría proporcionarte una idea general de cómo se estructura un documento de autorización de empleo típico. Este tipo de documento generalmente incluye:

**Encabezado**: aquí se especifica el título del documento, como "Autorización de empleo" o un título similar.

▼ **Datos del solicitante**:

- Nombre completo.
- Dirección.
- Número de teléfono.
- Correo electrónico.

- Número de identificación de extranjero (si aplica).
- Fecha de nacimiento.

▶ **Información del empleador (si ya se ha asegurado un empleo)**:

- Nombre de la empresa o empleador.
- Dirección de la empresa.
- Número de teléfono del empleador.

▶ **Tipo de autorización solicitada**: esto puede incluir detalles sobre si es una nueva autorización, una renovación o un reemplazo.

▶ **Declaración de elegibilidad**: aquí, el solicitante declara su elegibilidad para trabajar en el país, basándose en su estatus migratorio o cualquier otro criterio relevante.

▶ **Documentación de apoyo**: una lista de los documentos que se adjuntarán al formulario, como copias del pasaporte, visa, permiso de residencia, etc.

▶ **Firma del solicitante**: el solicitante debe firmar y fechar el documento.

▶ **Fecha**: la fecha en que se completó el formulario.

Por supuesto, este es solo un esquema general. Los detalles específicos pueden variar según el país y las circunstancias individuales del solicitante. ¿Te gustaría que desarrolle un ejemplo más detallado basado en este esquema?

........................................................................................................................

**Prompt**: hola ChatGPT, quiero que actúes como un Abogado Penal deseo que desarrolles un informe de análisis de caso.

ChatGPT responde:

Por supuesto, para crear un análisis de caso como un abogado penal, necesitaré algunos detalles específicos. Por favor, proporciona información sobre el caso que deseas analizar, incluyendo:

▶ **Descripción del caso**: detalles sobre los hechos y circunstancias relacionadas.

▶ **Cargos implicados**: cuáles son los cargos o acusaciones involucradas.

▶ **Evidencia disponible**: qué tipo de evidencia está disponible (testimonios, pruebas físicas, pruebas digitales, etc.).

▶ **Aspectos legales relevantes**: cualquier aspecto legal específico que deba considerarse (leyes aplicables, precedentes judiciales, etc.).

▶ **Puntos de debate o controversia**: cuestiones específicas o áreas de debate en el caso.

Una vez que tenga esta información, podré elaborar un informe de análisis del caso.

---

**Prompt: hola ChatGPT, quiero que actúes como un Abogado Penal deseo que desarrolles una solicitud de citación.**

ChatGPT responde:

Por supuesto, puedo ayudarte a redactar una solicitud de citación típica en un contexto de derecho penal. Sin embargo, es importante recordar que soy una IA y no puedo proporcionar asesoramiento legal específico. Además, las leyes y procedimientos pueden variar significativamente según la jurisdicción. La siguiente es una plantilla general que puedes adaptar según tus necesidades:

**[Tu nombre o el nombre de tu firma de abogados] [Dirección de tu firma] [Ciudad, estado, código postal] [Correo electrónico] [Número de teléfono]**

[Fecha]

**Al juzgado de instrucción [o el tribunal correspondiente] de [Nombre de la ciudad o jurisdicción]**

Por medio de la presente, yo, [tu nombre], abogado(a) con licencia para ejercer en [nombre del estado o país], y representante legal de [nombre del cliente], respetuosamente solicito la citación de [nombre de la persona a citar] para que comparezca ante este Juzgado el día [fecha de comparecencia], a las [hora], para [describir el propósito, por ejemplo, "testificar en el caso de... ", "presentar documentos relacionados con... ", etc.].

La comparecencia de [nombre de la persona a citar] es esencial para [explicar brevemente la razón, por ejemplo, "asegurar un testimonio crucial", "obtener evidencia importante", etc.]. Adjunto a esta solicitud, se encuentra la documentación relevante que justifica la necesidad de esta citación.

Solicito además que esta citación se entregue con la debida antelación para garantizar la comparecencia de [nombre de la persona a citar].

Agradezco de antemano su atención a esta solicitud y quedo a la espera de su respuesta favorable.

Atentamente,

[Firma]

[Tu nombre] [Nombre de tu firma de abogados] [Número de licencia de abogado]

Esta es una plantilla básica y deberá ser adaptada según los detalles específicos de tu caso y las leyes locales. Es altamente recomendable consultar con un abogado cualificado para asegurarse de que todos los requisitos legales sean cumplidos adecuadamente.

---

> **Prompt:** hola ChatGPT, quiero que actúes como un Abogado Penal deseo que desarrolles un documento de preguntas del contrainterrogatorio.

ChatGPT responde:

¡Por supuesto! Crearé un ejemplo de un documento de preguntas para un contrainterrogatorio en un caso penal. Este tipo de preguntas son típicamente utilizadas por la defensa para cuestionar la credibilidad o fiabilidad del testimonio de un testigo presentado por la fiscalía. Recuerda que este es solo un ejemplo y las preguntas específicas deberían ser adaptadas a los detalles del caso en cuestión.

### Documento de preguntas para el contrainterrogatorio

*Nombre del caso: [nombre del caso aquí]*
*Fecha: [fecha aquí]*
*Abogado defensor: [nombre del abogado aquí]*

**Preguntas generales:**

¿Podría confirmar su nombre completo para el registro?
¿Cuál es su relación con la parte acusadora?
¿Ha testificado alguna vez en un tribunal antes de hoy?

**Preguntas sobre los hechos del caso:**

¿Dónde se encontraba usted en la fecha y hora en que ocurrieron los hechos?
¿Podría describir lo que presenció ese día?
¿Cuál era su distancia aproximada del lugar de los hechos?

¿Había alguna obstrucción que pudiera haber afectado su visión o percepción de los eventos?

¿Conversó con alguien sobre lo que vio antes de hablar con la policía?

**Preguntas sobre la declaración previa:**

¿Ha proporcionado declaraciones previas sobre este caso a la policía o en otra instancia legal?

¿Se mantiene firme en todas las declaraciones que ha dado previamente?

¿Ha habido alguna inconsistencia entre sus declaraciones anteriores y su testimonio de hoy?

**Preguntas para evaluar la credibilidad:**

¿Ha tenido usted algún conflicto personal con el acusado?

¿Está usted bajo alguna medicación o tratamiento que podría afectar su memoria o percepción?

¿Ha recibido alguna forma de compensación o beneficio por testificar en este caso?

**Preguntas de conclusión:**

¿Hay algo en su testimonio de hoy que desearía cambiar o aclarar?

¿Ha sido coaccionado o presionado de alguna manera para testificar de una determinada forma?

Este es un esquema básico y las preguntas específicas pueden variar según los detalles y circunstancias del caso. Es importante que el abogado adapte este documento a las necesidades específicas del caso y la estrategia de defensa.

---

**Prompt: hola ChatGPT, quiero que actúes como un Abogado Penal deseo que desarrolles un documento de argumento final.**

ChatGPT responde:

Claro, puedo ayudarte con un ejemplo de un argumento final en un caso penal. Sin embargo, es importante recordar que este será un ejemplo general y no debe ser utilizado en un contexto legal real sin la adaptación y revisión de un abogado licenciado. Además, el contenido del argumento final dependerá en gran medida de los detalles específicos del caso. Dicho esto, aquí tienes un ejemplo:

**Argumento final del abogado defensor**

Honorable Juez [nombre del juez],

Me presento ante este tribunal para realizar el argumento final en nombre de mi cliente, [nombre del acusado], quien enfrenta cargos de [especificar los cargos]. A lo largo de este juicio, hemos presenciado una serie de testimonios y evidencias, y ahora, es el momento de considerar estos elementos bajo la luz de la justicia y la razón.

Primero, quiero recordar al tribunal el principio fundamental de la justicia penal: la presunción de inocencia. Mi cliente, como cualquier otra persona acusada, es inocente hasta que se pruebe su culpabilidad más allá de una duda razonable. Y aquí, en este caso, persisten dudas significativas.

Hemos presentado evidencias que demuestran claramente que mi cliente [describir las evidencias presentadas que favorecen la posición del acusado]. Estas evidencias apuntan hacia la posibilidad real de que mi cliente no estuvo involucrado en los hechos como se ha alegado.

Además, es crucial destacar las inconsistencias y lagunas en la presentación de la Fiscalía. [Mencionar ejemplos específicos de inconsistencias o debilidades en el caso de la Fiscalía]. Estas falencias no son triviales; son indicativos de la falta de una prueba contundente que vincule a mi cliente con el crimen.

También quiero enfatizar el testimonio de [mencionar testigos clave], que claramente apoya la versión de los hechos presentada por la defensa. Este testimonio, junto con las pruebas materiales, construye un muro de duda razonable que no puede ser ignorado.

En conclusión, pido a este tribunal que observe los hechos presentados desde una perspectiva objetiva y justa. La evidencia no sostiene la acusación más allá de una duda razonable y, por lo tanto, en cumplimiento de la ley y la justicia, solicito que mi cliente sea declarado no culpable de los cargos que se le imputan.

Gracias por su atención y consideración en este asunto crucial.

Respetuosamente,

[Su nombre] Abogado Defensor

Este es solo un modelo básico y debe ser personalizado y adaptado a las circunstancias específicas del caso en cuestión. ¿Hay algo más en lo que pueda ayudarte?

# Creación de contenido

Crear contenido se ha convertido en una de las habilidades más importantes en la actualidad. Al crear contenido, puede mejorarse a sí mismo y crear una amplia red.

Es importante encontrar títulos interesantes para su contenido. Cuando haces un video de YouTube o escribes una publicación de blog, debes encontrar un título atractivo. Para hacer esto, puede usar ChatGPT.

Digamos que desea crear una plataforma educativa compatible con IA. Desea encontrar un título interesante para esta idea de inicio.

> Prompt: hola ChatGPT, quiero construir una plataforma educativa impulsada por IA. Sugiere 10 nombres atractivos para esta idea de inicio.

Respuesta:

¡Hola! Claro, aquí te sugiero 10 nombres para tu plataforma educativa impulsada por IA:

1. EduIntellecto
2. AprendeAI
3. EduMenteActiva
4. InteligenZa
5. SabioMatic
6. AIcademia
7. CerebroEdu
8. NexusEducativo
9. AulaInteligente
10. MaestroAI

Recuerda verificar la disponibilidad de dominio para cada nombre antes de decidirte por uno. ¡Buena suerte con tu proyecto!

Como puede ver, da 10 nombres. Puede usar uno de estos nombres para su inicio. Impresionante, si lo desea, también puede crear títulos atractivos para su publicación de blog o para su canal de YouTube de esta manera.

> **Prompt:** hola ChatGPT, elabora un comunicado de prensa sobre "Uso de ChatGPT en la Comunidad Europea"

Respuesta:

 Claro, puedo ayudarte a crear un comunicado de prensa sobre el uso de ChatGPT en la Comunidad Europea. Aquí tienes un ejemplo:

Comunicado de prensa

*Para publicación inmediata*

**El uso de ChatGPT en la comunidad europea: un avance tecnológico con amplias aplicaciones**

**[Ciudad, país, fecha]**–La Comunidad Europea está experimentando una transformación digital significativa con la integración de ChatGPT, una avanzada inteligencia artificial desarrollada por OpenAI. Este modelo de lenguaje está diseñando un nuevo panorama en varios sectores, desde la educación hasta la industria, demostrando su versatilidad y eficiencia.

ChatGPT, conocido por su capacidad para generar texto natural y sus aplicaciones en diversas tareas como redacción, programación y asistencia al cliente, está siendo adoptado por numerosas instituciones y empresas europeas. Su uso se destaca en la educación, donde profesores y estudiantes lo utilizan para mejorar el proceso de aprendizaje, y en el sector empresarial, donde agiliza la atención al cliente y optimiza los procesos internos.

La Comisión Europea ha reconocido el potencial de ChatGPT, destacando su importancia en el impulso de la innovación y la competitividad. Además, se están llevando a cabo iniciativas para garantizar una implementación ética y responsable de esta tecnología, respetando las normativas de privacidad y seguridad de datos de la UE.

Este avance tecnológico también plantea nuevos desafíos, incluyendo la necesidad de una regulación adecuada y la formación de los ciudadanos en competencias digitales. La Comunidad Europea se compromete a abordar estos desafíos, asegurando que ChatGPT y tecnologías similares se utilicen de manera que beneficien a toda la sociedad.

Con el uso creciente de ChatGPT, Europa se posiciona en la vanguardia de la innovación tecnológica, estableciendo un modelo para el uso ético y efectivo de la inteligencia artificial.

Contacto para medios: [Nombre del contacto] [Dirección de correo electrónico] [Teléfono]

Este es solo un ejemplo y puedes modificarlo según tus necesidades específicas.

## Nombrar Objetos o Ideas

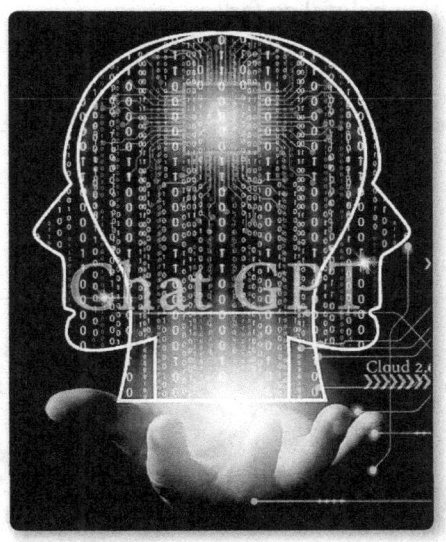

Otro uso de ChatGPT es nombrar ideas.

Prompt: ayúdame a pensar en un nombre para una nueva bebida. Tiene ron peruano, panela, maracuyá, pimienta de los andes y jugo de caña.

ChatGPT responde con:

¡Claro! Con esos ingredientes exóticos y auténticos, el nombre de la bebida debería reflejar tanto su origen como su sabor único. Aquí te dejo algunas sugerencias:

1. **Andespassion Spiced**
2. **Rumaya: sabor Andino**
3. **Maracañazo Tropical**
4. **Picoandino Punch**
5. **Roncaña Fusion**
6. **Altitude Elixir**
7. **Soul de Los Andes**
8. **Cañacuyá Cocktail**
9. **Llama's Delight**
10. **Inca's Passion Twist**

Espero que alguna de estas sugerencias te inspire o te lleve al nombre perfecto para tu bebida. ¡Suena delicioso!

Is this conversation helpful so far?

---

Como puede ver, da 10 nombres para su bebida. Puede usar uno de estos nombres para su inicio.

## Desarrollo personal

Me encanta leer historias de la vida real para inspirarme. Pero seamos realistas, leer historias de vidas largas puede ser desalentador a veces. Aquí es donde entra en juego ChatGPT. Esta herramienta tiene mucho talento cuando quieres ver un resumen de las historias reales de personas exitosas.

Por ejemplo, desea aprender sobre la vida de Steve Jobs para inspirarse. Puede obtener ayuda de ChatGPT para esto.

Prompt: hola ChatGPT, cuéntame la verdadera historia de Steve Jobs, el fundador de Apple para motivarme.

Respuesta:

¡Hola! Steve Jobs es sin duda una de las figuras más icónicas del mundo tecnológico y su historia es una fuente de inspiración para muchos. Aquí te doy un breve resumen de su vida y logros:

1. **Inicios humildes:** Steve Jobs nació el 24 de febrero de 1955 en San Francisco, California. Fue adoptado por Paul y Clara Jobs poco después de su nacimiento. A pesar de no haber tenido una educación universitaria formal (abandonó la universidad después de seis meses), siempre mostró una profunda curiosidad y pasión por el diseño y la tecnología.

2. **Apple Computer, Inc.:** en 1976, junto con Steve Wozniak y Ronald Wayne, fundó Apple Computer en el garaje de sus padres. Su visión y determinación llevaron a la creación del Apple I, y más tarde, del revolucionario Apple II.

3. **Expulsado de su propia empresa:** a pesar del éxito inicial de Apple, Jobs enfrentó desafíos. En 1985, después de desacuerdos con la dirección, fue efectivamente expulsado de Apple, la empresa que él había ayudado a fundar.

4. **NeXT y Pixar:** sin ser desanimado por su salida de Apple, Jobs fundó NeXT Computer. Aunque NeXT no tuvo el éxito comercial que Apple tuvo, introdujo varias innovaciones tecnológicas. Además, durante este periodo, Jobs adquirió The Graphics Group, que más tarde se convirtió en Pixar Animation Studios. Pixar revolucionó la industria de la animación con películas como "Toy Story".

5. **Regreso a Apple:** en 1996, Apple adquirió NeXT, y Jobs regresó a la empresa que había cofundado. Lo que siguió fue una de las mayores revoluciones en la historia de la tecnología. Jobs introdujo productos icónicos como el iMac, iPod, iPhone e iPad, transformando no solo a Apple, sino a toda la industria tecnológica.

6. **Lucha contra el cáncer:** Jobs enfrentó desafíos personales cuando le diagnosticaron un raro tipo de cáncer pancreático en 2004. A pesar de su enfermedad, continuó liderando Apple y presentando productos innovadores.

7. **Legado:** Steve Jobs falleció el 5 de octubre de 2011, pero dejó un legado duradero. Bajo su liderazgo, Apple se convirtió en una de las empresas más valiosas y respetadas del mundo. Su enfoque en la simplicidad, el diseño y la innovación cambió la forma en que interactuamos con la tecnología y el mundo que nos rodea.

Steve Jobs es recordado no solo por sus innovaciones tecnológicas, sino también por su capacidad para superar obstáculos, su pasión inquebrantable y su visión única. Su historia nos enseña la importancia de la perseverancia, la fe en uno mismo y la voluntad de desafiar el status quo. Como él mismo dijo: "La única forma de hacer un gran trabajo es amar lo que haces. Si no lo has encontrado aún, sigue buscando. No te detengas."

La historia de vida de Steve Jobs es una inspiración para muchos. Fundó una empresa a la edad de 19 años y desarrolló la primera computadora. De esta manera, puede conocer las historias de vida de personas exitosas como Bill Gates e inspirarse en sus historias.

## Mejorar tus habilidades de escritura

¿Te sientes avergonzado o incómodo con tus habilidades de escritura? No te preocupes, muchas personas sienten lo mismo.

A menos que vivas en un país nativo de habla inglesa, te resultará difícil aprender las reglas gramaticales y las expresiones cotidianas. Pero no temas, ChatGPT te ayudará a mejorar tus habilidades lingüísticas en segundos.

Digamos que desea recibir el pago de una empresa. Escriba sus oraciones primero y luego conviértalas en oraciones más formales con ChatGPT. Déjame mostrarte esto. Hola ChatGPT.

> Prompt: vuelve a escribir esta oración de manera más formal: "Quiero recibir el pago. ¿Pueden enviar la factura?"

Respuesta:

 Deseo proceder con la recepción del pago. ¿Podrían, por favor, enviarme la factura correspondiente?

Como puede ver, escribió esta oración de una manera más formal en segundos. También puede usar ChatGPT para fines como corregir errores gramaticales, mejorar la fluidez del texto o traducir contenido.

## Escribe una novela

Puede escribir una novela con ChatGPT teniendo un gran impacto tanto para ti como para el mundo literario. Pero, ¿puede realmente hacerlo?

> **Prompt:** desarrolla una trama para una novela de misterio en la que un detective de homicidios desilusionado persigue a un inteligente asesino en serie que se aprovecha de los músicos que interpretan el estándar de jazz Autumn Leaves.

Respuesta:

### "Acordes mortales: la sinfonía del asesino"

**Ambientación**: Nueva Orleans, años 60. La ciudad bulle con la música jazz, y los clubes nocturnos se encuentran en su apogeo. Las hojas de otoño caen en las calles adoquinadas, mientras las notas de "Autumn Leaves" se escuchan desde bares y salones.

**Personajes principales**:

1. **Detective Paul Dupont**: un veterano de la policía de Nueva Orleans, desilusionado por la política y la corrupción del sistema. Tiene un profundo amor por el jazz y un trágico pasado: su esposa, una talentosa pianista de jazz, murió en un accidente de coche en circunstancias sospechosas.

2. **El asesino del jazz (nombre desconocido)**: un individuo misterioso que ve la música no solo como un arte, sino también como una herramienta para sus oscuros designios. Es inteligente, astuto y tiene un patrón específico para sus asesinatos.

**Sinopsis**: cada vez que un músico toca "Autumn Leaves" en un club nocturno, desaparece sin dejar rastro esa misma noche. Las investigaciones iniciales no encuentran ningún patrón común, aparte de la canción. Sin embargo, Paul, con su conocimiento y amor por el jazz, rápidamente conecta los puntos.

Mientras avanza la investigación, Paul descubre una serie de pistas en forma de partituras alteradas, dejadas en los escenarios donde las víctimas tocaron por última vez. Estas partituras contienen acertijos y códigos que llevan a Paul por un oscuro laberinto de secretos de la ciudad, revelando no solo la identidad del asesino sino también conspiraciones más grandes y profundas relacionadas con la industria musical.

Paul se siente cada vez más obsesionado con el caso, especialmente cuando descubre que la última pieza que su difunta esposa estaba aprendiendo antes de su muerte era "Autumn Leaves". ¿Podría su muerte haber sido el primer asesinato del asesino del Jazz?

El climax de la historia se desarrolla en el famoso club de jazz "El Otoño Dorado", donde Paul enfrenta al asesino en una batalla no solo de ingenio, sino también musical. Las notas de "Autumn Leaves" resuenan en el fondo mientras el misterio se resuelve.

**Conclusión**: el asesino, un músico frustrado cuya carrera fue destruida por magnates corruptos de la industria musical, buscaba venganza. Usó "Autumn Leaves" como un símbolo, ya que fue la canción que tocó en su última actuación antes de ser traicionado. La esposa de Paul fue una víctima colateral, ya que el asesino no la conocía, pero sí reconoció la canción.

Paul, aunque resuelve el caso, decide retirarse y abrir su propio club de jazz, en memoria de su esposa, asegurándose de que los músicos tengan un espacio seguro y respetado para compartir su arte. La novela cierra con el sonido melancólico de "Autumn Leaves", tocada en el piano del club, recordando la belleza y la tristeza que la música puede llevar consigo.

## Preguntas y respuestas del orador invitado

Tiene un orador invitado que asistirá a su evento y querrá hacerle preguntas.. haga que ChatGPT genere previamente algunas de las preguntas. El moderador puede decir: "¿Y aquí hay una pregunta para usted de nuestra IA?"

Por ejemplo, la conferencia trata sobre la escasez de agua en el norte de Perú. El ponente es un experto en la gestión del agua. Aquí estaba mi consulta a la IA...

**Prompt: elabora 5 preguntas para hacerle a un orador experto en la escasez de agua y su impacto.**

Respuesta:

Por supuesto, aquí te dejo cinco preguntas para hacerle a un orador experto en la escasez de agua y su impacto:

1. **Perspectiva global y regional:** en un panorama global, ¿cuáles son las regiones más afectadas por la escasez de agua y qué factores contribuyen principalmente a esta situación en dichas áreas?

2. **Conexión con cambio climático:** ¿cómo se relaciona la crisis del cambio climático con la escasez de agua y qué modelos predictivos se tienen sobre los cambios en la disponibilidad de agua dulce en las próximas décadas?

3. **Impacto socioeconómico:** desde un punto de vista socioeconómico, ¿cómo afecta la escasez de agua a las comunidades y economías locales y qué sectores son los más vulnerables?

4. **Soluciones emergentes:** *¿cuáles* son las tecnologías o estrategias emergentes que parecen más prometedoras para abordar la escasez de agua a corto y largo plazo? ¿Existe algún enfoque que haya demostrado ser particularmente efectivo en regiones específicas?

5. **Conciencia y acción:** ¿qué papel juega la educación y la sensibilización en la gestión de la escasez de agua? ¿Cómo pueden los ciudadanos, las empresas y los gobiernos trabajar conjuntamente para garantizar un acceso sostenible y equitativo al agua en el futuro?

Estas preguntas pueden ayudar a obtener una visión amplia y detallada sobre el tema de la escasez de agua y sus implicaciones en diferentes ámbitos.

## Ayuda con las citas

Si tuviste problemas en tus conversaciones de Tinder, ChatGPT ha llegado para salvarte.

ChatGPT responde con:

¡Claro! A la hora de coquetear en un mensaje inicial en una aplicación de citas, es importante ser auténtico y respetuoso. Aquí tienes algunas ideas para empezar:

1. **Juego de palabras con su nombre o perfil**: si su perfil menciona que le gusta el café, podrías escribir: "Si fueras un café, definitivamente serías un expreso... porque ya has capturado mi interés rápidamente."

2. **Comentario genuino sobre su foto**: "Esa sonrisa en tu tercera foto iluminó mi día. ¿Qué te hacía reír en ese momento?"

3. **Pregunta intrigante**: "Vi que te encanta viajar. Si pudieras llevarte a alguien a cualquier lugar del mundo mañana, ¿a dónde sería y por qué?"

4. **Piropo sutil**: "De todos los perfiles que he visto hoy, el tuyo definitivamente me hizo detenerme y querer saber más."

5. **Juego ligero**: "Vamos a jugar a dos verdades y una mentira. Yo empiezo.. [incluye tres afirmaciones sobre ti]. Ahora te toca."

6. **Conexión con intereses comunes**: "¡Veamos! Ambos amamos [algo que tengan en común, como una banda o un hobby]. ¿Cómo fue que te enamoraste de ello?"

7. **Comentario humorístico**: "Creo que ambos sabemos que el secreto para sobrevivir en estas apps es una combinación de buen humor y autenticidad. Así que, ¿qué te parece si saltamos las frases hechas y nos conocemos de verdad?"

8. **Desafío juguetón**: "Apostaría a que no puedes adivinar qué instrumento musical toco solo por ver mis fotos."

9. **Cumplido con un toque de humor**: "Si tuviera que elegir entre un millón de dólares y una charla contigo... bueno, primero tomaría el dinero, pero te enviaría un mensaje muy bonito con emojis de dinero y corazones."

10. **Sinceridad directa**: "No soy el mejor con las frases ingeniosas, pero me gustaría conocerte mejor. ¿Te gustaría charlar?"

Recuerda, la clave es ser tú mismo y no forzar un enfoque que no se sienta natural para ti. El objetivo es iniciar una conversación genuina y ver si hay una conexión real. ¡Buena suerte!

## Lidiar con la soledad y la ansiedad

Todos hemos encontrado que ChatGPT se destaca en las conversaciones uno a uno.

**Prompt: estoy realmente triste y solo en este momento.**

ChatGPT responde con:

Lamento escuchar que te sientes así. La soledad y la tristeza pueden ser muy difíciles de manejar. Es importante recordar que está bien buscar apoyo cuando lo necesitas, ya sea a través de amigos, familiares o profesionales de la salud mental. Hablar con alguien sobre tus sentimientos a menudo puede ayudar.

Si sientes que estás en crisis o necesitas ayuda de inmediato, te insto a que busques atención profesional o contactes a una línea de ayuda de emergencia en tu país.

Si solo necesitas hablar o expresar lo que sientes, estoy aquí para escucharte. Aunque soy una IA y no puedo sentir emociones, puedo proporcionar información, consejos o simplemente "escuchar" lo que quieras compartir.

Por favor, cuida de ti mismo.

# Forma física

ChatGPT puede convertirse en su entrenador personal y nutricionista.

Prompt: deseo poder correr 5 km dentro de 3 meses. Esboza un plan de ejecución para que yo pueda lograr esto. Soy varón con 58 años y 81 kg. Muéstralo en 6 pasos.

ChatGPT responde con:

Para crear un plan de entrenamiento efectivo para correr 5 km en 3 meses, es crucial tener en cuenta tu edad, peso y nivel actual de condición física. Asumiré que eres un principiante en correr para asegurarnos de construir tu resistencia y fuerza lentamente para evitar lesiones. Aquí hay un plan básico de 6 pasos que podrías seguir:

*Paso 1: evaluación médica*

**Visita al médico**: antes de comenzar cualquier programa de entrenamiento, especialmente a los 58 años, es importante obtener la aprobación de tu médico. Asegúrate de que estás en condiciones saludables para comenzar un régimen de entrenamiento de carrera.

*Paso 2: equipo adecuado*

**Zapatos de correr**: invierte en un par de zapatos de correr de buena calidad que te den soporte y amortiguación adecuados.

**Ropa cómoda**: usa ropa transpirable y apropiada para el clima para evitar el sobrecalentamiento o el enfriamiento excesivo.

*Paso 3: comienza con caminatas y carreras cortas*

**Semana 1-4**: inicia con caminatas rápidas de 30 minutos para acostumbrar a tu cuerpo al ejercicio aeróbico.

- Alternar 1 minuto de carrera ligera con 2 minutos de caminata durante al menos 20-30 minutos, 3 veces por semana.

- Los días de descanso son cruciales para la recuperación.

*Paso 4: aumento progresivo de la duración y distancia*

**Semana 5-8**: incrementa gradualmente el tiempo de las sesiones de carrera y disminuye los intervalos de caminata.

- Objetivo: correr de 3 a 4 veces por semana, alternando 3 minutos de carrera con 1-2 minutos de caminata.

- Aumenta la duración total de cada sesión de entrenamiento a 40 minutos.

▶ Incluye al menos un día de entrenamiento cruzado (como natación, ciclismo, o yoga) para mejorar la condición física general y reducir el riesgo de lesiones.

*Paso 5: entrenamientos específicos y descanso*

**Semana 9-11**: introduce entrenamientos más específicos.

▶ Objetivo: correr de 20 a 30 minutos continuos, 4 veces por semana.

▶ Incorpora sesiones de intervalos una vez por semana para mejorar la capacidad aeróbica.

▶ Incluye ejercicios de fuerza 2 veces por semana para fortalecer los músculos utilizados en la carrera.

▶ Mantén al menos un día de descanso completo sin actividad física intensa.

*Paso 6: preparación para la carrera y recuperación*

**Semana 12**: en la última semana, reduce la carga de entrenamiento para estar fresco para el día de la carrera.

▶ Realiza una carrera de prueba de 5 km a un ritmo cómodo para ganar confianza.

▶ Dos días antes del evento, realiza un entrenamiento ligero o descansa.

▶ Hidrátate bien y come alimentos saludables y balanceados.

*Notas finales:*

**Escucha a tu cuerpo**: si sientes dolor más allá del malestar general del ejercicio, descansa y busca atención médica si es necesario.

**Progresión lenta**: no aumentes la distancia total semanal en más de un 10% para prevenir lesiones.

**Calentamiento y enfriamiento**: dedica tiempo a calentar antes de correr y a enfriar después de cada sesión.

**Nutrición e hidratación**: mantén una dieta equilibrada rica en nutrientes y mantente bien hidratado.

**Descanso**: el sueño adecuado es clave para la recuperación y el rendimiento.

Al seguir este plan de manera consistente y ajustándolo según sea necesario en base a cómo responde tu cuerpo, estarás bien preparado para alcanzar tu meta de correr 5 km dentro de 3 meses. ¡Buena suerte en tu camino hacia tu carrera de 5 km!

## Planes de clase para docentes

ChatGPT puede ayudarte en la construcción, diseño y organización de tus clases de manera efectiva y creativa.

> Prompt: elabora un plan de clase para el tema "La historia y el impacto de la inteligencia artificial". Debe tener las siguientes secciones: título de la lección, objetivo, materiales y esquema de la lección. Para una duración aproximada de 120 minutos.

ChatGPT responde con:

Título de la lección: "La historia y el impacto de la Inteligencia Artificial"

▶ Objetivo: al final de esta lección, los estudiantes podrán:

- Explicar los conceptos básicos y la historia de la inteligencia artificial (IA).

- Identificar los hitos más importantes en el desarrollo de la IA.

- Comprender y debatir el impacto de la IA en diferentes sectores.

- Reflexionar críticamente sobre las implicaciones éticas, sociales y económicas de la IA en la sociedad moderna.

▶ Materiales:

- Presentación de diapositivas sobre la historia y el impacto de la IA.

- Cronología impresa de los hitos de la IA para la actividad grupal.

- Artículos y estudios de caso sobre el impacto de la IA en diferentes industrias.

- Video documental o entrevistas con expertos en IA.

- Acceso a computadoras o tablets para investigación en línea.

- Hojas de trabajo para las actividades individuales y grupales.

- Cuestionario de evaluación para concluir la lección.

▶ Esquema de la lección:

- Introducción (15 minutos)

  – Bienvenida y objetivos de la lección.

  – Breve ejercicio de activación de conocimientos previos: lluvia de ideas sobre lo que los estudiantes saben de IA.

- La historia de la Inteligencia Artificial (30 minutos)

  – Presentación interactiva de los inicios de la IA hasta la actualidad.

  – Discusión sobre los pioneros de la IA y sus contribuciones.

  – Actividad grupal rápida: organización de una cronología impresa con los hitos de la IA.

- Hitos y desarrollos clave en IA (20 minutos)

  – Explicación detallada de algunos hitos seleccionados (por ejemplo, el juego de ajedrez entre Kasparov y Deep Blue, el desarrollo de Watson por IBM, el ascenso de asistentes virtuales como Siri y Alexa).

  – Visualización de un corto documental o entrevistas sobre hitos recientes en IA.

- Break (10 minutos)

- Impacto de la inteligencia artificial (30 minutos)

  – Exposición de cómo la IA está transformando industrias: salud, automotriz, finanzas, educación, y más.

  – Estudio de caso grupal: los estudiantes analizan cómo la IA ha impactado un sector específico y preparan una presentación breve.

  – Discusión grupal sobre las presentaciones y reflexiones sobre los impactos positivos y negativos de la IA.

- Implicaciones éticas y sociales (15 minutos)
    - Debate dirigido sobre las implicaciones éticas de la IA: privacidad, sesgo algorítmico, desempleo tecnológico.
    - Actividad individual: los estudiantes escriben un breve ensayo o párrafo sobre su opinión en un aspecto ético de la IA.
- Cierre de la lección y reflexión (15 minutos)
    - Resumen de los puntos clave de la lección.
    - Sesión de preguntas y respuestas.
    - Distribución del cuestionario de evaluación: preguntas de comprensión y opinión.
    - Reflexión final y comentarios de los estudiantes sobre lo aprendido.
- Tareas y seguimiento
    - Asignar lectura adicional o investigaciones sobre cómo la IA podría afectar el futuro de un campo de interés para cada estudiante.
    - Preparar un debate formal para la próxima clase sobre "IA y el futuro del trabajo".

---

### (i) NOTA

Se debe ajustar el tiempo dedicado a cada sección basado en el ritmo de la clase y el nivel de interacción de los estudiantes. Es posible que algunas actividades requieran más o menos tiempo del planificado inicialmente. Además, se debe estar preparado para ofrecer adaptaciones o extensiones para estudiantes que puedan necesitar apoyos adicionales o desafíos extendidos.

---

**Prompt: elabora preguntas de opción múltiple a partir del caso Apple aplicando 5 fuerzas competitivas de Michael Porter.**

ChatGPT responde con:

Claro, aquí tienes algunas preguntas de opción múltiple basadas en el análisis de las cinco fuerzas competitivas de Michael Porter aplicadas al caso de Apple:

- ► **Amenaza de nuevos competidores para Apple:** a) ¿Qué barrera es la más significativa para los nuevos competidores en el mercado de Apple?

a) Costos de investigación y desarrollo
b) Fidelidad a la marca Apple
c) Acceso a proveedores
d) Regulaciones gubernamentales

▼ **Poder de negociación de los proveedores:** a) ¿Cómo afecta el poder de negociación de los proveedores a Apple?

a) Incrementando los precios de los componentes

b) Reduciendo la calidad de los materiales

c) Limitando la innovación tecnológica

d) Aumentando los tiempos de entrega

▼ **Poder de negociación de los compradores:** a) ¿Qué factor incrementa el poder de negociación de los compradores en el mercado de Apple?

a) Alta disponibilidad de productos sustitutos
b) Bajos costos de cambio de marca
c) Alto nivel de conocimiento del producto
d) Presión por precios más bajos

▼ **Amenaza de productos o servicios sustitutos:** a) ¿Qué representa una mayor amenaza de sustitución para los productos de Apple?

a) Dispositivos móviles de marcas competidoras
b) Software alternativo
c) Tecnologías emergentes como la realidad aumentada
d) Servicios de streaming y entretenimiento digital

▼ **Rivalidad entre competidores existentes:** a) ¿En qué aspecto se manifiesta principalmente la rivalidad entre Apple y sus competidores?

a) Carrera por la innovación tecnológica
b) Guerras de precios
c) Campañas de marketing agresivas
d) Expansión a nuevos mercados

Estas preguntas pueden ayudar a entender cómo las cinco fuerzas competitivas de Porter se aplican en el contexto de una empresa tecnológicamente avanzada y líder en el mercado como Apple.

**Prompt: elabora objetivos de aprendizaje para un curso de prospectiva estratégica.**

ChatGPT responde con:

 Claro, diseñar objetivos de aprendizaje para un curso de prospectiva estratégica es esencial para garantizar que los estudiantes adquieran las habilidades y conocimientos necesarios en esta área. Aquí tienes algunos objetivos que podrían ser relevantes para un curso de este tipo:

- ◤ **Comprender los fundamentos de la prospectiva estratégica**: los estudiantes aprenderán los conceptos básicos, teorías y metodologías utilizadas en la prospectiva estratégica, incluyendo el análisis de tendencias, escenarios futuros y planificación estratégica.

- ◤ **Desarrollar habilidades de análisis de tendencias y señales débiles**: capacitar a los estudiantes para identificar y analizar tendencias emergentes, señales débiles y otros indicadores que pueden influir en el futuro de una organización o sector.

- ◤ **Crear y evaluar escenarios futuros**: los estudiantes aprenderán a desarrollar escenarios futuros realistas y relevantes, y a evaluar su impacto potencial en la toma de decisiones estratégicas.

- ◤ **Aplicar la prospectiva estratégica en la planificación y toma de decisiones**: los estudiantes adquirirán habilidades prácticas para integrar la prospectiva estratégica en la planificación y la toma de decisiones de las organizaciones.

- ◤ **Desarrollar habilidades de comunicación y presentación de escenarios futuros**: fomentar la habilidad de los estudiantes para comunicar efectivamente los resultados de sus análisis y escenarios a diferentes audiencias, incluyendo directivos y partes interesadas.

- ◤ **Analizar estudios de caso y aplicaciones prácticas**: los estudiantes examinarán estudios de caso reales para entender cómo la prospectiva estratégica se aplica en diferentes contextos y sectores.

- ◤ **Fomentar el pensamiento crítico y la reflexión sobre el futuro**: incentivar a los estudiantes a reflexionar críticamente sobre el futuro, considerando aspectos éticos, sociales y ambientales.

- ◤ **Promover la innovación y la creatividad en la formulación de estrategias futuras**: animar a los estudiantes a pensar de manera innovadora y creativa para diseñar estrategias que aborden los desafíos y oportunidades futuras.

Estos objetivos pueden ser adaptados o ampliados según las necesidades específicas del curso y el perfil de los estudiantes.

ChatGPT responde con:

Claro, puedo ayudarte a crear objetivos de aprendizaje para un curso de planificación estratégica. Estos objetivos están formulados en el formato de "Los estudiantes…" seguido de "para que", lo que ayuda a definir claramente lo que los estudiantes deberían ser capaces de hacer al final del curso y por qué es importante.

**Los estudiantes aprenderán a analizar el entorno interno y externo de una organización**, para que puedan identificar oportunidades y amenazas relevantes en el mercado y fortalezas y debilidades internas.

**Los estudiantes desarrollarán habilidades para formular estrategias empresariales**, para que puedan proponer planes de acción que alineen los recursos y capacidades de la empresa con las demandas del entorno.

**Los estudiantes practicarán la elaboración de planes estratégicos detallados**, para que adquieran la capacidad de traducir las estrategias en acciones específicas y medibles.

**Los estudiantes aprenderán a utilizar herramientas analíticas y de toma de decisiones estratégicas**, para que puedan aplicar métodos cuantitativos y cualitativos en el análisis y la solución de problemas de negocios.

**Los estudiantes explorarán casos de estudio y situaciones reales de empresas**, para que puedan comprender la aplicación práctica de los conceptos y teorías de la planificación estratégica en diferentes contextos.

**Los estudiantes trabajarán en proyectos grupales**, para que desarrollen habilidades de colaboración, liderazgo y comunicación efectiva, esenciales en la gestión estratégica.

**Los estudiantes reflexionarán críticamente sobre los desafíos éticos y sociales en la planificación estratégica**, para que sean capaces de considerar las implicaciones de sus decisiones en un contexto más amplio, incluyendo la responsabilidad social corporativa.

Estos objetivos no solo cubren los aspectos técnicos y teóricos de la planificación estratégica, sino también habilidades prácticas y consideraciones éticas, lo que proporciona una educación integral en este campo.

> **Prompt:** elabora una descripción de un curso universitario para un curso de introducción a la inteligencia artificial.

ChatGPT responde con:

 Por supuesto, aquí tienes una descripción para un curso universitario de introducción a la inteligencia artificial:

**Título del curso:** introducción a la Inteligencia Artificial

**Descripción:** este curso ofrece una visión general de la inteligencia artificial (IA), cubriendo sus fundamentos, aplicaciones y ética. A través de conferencias, lecturas y proyectos prácticos, los estudiantes explorarán los principios básicos de la IA, incluyendo el aprendizaje automático, el procesamiento del lenguaje natural, la robótica y la visión por computadora. Se discutirán temas como el aprendizaje supervisado y no supervisado, redes neuronales, algoritmos genéticos, y sistemas expertos.

El curso también abordará las implicaciones éticas y sociales de la IA, como la privacidad, la seguridad, y el impacto en el empleo. Los estudiantes tendrán la oportunidad de trabajar en proyectos prácticos utilizando herramientas y lenguajes de programación populares en el campo de la IA, como Python y TensorFlow.

**Objetivos del curso:**

▸ Comprender los conceptos fundamentales y las técnicas de la inteligencia artificial.

▸ Aplicar conocimientos de IA en la resolución de problemas prácticos.

▸ Evaluar críticamente las implicaciones éticas y sociales de la IA.

▸ Desarrollar habilidades en herramientas y lenguajes de programación relevantes para la IA.

**Requisitos previos:** conocimientos básicos de programación, preferentemente en Python, y fundamentos de matemáticas y estadística.

**Métodos de evaluación:** participación en clase, proyectos prácticos, exámenes parciales y un proyecto final.

Esta descripción proporciona una visión general completa del curso, asegurándose de que los estudiantes entiendan tanto los aspectos técnicos como los éticos de la inteligencia artificial.

Prompt: elabora objetivos de aprendizaje para un curso de matemática utilizando la taxonomía de Bloom usando verbos como citar, definir, describir, cibujar, enumerar, identificar, indexar, indicar, etiquetar, enumerar, emparejar, leer, recordar, recitar, reconocer, grabar, repetir, reproducir, revisar, seleccionar, estudiar, tabular, trazar, escribir.

ChatGPT responde con:

 Claro, puedo ayudarte a elaborar objetivos de aprendizaje para un curso de matemáticas utilizando la taxonomía de Bloom. Estos objetivos se enfocarán en el nivel más básico de la taxonomía, que es el nivel de "Conocimiento". Aquí te presento algunos ejemplos:

- **Citar** fórmulas matemáticas básicas como la fórmula cuadrática, el teorema de Pitágoras y las ecuaciones de líneas rectas.

- **Definir** conceptos matemáticos clave como variable, ecuación, función, y derivada.

- **Describir** el proceso de resolución de ecuaciones lineales simples.

- **Dibujar** gráficos de funciones lineales y cuadráticas, identificando sus características principales como pendiente e intersecciones.

- **Enumerar** los pasos necesarios para resolver un sistema de ecuaciones lineales.

- **Identificar** diferentes tipos de ángulos y figuras geométricas en diagramas.

- **Indexar** una serie de números o elementos matemáticos según su valor o propiedad.

- **Indicar** en un gráfico la posición de un punto dados sus coordenadas.

- **Etiquetar** los ejes y puntos relevantes en un sistema de coordenadas.

- **Emparejar** definiciones matemáticas con sus respectivos términos.

- **Leer** y explicar gráficos y tablas que presenten información matemática.

- **Recordar** las reglas para operaciones aritméticas básicas (suma, resta, multiplicación, división).

- **Recitar** propiedades de las operaciones básicas y propiedades de los números (conmutativos, asociativos, distributivos).

- **Reconocer** patrones numéricos o geométricos en una serie de ejemplos.

- **Grabar** en la memoria las tablas de multiplicar.

- **Repetir** los pasos para completar operaciones matemáticas comunes como la factorización.

- ▶ **Reproducir** diagramas geométricos dados con precisión.

- ▶ **Revisar** y corregir errores en cálculos matemáticos simples.

- ▶ **Seleccionar** la fórmula o método correcto para resolver un problema matemático específico.

- ▶ **Estudiar** y memorizar teoremas y propiedades matemáticas clave.

- ▶ **Tabular** datos recopilados en un experimento o estudio.

- ▶ **Trazar** la solución de ecuaciones en un plano cartesiano.

- ▶ **Escribir** explicaciones breves de los procesos matemáticos realizados.

Estos objetivos se alinean con el nivel básico de conocimiento en la taxonomía de Bloom, facilitando a los estudiantes la adquisición de fundamentos esenciales en matemáticas.

Prompt: elabora un plan de lección para estudiantes universitarios sobre el objetivo de aprendizaje "Los estudiantes podrán nombrar la importancia de la cadena de valor y comprender su estructura"

ChatGPT responde con:

 Claro, puedo ayudarte a elaborar un plan de lección para estudiantes universitarios centrado en el objetivo de aprendizaje "Los estudiantes podrán nombrar la importancia de la cadena de valor y comprender su estructura". Aquí tienes un ejemplo de cómo podría estructurarse:

Titulo del plan de lección
**Entendiendo la cadena de valor: importancia y estructura**

Duración
1 sesión de 90 minutos

Objetivos de aprendizaje
Al final de esta sesión, los estudiantes podrán:

Definir qué es la cadena de valor y explicar su importancia en el mundo empresarial.

Identificar y describir los componentes principales de la cadena de valor.

Analizar cómo la cadena de valor puede ser aplicada en diferentes tipos de negocios.

Materiales y recursos

Presentación en PowerPoint sobre la cadena de valor.

Artículos de caso de estudio relacionados con la cadena de valor en diferentes industrias.

Pizarra o pizarra digital para esquemas y explicaciones.

Hojas de trabajo para actividades en grupo.

Estructura de la lección

### Introducción (15 minutos)
Presentación breve sobre la cadena de valor.

Discusión dirigida: ¿por qué es importante la cadena de valor en los negocios?

### Desarrollo (50 minutos)
**Parte 1: explicación detallada (20 minutos)**: usar la presentación en PowerPoint para explicar cada componente de la cadena de valor (logística de entrada, operaciones, logística de salida, marketing y ventas, servicio).

**Parte 2: estudios de caso (30 minutos)**: análisis grupal de casos de estudio que ilustran la aplicación de la cadena de valor en diferentes industrias. Cada grupo recibe un caso diferente para analizar y discutir.

### Actividad práctica (20 minutos)
Actividad en grupos: cada grupo elige un tipo de negocio y desarrolla un esquema de la cadena de valor para ese negocio específico, discutiendo cómo cada componente se aplica y contribuye al éxito del negocio.

### Conclusión (5 minutos)
Recapitulación de los puntos clave aprendidos.

Preguntas y respuestas para aclarar dudas.

Evaluación.

Participación activa en la discusión y actividades grupales.

Presentación del esquema de la cadena de valor del grupo con una explicación clara de cada componente.

Notas adicionales para el docente.

Fomentar la participación de todos los estudiantes.

Proporcionar ejemplos concretos y actuales para facilitar la comprensión.

Estar preparado para ofrecer apoyo adicional en la comprensión de conceptos complejos.

Este plan es flexible y puede ser adaptado según las necesidades específicas de tus estudiantes y el tiempo disponible.

**Prompt: elabora una actividad en el aula que ayude a los estudiantes a comprender mejor los desafíos que plantea la redacción de artículos científicos**

ChatGPT responde con:

 Para ayudar a los estudiantes a comprender mejor los desafíos de la redacción de artículos científicos, puedes organizar una actividad en el aula que combine la teoría con la práctica. Aquí te presento una idea para realizarla:

Actividad: "Del Concepto al Artículo Científico"

*Objetivos:*
**Comprender los fundamentos de la escritura científica:** estructura, tono, claridad y precisión.
**Desarrollar habilidades para investigar y sintetizar información científica.**
**Practicar la redacción de un artículo científico breve.**

*Materiales:*
Artículos científicos de ejemplo (de diversas disciplinas si es posible).
Guías de estilo para la redacción científica.
Acceso a bases de datos científicas para la investigación.
Computadoras o tablets para la búsqueda de información.

*Duración: 2-3 clases*

*Desarrollo:*

Sesión 1: Introducción y Teoría
**Presentación Teórica (30 minutos):** explicar la estructura de un artículo científico (Introducción, Metodología, Resultados, Discusión, Conclusión) y la importancia del lenguaje claro y preciso.
**Análisis de Ejemplos (30 minutos):** revisar algunos artículos científicos, identificando sus partes y discutiendo las fortalezas y debilidades en su redacción.

Sesión 2: Investigación y Planificación
**Selección de Temas (15 minutos):** cada estudiante elige un tema de interés para su artículo.
**Investigación (45 minutos):** usar bases de datos científicas para recopilar información sobre el tema elegido.
**Esbozo del Artículo (30 minutos):** crear un esquema básico del artículo, incluyendo las secciones principales.

Sesión 3: Redacción y Revisión

**Redacción del Artículo (60 minutos):** escribir un artículo breve siguiendo el esquema y las pautas discutidas.

**Revisión por Pares (30 minutos):** intercambiar borradores con compañeros para recibir retroalimentación.

**Revisión Final y Discusión (30 minutos):** realizar ajustes finales y discutir los aprendizajes y desafíos encontrados en el proceso.

*Evaluación:*

Evaluación de los artículos basada en claridad, precisión, estructura, y fidelidad al estilo científico.

Reflexión escrita sobre lo aprendido y las dificultades enfrentadas.

Esta actividad no solo enseñará a los estudiantes sobre la redacción científica, sino que también les permitirá experimentar directamente los desafíos y satisfacciones de este tipo de escritura.

---

Prompt: ¿cuáles son algunas preguntas para romper el hielo que uno podría utilizar para un curso de nivel universitario?

ChatGPT responde con:

Algunas preguntas para romper el hielo en un curso universitario pueden ser:

- **¿Qué te motivó a elegir esta carrera?**–Esta pregunta ayuda a conocer las aspiraciones y motivaciones de los estudiantes.

- **¿Cuál es tu libro, película o serie favorita y por qué?**–Una forma de conocer gustos y pasatiempos comunes.

- **Si pudieras cenar con cualquier persona (viva o histórica), ¿quién sería y por qué?**–Esto puede revelar intereses y admiraciones.

- **¿Cuál es tu objetivo principal al terminar este curso?**–Permite a los estudiantes reflexionar y compartir sus metas académicas.

- **¿Qué habilidad nueva te gustaría aprender este año?**–Algo que puede ser tanto académico como personal.

- **Si pudieras viajar a cualquier lugar del mundo, ¿dónde irías y por qué?**–Una pregunta que invita a compartir sueños y deseos.

▶ **¿Cuál ha sido tu mayor desafío académico hasta ahora y cómo lo superaste?**–Permite compartir experiencias y estrategias de superación.

▶ **¿Qué tema relacionado con tu carrera te apasiona más y por qué?**– Ayuda a entender las áreas de interés específicas de cada estudiante.

▶ **Si pudieras cambiar algo en el mundo, ¿qué sería?**–Una pregunta que puede generar debates interesantes y revelar valores.

▶ **Describe tu fin de semana ideal.**–Una manera ligera de conocer más sobre los estilos de vida y preferencias personales.

Estas preguntas pueden ayudar a crear un ambiente de confianza y colaboración desde el principio del curso.

---

**Prompt: ¿Cuál es la mejor forma de iniciar una clase de manera novedosa?**

ChatGPT responde con:

Iniciar una clase de manera novedosa puede ser fundamental para captar la atención de los estudiantes y crear un ambiente de aprendizaje dinámico y atractivo. Aquí tienes algunas ideas:

▶ **Actividad rompehielos**: comienza con una actividad breve y divertida que fomente la interacción y el compañerismo. Puede ser un juego rápido, una pregunta interesante para discutir, o incluso un ejercicio de estiramiento.

▶ **Historia o anécdota relacionada**: comparte una historia corta o anécdota que esté relacionada con el tema del día. Esto puede hacer que el contenido sea más relatable y memorable.

▶ **Pregunta provocadora**: lanza una pregunta provocadora o un dilema ético relacionado con el tema de la clase. Esto estimula el pensamiento crítico y la discusión.

▶ **Video o multimedia**: usa un video corto, una animación o una presentación multimedia para introducir el tema. Esto puede ser particularmente efectivo para temas visuales o complejos.

▶ **Experimento o demostración en vivo**: realiza un experimento o demostración que capture la atención de los estudiantes y despierte su curiosidad por el tema a tratar.

- ▶ **Encuesta o votación rápida**: utiliza herramientas tecnológicas para hacer una encuesta rápida o votación sobre un tema relevante. Esto puede ayudar a medir el conocimiento previo o las opiniones de los estudiantes.

- ▶ **Cita inspiradora**: comienza la clase con una cita inspiradora relacionada con el tema y discute su significado o relevancia.

- ▶ **Música o arte**: usa música o arte para establecer el tono de la clase o para introducir un nuevo concepto de una manera creativa.

Recuerda que lo importante es adaptar la actividad al grupo de estudiantes y al tema de la clase para maximizar su efectividad.

---

**Prompt: redacta apuntes de conferencias sobre Sostenibilidad Ambiental realcionado al mercado de carbono**

Chatgpt responde con:

¡Por supuesto! Aquí tienes unos apuntes sobre Sostenibilidad Ambiental, enfocados específicamente en el mercado de carbono:

Apuntes de Conferencia sobre Sostenibilidad Ambiental: el mercado de carbono

### Introducción

**Definición de mercado de carbono**: sistema de comercio de emisiones de carbono diseñado para reducir los gases de efecto invernadero.

**Objetivo**: incentivar la reducción de emisiones de carbono de una manera económicamente eficiente.

**Contexto global**: surge como respuesta a los desafíos del cambio climático y los acuerdos internacionales como el protocolo de Kioto y el acuerdo de París.

### Tipos de mercado de carbono

### Mercados regulados (o de cumplimiento)

- ▶ Ejemplos: eU ETS (Sistema de Comercio de Emisiones de la UE), RGGI (Iniciativa Regional de Gases de Efecto Invernadero).

- ▶ Características: obligatorio para ciertas industrias, precios basados en límites de emisiones y cuotas asignadas.

### Mercados Voluntarios

▶ Ejemplos: proyectos de reforestación, energías renovables.

▶ Características: no regulados por un marco legal específico, pero siguen estándares como VCS (Verified Carbon Standard).

### *Funcionamiento del Mercado de Carbono*

**Asignación de derechos de emisión**: empresas reciben o compran un límite de emisiones de $CO_2$.

**Comercio de emisiones**: empresas que emiten menos pueden vender sus excedentes a empresas que necesitan emitir más.

**Mecanismos de desarrollo limpio (MDL)**: proyectos en países en desarrollo para reducir emisiones, generando créditos de carbono.

### *Beneficios del Mercado de Carbono*

**Reducción de emisiones**: incentiva a las empresas a ser más eficientes y sostenibles.

**Innovación tecnológica**: fomenta el desarrollo y uso de tecnologías limpias.

**Desarrollo sostenible**: apoya proyectos que contribuyen a objetivos ambientales y sociales.

### *Desafíos y críticas*

**Complejidad y transparencia**: cuestionamientos sobre la medición y verificación de las reducciones de emisiones.

**Distribución desigual**: preocupaciones sobre la concentración de proyectos en ciertas regiones y la efectividad real en la reducción de gases de efecto invernadero.

**Riesgo de 'Lavado Verde' (Greenwashing)**: empresas pueden comprar créditos de carbono en lugar de reducir directamente sus emisiones.

### *Casos de Estudio y Ejemplos*

**Proyectos de reforestación en América Latina**: contribuyen a la captura de carbono y a la conservación de la biodiversidad.

**Parques eólicos en Europa**: reducen la dependencia de combustibles fósiles y generan créditos de carbono.

### *Futuro del Mercado de Carbono*

**Integración con objetivos de desarrollo sostenible (ODS)**: enfoque en proyectos que también aborden cuestiones sociales y de biodiversidad.

**Expansión a nuevos sectores y regiones**: inclusión de más industrias y países en desarrollo en los esquemas de comercio de carbono.

**Avances tecnológicos**: uso de tecnologías como blockchain para mejorar la transparencia y eficiencia del mercado.

### *Conclusión*

El mercado de carbono es una herramienta clave en la lucha contra el cambio climático, pero requiere regulación efectiva, transparencia y compromiso global para lograr su máximo potencial.

Espero que estos apuntes te sean de utilidad. Si tienes alguna pregunta específica o necesitas más detalles sobre algún aspecto del mercado de carbono, no dudes en preguntar.

---

**prompt: elabora una rúbrica para evaluar una presentación en el aula.**

ChatGPT responde con:

Por supuesto, aquí tienes un ejemplo de una rúbrica para evaluar una presentación en el aula. Esta rúbrica se divide en varias categorías, cada una con diferentes criterios de evaluación y una escala de puntuación:

Rúbrica de evaluación para presentación en el aula

▼ **Contenido (40 puntos)**

- **Excelente (30-40 puntos):** la presentación cubre todos los aspectos relevantes del tema, demuestra una comprensión profunda y ofrece ejemplos claros.
- **Bueno (20-29 puntos):** la presentación cubre la mayoría de los aspectos relevantes, pero puede faltar profundidad o ejemplos en algunos puntos.
- **Aceptable (10-19 puntos):** la presentación cubre algunos aspectos importantes del tema, pero falta detalle o precisión en varias áreas.
- **Insuficiente (0-9 puntos):** la presentación no cubre suficientemente el tema o contiene información incorrecta o irrelevante.

▼ **Organización (20 puntos)**

- **Excelente (15-20 puntos):** la presentación tiene un flujo lógico y coherente, con una introducción clara, desarrollo y conclusión.
- **Bueno (10-14 puntos):** la presentación está mayormente bien organizada, pero puede tener algunos saltos en la lógica o transiciones débiles.

- **Aceptable (5-9 puntos):** la presentación tiene una organización básica, pero falta claridad en la estructura o secuencia.

- **Insuficiente (0-4 puntos):** la presentación carece de una estructura organizada, resultando en confusión o falta de coherencia.

▶ **Habilidades de comunicación (20 puntos)**

- **Excelente (15-20 puntos):** el presentador habla claramente, mantiene contacto visual y utiliza el lenguaje corporal de manera efectiva.

- **Bueno (10-14 puntos):** el presentador comunica bien, pero puede mejorar en áreas como contacto visual o claridad al hablar.

- **Aceptable (5-9 puntos):** el presentador muestra nerviosismo o falta de confianza, afectando la comunicación.

- **Insuficiente (0-4 puntos):** la comunicación es ineficaz, con problemas significativos en claridad, volumen o contacto visual.

▶ **Uso de ayudas visuales (10 puntos)**

- **Excelente (8-10 puntos):** las ayudas visuales son claras, relevantes y mejoran la comprensión del tema.

- **Bueno (5-7 puntos):** las ayudas visuales son adecuadas, pero pueden ser mejoradas en diseño o relevancia.

- **Aceptable (2-4 puntos):** las ayudas visuales son mínimas o solo parcialmente relevantes para el tema.

- **Insuficiente (0-1 puntos):** ausencia de ayudas visuales o son inadecuadas e irrelevantes.

▶ **Participación y engagement del público (10 puntos)**

- **Excelente (8-10 puntos):** el presentador involucra activamente al público, respondiendo preguntas y fomentando la participación.

- **Bueno (5-7 puntos):** hay algún esfuerzo por involucrar al público, pero podría ser más interactivo.

- **Aceptable (2-4 puntos):** poca interacción con el público o respuestas limitadas a preguntas.

- **Insuficiente (0-1 puntos):** no hay intento de interactuar con el público o manejar sus preguntas.

Total: 100 puntos

Esta rúbrica se puede ajustar según las necesidades específicas de la asignatura o el nivel educativo.

**Prompt: escriba 5 temas de discusión sobre inteligencia artificial y su impacto en la medicina.**

ChatGPT responde con:

Claro, aquí tienes cinco temas de discusión sobre el impacto de la inteligencia artificial en la medicina:

▶ **Diagnóstico mejorado con IA**: discusión sobre cómo la inteligencia artificial puede ayudar a mejorar la precisión y rapidez en el diagnóstico de enfermedades, especialmente en áreas como radiología, patología y oftalmología, a través del análisis de imágenes médicas.

▶ **Personalización del tratamiento médico**: explorar cómo la IA puede contribuir a la personalización del tratamiento médico, incluyendo la identificación de tratamientos más efectivos para pacientes individuales basándose en su genética y su historial clínico.

▶ **Desarrollo de fármacos e investigación**: debatir sobre el papel de la inteligencia artificial en la aceleración del desarrollo de nuevos fármacos, reduciendo el tiempo y costo de los ensayos clínicos, y en la identificación de nuevas aplicaciones para medicamentos existentes.

▶ **Ética y privacidad en IA médica**: considerar las implicaciones éticas y de privacidad relacionadas con el uso de la IA en la medicina, incluyendo el manejo de los datos del paciente, el consentimiento informado y la equidad en el acceso a las tecnologías de salud avanzadas.

▶ **Impacto de la IA en el rol del personal médico**: discutir cómo la inteligencia artificial está transformando el papel de los profesionales de la salud, desde médicos hasta enfermeras, y cómo puede ser utilizada para mejorar la eficiencia, reducir el agotamiento y permitir una atención más centrada en el paciente.

Estos temas pueden generar discusiones interesantes sobre los beneficios y desafíos de la integración de la inteligencia artificial en el campo de la medicina.

**Prompt: elabora preguntas sobre Inteligencia Artificial con respuestas a nivel universitario.**

ChatGPT responde con:

Claro, puedo elaborar algunas preguntas sobre inteligencia artificial (IA) con respuestas a nivel universitario. Aquí tienes ejemplos de preguntas con sus respectivas respuestas:

▼ **Pregunta**: ¿cuál es la diferencia entre aprendizaje supervisado y no supervisado en el contexto de la inteligencia artificial? **Respuesta**: en el aprendizaje supervisado, los modelos se entrenan utilizando un conjunto de datos etiquetado, lo que significa que cada entrada de datos está asociada con una salida conocida. Por ejemplo, en un conjunto de datos de reconocimiento de imágenes, cada imagen estaría etiquetada con la categoría a la que pertenece. En cambio, el aprendizaje no supervisado involucra el entrenamiento de modelos con datos no etiquetados, donde el sistema intenta aprender patrones y estructuras de los datos por sí mismo, como en la agrupación de datos (clustering) o la reducción de dimensionalidad.

▼ **Pregunta**: ¿qué es una red neuronal convolucional y en qué tipo de problemas es más eficaz? **Respuesta**: una red neuronal convolucional (CNN, por sus siglas en inglés) es un tipo de red neuronal artificial diseñada para procesar datos con una topología similar a una cuadrícula, como imágenes. Se caracteriza por utilizar capas convolucionales que aplican filtros convolucionales a los datos para extraer características. Las CNN son especialmente eficaces en tareas de visión por computadora, como el reconocimiento y clasificación de imágenes, debido a su capacidad para detectar patrones visuales complejos.

▼ **Pregunta**: explica el concepto de "overfitting" en el aprendizaje automático y cómo se puede prevenir. **Respuesta**: el "overfitting" ocurre cuando un modelo de aprendizaje automático se ajusta demasiado a los datos de entrenamiento, aprendiendo tanto las características relevantes como el ruido o las peculiaridades de ese conjunto de datos. Como resultado, el modelo puede fallar al generalizar a nuevos datos. Para prevenir el overfitting, se pueden utilizar técnicas como la validación cruzada, la regularización (como L1 o L2), y asegurarse de tener un conjunto de datos de entrenamiento suficientemente grande y variado.

▼ **Pregunta**: ¿qué es el procesamiento del lenguaje natural (PLN) y cuáles son sus aplicaciones prácticas? **Respuesta**: el procesamiento del lenguaje natural es una rama de la IA que se centra en la interacción entre las computadoras y el lenguaje humano. Busca que las máquinas puedan leer, entender y generar respuestas a partir del lenguaje humano de manera útil. Sus aplicaciones incluyen traducción automática, asistentes virtuales, análisis de sentimientos, sistemas de recomendación basados en texto y chatbots.

Espero que estas preguntas y respuestas sean útiles para tus estudios o tu interés en la inteligencia artificial.

> Prompt: elabora un esquema para una presentación de diapositivas sobre la cronología de la inteligencia artificial. Indique el título, las imágenes, los diagramas y las viñetas de cada diapositiva.

ChatGPT responde con:

Claro, puedo ayudarte a elaborar un esquema para una presentación de diapositivas sobre la cronología de la inteligencia artificial. Aquí tienes un esquema básico con el título, las imágenes, los diagramas y las viñetas de cada diapositiva:

**Título de la Presentación:** cronología de la Inteligencia Artificial

**Diapositiva 1: introducción**
Título: introducción a la Inteligencia Artificial
Imagen: icono de Inteligencia Artificial (un cerebro con circuitos)
Viñetas:
▶ Definición de Inteligencia Artificial
▶ Importancia en la sociedad actual

**Diapositiva 2: precursores de la IA**
Título: Precursores de la Inteligencia Artificial
Imagen: retrato de Alan Turing
Viñetas:
▶ Alan Turing y la Máquina de Turing
▶ Warren McCulloch y Walter Pitts
▶ Norbert Wiener y la Cibernética

**Diapositiva 3: década de 1950–1960**
Título: inicios de la IA
Imagen: sala de computadoras antiguas
Viñetas:
▶ John McCarthy y el término "Inteligencia Artificial"
▶ Programas de ajedrez tempranos
▶ LISP y el lenguaje de programación

**Diapositiva 4: década de 1970–1980**
Título: Avances en la IA
Imagen: Robot manipulando objetos
Viñetas:
▶ Sistemas expertos
▶ Redes neuronales artificiales
▶ Algoritmos de búsqueda

**Diapositiva 5: década de 1990–2000**

Título: boom de la Inteligencia Artificial

Imagen: personas utilizando dispositivos inteligentes

Viñetas:

▸ Internet y el crecimiento de datos

▸ Machine Learning y Data Mining

▸ Robótica avanzada

**Diapositiva 6: década de 2010–actualidad**

Título: IA en la vida cotidiana

Imagen: Asistente virtual en un teléfono

Viñetas:

▸ IA en el comercio electrónico

▸ Reconocimiento de voz y procesamiento de lenguaje natural

▸ Aplicaciones en medicina, automóviles autónomos, etc.

**Diapositiva 7: futuro de la IA**

Título: el Futuro de la Inteligencia Artificial

Imagen: un horizonte tecnológico

Viñetas:

▸ Desafíos y ética en la IA

▸ Avances esperados

▸ Integración en la sociedad y la industria

**Diapositiva 8: conclusiones**

Título: conclusiones

Imagen: gráfico de línea ascendente representando el crecimiento de la IA

Viñetas:

▸ Resumen de hitos clave

▸ Importancia continua de la IA

**Diapositiva 9: preguntas y respuestas**

Título: preguntas y respuestas

Imagen: icono de una burbuja de diálogo con signo de interrogación

Viñetas:

▸ Invita a la audiencia a hacer preguntas y participar en la discusión

Este es solo un esquema inicial y puedes personalizarlo según tus necesidades y preferencias. Asegúrate de agregar contenido adicional a cada diapositiva, como información detallada y ejemplos relevantes, para crear una presentación completa sobre la cronología de la inteligencia artificial. ¡Buena suerte con tu presentación!

Prompt: elabora Una hoja de cálculo de 20 filas de datos ficticios con las siguientes columnas: ruc, razón social, dirección y teléfono.

ChatGPT responde con:

 Claro, puedo ayudarte a crear una hoja de cálculo con esos datos ficticios en español. Aquí tienes una hoja de cálculo con 20 filas de datos:

| RUC | Razón Social | Dirección | Teléfono |
|---|---|---|---|
| 123456789 | Empresa A | calle 123, ciudad a | 555-123-4567 |
| 987654321 | Empresa B | av. principal, ciudad b | 555-234-5678 |
| 456789123 | Empresa C | carrera 45, ciudad c | 555-345-6789 |
| 789123456 | Empresa D | plaza central, ciudad d | 555-456-7890 |
| 321654987 | Empresa E | avenida 7, ciudad e | 555-567-8901 |
| 654987321 | Empresa F | calle 89, ciudad f | 555-678-9012 |
| 987321654 | Empresa G | paseo 12, ciudad g | 555-789-0123 |
| 123789456 | Empresa H | plaza 34, ciudad h | 555-890-1234 |
| 456321789 | Empresa I | callejón 56, ciudad i | 555-901-2345 |
| 789456123 | Empresa J | av. central, ciudad j | 555-012-3456 |
| 321789456 | Empresa K | paseo 78, ciudad k | 555-123-4567 |
| 654321789 | Empresa L | carrera 90, ciudad l | 555-234-5678 |
| 987456321 | Empresa M | plaza 11, ciudad m | 555-345-6789 |
| 123987654 | Empresa N | avenida 22, ciudad n | 555-456-7890 |
| 789654321 | Empresa O | calle 33, ciudad o | 555-567-8901 |
| 456123789 | Empresa P | av. principal, ciudad p | 555-678-9012 |
| 321987654 | Empresa Q | paseo 44, ciudad q | 555-789-0123 |
| 654789321 | Empresa R | plaza 55, ciudad r | 555-890-1234 |
| 987456789 | Empresa S | calle 66, ciudad s | 555-901-2345 |
| 123654987 | Empresa T | carrera 77, ciudad t | 555-012-3456 |

Estos son datos ficticios y puedes personalizarlos según tus necesidades. ¿Hay algo más en lo que pueda ayudarte?

**Prompt: elabora preguntas de opción múltiple basadas en el artículo https://www. redalyc.org/journal/6099/609970431002/html/**

ChatGPT responde con:

 El artículo aborda la relación entre la inteligencia artificial (IA) y la toma de decisiones, enfatizando la importancia de un enfoque ético. Se discute cómo los avances en IA han llevado a sistemas autónomos de decisión que pueden igualar o superar la capacidad humana en ciertos contextos. El texto destaca la necesidad de modelos teóricos que consideren la complejidad y variedad de los problemas de decisión y que incorporen consideraciones éticas en su diseño y funcionamiento. Además, se explora el papel de la IA en la cuarta revolución industrial y se examinan aspectos teóricos clave para el diseño de sistemas autónomos de decisión, incluyendo los procesos de decisión, los elementos de un problema de decisión y el manejo de la información incompleta.

Para conocer el contenido completo, puedes visitar el artículo en Redalyc.

A continuación, formularé algunas preguntas de opción múltiple basadas en este resumen.

¿Cuál es un aspecto clave de los sistemas autónomos de decisión en la inteligencia artificial, según el artículo?

a) Su capacidad para ejecutar tareas sin supervisión humana.

b) Su habilidad para superar la capacidad humana en la toma de decisiones.

c) Su dependencia exclusiva de algoritmos probabilísticos.

d) Su enfoque primario en tareas manuales.

Según el artículo, ¿qué consideración es crucial al diseñar sistemas basados en IA?

a) Maximizar la eficiencia operativa.

b) Asegurar la conformidad con estándares industriales.

c) Incorporar un enfoque ético.

d) Priorizar la velocidad de procesamiento.

¿Cuál es una consecuencia destacada de los avances en IA, mencionada en el artículo?

a) Reducción de la necesidad de intervención humana.

b) Aumento significativo en la precisión de las predicciones meteorológicas.

c) La posibilidad de que los sistemas de IA reemplacen ciertas capacidades humanas.

d) Disminución en el costo de producción de tecnología.

De acuerdo con el artículo, ¿en qué revolución industrial se destaca la IA?

a) Tercera

b) Cuarta

c) Segunda

d) Quinta

¿Cuál es un elemento importante en la teoría de la decisión, según el artículo?

a) La importancia del análisis cuantitativo exclusivo.

b) El manejo de la información incompleta.

c) El enfoque en decisiones de baja complejidad.

d) La dependencia de decisiones pasadas.

Para más detalles, puedes consultar el artículo completo en Redalyc: Inteligencia artificial y problemas de decisión: la necesidad de un contexto ético.

Prompt: elabora 10 preguntas verdadero/falso basadas en el artículo *https://www. redalyc.org/journal/6099/609970431002/html/* Con sus respuestas

ChatGPT responde con:

Aquí tienes diez preguntas de verdadero o falso basadas en el artículo "Inteligencia artificial y problemas de decisión: la necesidad de un contexto ético", junto con sus respuestas:

▸ **Verdadero o falso**: la inteligencia artificial (IA) ha superado la toma de decisiones humanas en todos los contextos.

- *Falso*: la IA ha logrado niveles de competencia en toma de decisiones que en muchos contextos igualan o superan a las personas, pero no en todos.

▸ **Verdadero o falso**: los algoritmos son procesos iterativos y no están sujetos a restricciones tecnológicas.

- *Verdadero*: los algoritmos son independientes del equipamiento tecnológico disponible, aunque el programa que los ejecuta sí depende de la tecnología.

▸ **Verdadero o falso**: la IA no ha tenido un impacto significativo en la cuarta revolución industrial.

- *Falso*: la IA desempeña un papel clave en la cuarta revolución industrial, marcada por avances tecnológicos emergentes.

▸ **Verdadero o falso**: los sistemas autónomos de decisión (SAuD) no pueden reemplazar la capacidad de decisión humana.

- *Falso*: los SAuD pueden aumentar y en algunos casos sustituir la capacidad de actuar y de tomar decisiones de las personas.

▸ **Verdadero o falso**: la inclusión de aspectos éticos en el diseño de los SAuD es innecesaria.

- *Falso*: las cuestiones éticas son fundamentales en el diseño de los SAuD para asegurar su funcionamiento correcto y ético.

▸ **Verdadero o falso**: la teoría de la decisión ha estado tradicionalmente asociada solo con la IA.

- *Falso*: la teoría de la decisión ha estado asociada con economía, estadística e investigación operativa, no solo con IA.

▸ **Verdadero o falso**: un decisor en un problema de decisión puede ser una única persona o un grupo de decisores.

- *Verdadero*: un decisor puede ser un individuo o un grupo.

▸ **Verdadero o falso**: en los problemas de decisión, siempre se dispone de toda la información necesaria para resolverlos.

- *Falso*: en los problemas reales, y por ende en los SAuD, es prácticamente imposible disponer de toda la información necesaria.

▶ **Verdadero o falso**: los problemas de decisión solo pueden abordarse con información de naturaleza probabilística.

  • *Falso*: la información incompleta en problemas de decisión puede tener características distintas de las probabilísticas.

▶ **Verdadero o falso**: el contexto no influye en la acción elegida por el decisor.

  • *Falso*: el contexto en el que se desarrolla el problema puede influir en la metodología de elección del decisor.

Para más detalles, puedes consultar el artículo completo *aquí*.

---

Prompt: elabora un cuestionario interactivo sobre big data. Hazme una pregunta de opción múltiple y te responderé. Si me equivoco, dame la respuesta correcta y una explicación. Entonces elabora una nueva pregunta

ChatGPT responde con:

 ¡Entendido! Comencemos con una pregunta sobre big data:

**Pregunta 1: ¿qué es Big Data?** a) Una gran colección de datos que no puede ser analizada por métodos tradicionales. b) Un nuevo tipo de base de datos. c) Un software para análisis estadístico. d) Una técnica de marketing digital.

Por favor, selecciona la opción que crees que es correcta.

**You**

a

ChatGPT

**ChatGPT**

¡Correcto! La opción **a)** "Una gran colección de datos que no puede ser analizada por métodos tradicionales" es la respuesta correcta. Big Data se refiere a conjuntos de datos tan grandes y complejos que las aplicaciones de procesamiento de datos tradicionales no son suficientes para manejarlos. Estos datos requieren herramientas y enfoques especializados para su análisis, gestión y almacenamiento.

Ahora, pasemos a la siguiente pregunta:

**Pregunta 2: ¿cuál de las siguientes opciones es un desafío común asociado con Big Data?** a) Reducción de los costos de almacenamiento de datos. b) Velocidad de procesamiento de datos muy rápida. c) Dificultad en la gestión y análisis de grandes volúmenes de datos. d) Limitada disponibilidad de datos para análisis.

¿Cuál es tu elección?

**You**

c

ChatGPT

**ChatGPT**

¡Correcto de nuevo! La opción **c)** "Dificultad en la gestión y análisis de grandes volúmenes de datos" es una respuesta acertada. Uno de los desafíos más significativos de Big Data es manejar y analizar eficientemente los grandes volúmenes de datos. Esto incluye problemas relacionados con el almacenamiento, la búsqueda, el compartir, la transferencia, el análisis y la visualización de datos a gran escala.

Continuemos con otra pregunta:

**Pregunta 3: ¿cuál de las siguientes opciones NO es una característica típica de Big Data?** a) Variedad: diferentes tipos de datos. b) Veracidad: alta confiabilidad de los datos. c) Volumen: grandes cantidades de datos. d) Velocidad: ritmo lento de generación de datos.

¿Cuál crees que es la respuesta correcta?

# Manejar comentarios y reseñas en redes sociales

ChatGPT puede ayudar al personal de posventa abrumado a responder a los problemas de las redes sociales.

> Prompt: ayúdame a responder a esta reseña del restaurante "Manos Criollas": Opinión del cliente: me encanta este lugar. Comemos mucho, sin embargo, este lugar lo ha superado todo. ¡Comidas perfectas, personal increíble y el momento para todo fue genial! Un agradecimiento especial a Pilar (eres genial). De tus invitados de Trujillo, gracias.

ChatGPT responde con:

Respuesta a la reseña:

¡Hola!

Nos llena de alegría leer que tu experiencia en Manos Criollas ha sido tan positiva. Trabajamos con pasión para ofrecer no solo platos que deleiten el paladar, sino también un servicio que haga sentir a cada visitante como en casa. ¡Es un placer saber que lo hemos logrado contigo!

Pilar estará encantada de escuchar tus amables palabras; es una parte esencial de nuestro equipo y se esfuerza por ofrecer siempre lo mejor. Nos aseguraremos de compartir tu agradecimiento con ella.

Agradecemos mucho el tiempo que te tomaste para escribir esta reseña y estamos encantados de que nos consideres un referente en tu visita a nuestra ciudad. Esperamos tener el gusto de atenderte de nuevo en tu próxima visita desde Trujillo.

¡Un abrazo grande y gracias por hacer de Manos Criollas parte de tu experiencia gastronómica!

Atentamente, el equipo de Manos Criollas

## Prepárate para una entrevista

Me invitaron a un podcast sobre el futuro de las ventas. Si bien esto está estrechamente relacionado con el marketing, está un poco fuera de mi elemento natural. Así que le pedí a ChatGPT que me ayudara a pensar en una entrevista sobre el futuro de las ventas.

> Prompt: me han invitado a un podcast sobre el futuro de las ventas. Ayúdame a pensar en algunas posibles preguntas y sus respuestas para una entrevista sobre el tema.

ChatGPT responde con:

Por supuesto, aquí tienes algunas posibles preguntas y respuestas para tu entrevista sobre el futuro de las ventas:

▼ **Preguntas sobre tendencias generales**

- **Pregunta**: ¿cómo crees que la inteligencia artificial está cambiando el panorama de las ventas? **Respuesta**: la inteligencia artificial está revolucionando las ventas al permitir una personalización a gran escala. Los sistemas de IA pueden analizar enormes cantidades de datos para identificar patrones y preferencias de los consumidores, lo que permite a las empresas ofrecer recomendaciones altamente personalizadas. Además, la IA está mejorando la eficiencia de los equipos de ventas al automatizar tareas repetitivas y permitiendo que los vendedores se concentren en la construcción de relaciones más significativas con los clientes.

- **Pregunta**: ¿qué impacto tendrán las redes sociales en el futuro de las ventas? **Respuesta**: las redes sociales seguirán siendo una herramienta vital para conectar con los consumidores. La venta a través de redes sociales o social selling es una tendencia que está en auge y que seguirá creciendo. Las marcas utilizan estas plataformas no solo para promocionar productos, sino para interactuar con los clientes, ofrecer servicio postventa y construir comunidades en torno a sus productos y valores.

▶ **Preguntas sobre estrategias de ventas**

- **Pregunta**: ¿cómo deben prepararse las empresas para las ventas en un mundo cada vez más digitalizado? **Respuesta**: las empresas necesitan adoptar una mentalidad digital primero. Esto significa no solo estar presentes en plataformas digitales, sino también entender cómo el comportamiento del consumidor cambia en el entorno digital. Las ventas en el futuro requerirán un enfoque omnicanal, donde la experiencia de compra sea fluida tanto en línea como fuera de línea. La capacitación continua del equipo de ventas en nuevas tecnologías y estrategias de venta digital también será clave.

- **Pregunta**: ¿qué habilidades deberán tener los vendedores en el futuro para ser exitosos? **Respuesta**: los vendedores necesitarán ser adeptos en tecnología, capaces de interpretar datos y extraer insights valiosos para mejorar las estrategias de venta. También deberán ser flexibles y adaptables, con excelentes habilidades de comunicación y un fuerte enfoque en la experiencia del cliente. La empatía y la habilidad para construir relaciones seguirán siendo esenciales, incluso en un entorno más tecnológico.

▶ **Preguntas sobre desafíos y soluciones**

- **Pregunta**: ¿cuáles son los mayores desafíos que enfrentarán los profesionales de ventas en el futuro? **Respuesta**: uno de los mayores desafíos será mantener la relevancia en un mundo donde los productos y servicios se vuelven cada vez más comoditizados y donde la competencia es global. Además, adaptarse a las nuevas herramientas y plataformas tecnológicas será un desafío continuo. Los vendedores también deberán ser capaces de manejar la sobrecarga de información y mantener la protección de los datos personales de los clientes.

- **Pregunta**: en un futuro con posibles recesiones económicas globales, ¿cómo pueden las empresas mantener sus ventas? **Respuesta**: en tiempos de incertidumbre económica, las empresas deben centrarse en el valor a largo plazo más que en las transacciones a corto plazo. Esto significa construir relaciones fuertes y de confianza con los clientes y comprender sus necesidades cambiantes. Además, la diversificación de productos y mercados puede ayudar a mitigar los riesgos. Ser ágil y tener la capacidad de adaptarse rápidamente a las condiciones cambiantes del mercado será fundamental para mantener las ventas en tiempos difíciles.

▼ **Preguntas sobre tecnológica y herramientas**

- **Pregunta**: ¿qué herramientas digitales consideras esenciales para los vendedores del futuro? **Respuesta**: CRM sofisticados que utilizan IA para ofrecer insights en tiempo real, plataformas de automatización de marketing, herramientas de análisis de datos y plataformas de comunicación que integren canales de voz, texto y video son esenciales. Además, las herramientas de colaboración en línea y de gestión de proyectos ayudarán a los equipos de ventas a mantenerse organizados y productivos.

- **Pregunta**: ¿cómo cambiará la experiencia del cliente en el futuro de las ventas? **Respuesta**: la experiencia del cliente en el futuro de las ventas estará marcada por la personalización, la tecnología avanzada, la sostenibilidad y la integración omnicanal, todo centrado en crear experiencias más agradables y convenientes para los consumidores.

## Explicar conceptos complejos

A menudo nos encontramos con conceptos y/o problemas complejos y difíciles de entender. A veces, comprender esto es un gran desafío. Sería genial si alguien pudiera explicar conceptos complejos simplificándolos, ¿verdad?

ChatGPT simplifica todo para ti. Ya sea programador, vendedor o simplemente un estudiante curioso, ChatGPT hace que los temas más complejos sean fáciles de entender.

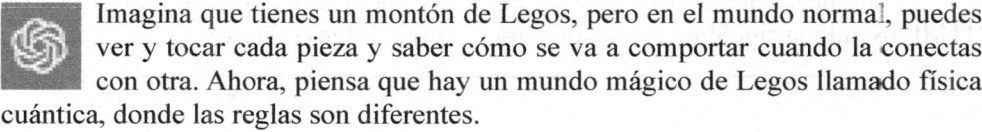

**Prompt: explícame la física cuántica como si tuviera 10 años. En 30 líneas.**
**Prompt: física cuántica ELI10. En 30 líneas.**

ChatGPT responde con:

Imagina que tienes un montón de Legos, pero en el mundo normal, puedes ver y tocar cada pieza y saber cómo se va a comportar cuando la conectas con otra. Ahora, piensa que hay un mundo mágico de Legos llamado física cuántica, donde las reglas son diferentes.

En este mundo mágico, los Legos pueden estar en más de un lugar al mismo tiempo, ¡es como si tuvieran superpoderes! Pero si tratas de mirarlos, ¡zaz! Eligen estar en un solo lugar. Esto es lo que los científicos llaman "superposición".

Además, dos Legos pueden estar muy, muy lejos el uno del otro, pero si cambias algo en uno, el otro puede sentirlo al instante. Esto se llama "entrelazamiento", y es como si tuvieran un teléfono especial que no necesita cables y que funciona sin importar qué tan lejos estén.

Y sabe qué, en el mundo de la física cuántica, estas piezas de Lego son realmente pequeñitas. Tan pequeñas que son más pequeñas que cualquier cosa que puedas ver. Estas piezas son las que forman todo en el universo, como las estrellas, las plantas y hasta nosotros.

Pero hay algo raro también, no puedes predecir exactamente lo que van a hacer. Solo puedes hacer una especie de "mejor adivinanza". Esto es porque el mundo cuántico es un poco como un juego de azar; puedes saber las posibilidades, pero no el resultado exacto hasta que juegues.

Los científicos usan matemáticas muy complicadas para entender y hacer predicciones sobre este mundo loco y mágico, ¡y eso nos ha ayudado a inventar cosas como las computadoras y los teléfonos inteligentes!

Así que la física cuántica es como aprender las reglas de cómo funcionan los Legos más extraños y más pequeños del universo.

Como puede ver, simplificó un tema complejo como la computación cuántica y dio ejemplos simples al explicar.

Puedes hacerte una idea de este complejo tema leyendo este texto. Ya sea que desee aprender los últimos temas tecnológicos complejos o comprender términos académicos complejos, ChatGPT está a su servicio.

## Grabar todo lo que ha generado en ChatGPT

¿Tienes conversaciones interesantes con ChatGPT y preferirías guardarlas para releerlas–o tal vez escribir un libro con todos sus conocimientos?

Entonces puedes guardar todas tus conversaciones en un enlace PDF, PNG o HTML usando la siguiente extensión para Chrome, Edge o Firefox.

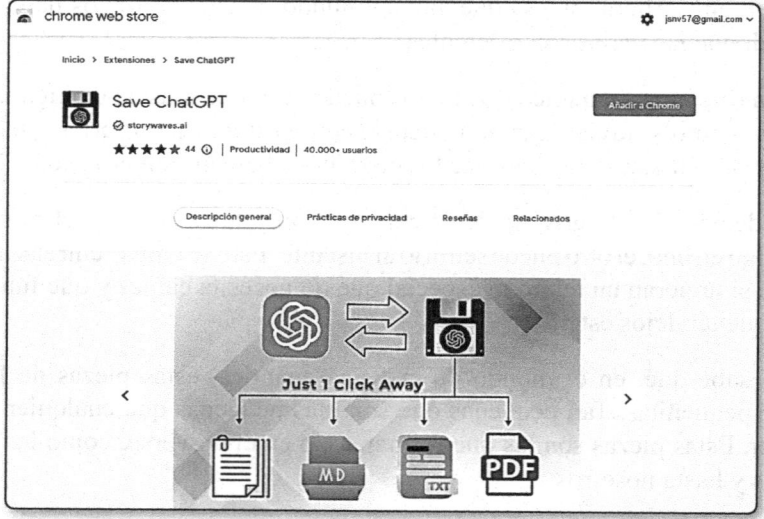

Luego de instalada, fijamos la extensión.

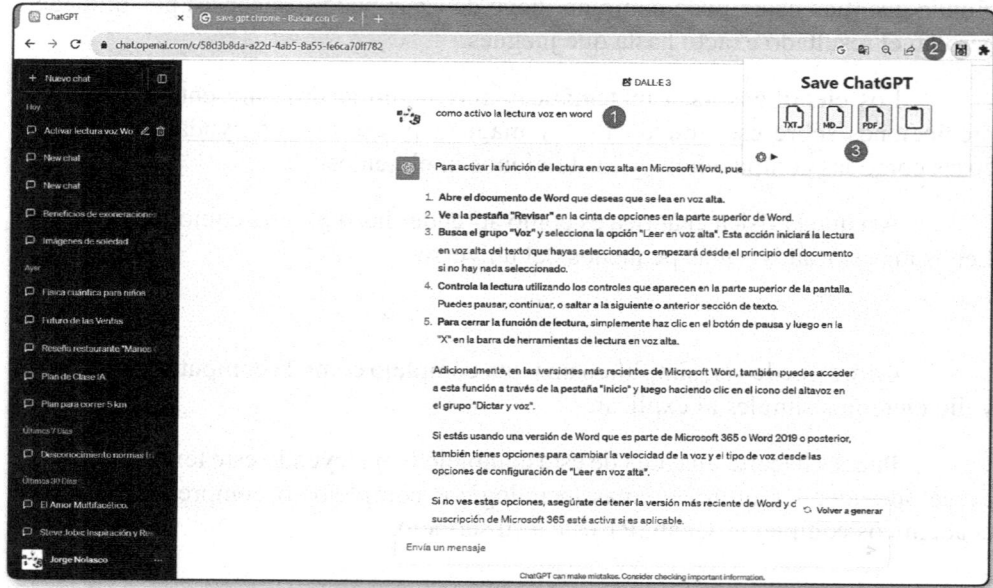

## No use ChatGPT para escribir artículos

Cualquiera que haya intentado "escribir un artículo sobre [tema]" como un prompt de ChatGPT le responderá: ChatGPT no puede escribir bien en absoluto. Eso no es un secreto. Si dudas de mí, pregúntale a él o a cualquier herramienta de escritura de IA para escribir una publicación de blog. Generará contenido muy malo que a ningún ser humano real le gustará leer.

Sin embargo, seguimos siendo fanáticos de ChatGPT. Ahorra mucho tiempo y hace que el trabajo como creadores de contenido ocupados sea un poco más fácil. Aquí hay cinco sorprendentes aplicaciones que no son de escritura para las que me encanta usar ChatGPT.

## Optimización de títulos

Los títulos suelen llevar alrededor de una hora a la semana: líneas de asunto de correo electrónico, títulos de artículos y líneas de asunto de discursos de periodistas. Ahora toma unos cinco minutos.

Prompt: eres un experto en redacción de artículos de revisión sistemática de la literatura. Elabora cuatro títulos con estas variables:
- Aplicación Móvil
- Búsqueda y Acceso a Talleres Mecánicos

ChatGPT responde con:

Aquí te presento cuatro posibles títulos para artículos que revisan sistemáticamente la literatura sobre la aplicación de tecnología móvil en la búsqueda y acceso a talleres mecánicos:

"Innovación en el bolsillo: revisión sistemática de aplicaciones móviles para la localización y acceso a servicios de talleres mecánicos."

"Movilidad y mecánica: evaluación de la literatura sobre aplicaciones móviles que facilitan la búsqueda de talleres mecánicos."

"Conexión digital-automotriz: análisis integral de las aplicaciones móviles en la industria de reparación de vehículos."

"Tecnología al servicio del conductor: una revisión sistemática de las aplicaciones móviles para acceder a talleres mecánicos."

Cada título sugiere una revisión exhaustiva de las publicaciones existentes en el ámbito de las aplicaciones móviles destinadas a mejorar la experiencia de los usuarios en encontrar y utilizar talleres mecánicos.

No soy una gran persona de títulos: siempre tengo que consultarlos con mis amigos y familiares, por lo que es un alivio usar ChatGPT en su lugar. Puede que no me encante lo que se le ocurre todo el tiempo, pero al menos esas variaciones del título me dan un punto de partida.

## Alternativa de Escritor de artículos

*https://neuronmake.com/ai-templates/article-writer*

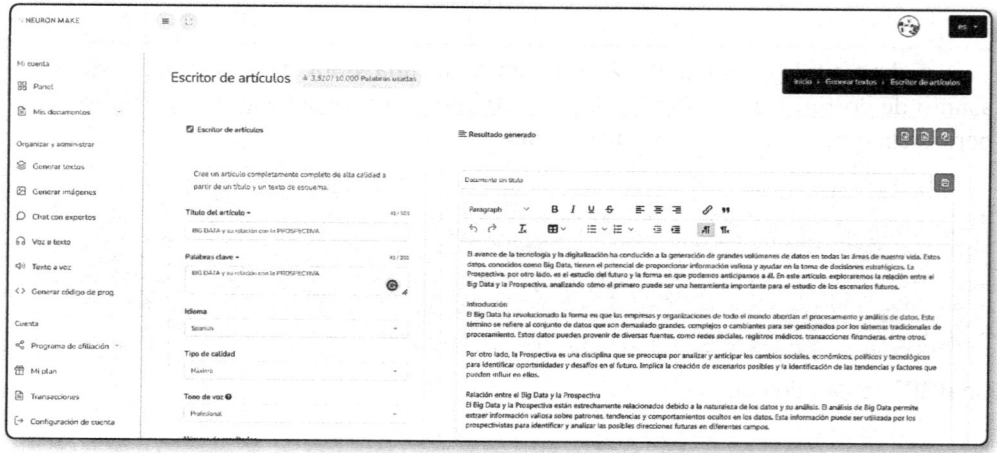

## Lista de verificación de edición

Por último, pero no menos importante, usemos ChatGPT para revisar mi trabajo. La edición suele llevar entre 30 y 40 minutos por artículo. Ahora puede hacerse en 5-10 minutos.

Ahora, no puedes simplemente decir: "Oye, ChatGPT, mejora esto". Pero puedes pedir cosas específicas.

Use ChatGPT para buscar:

▸ Uso de voz pasiva. "Encuentre instancias de voz pasiva en este artículo".

▸ Tono. "¿Es este artículo informativo/amigable/casual? Si no, muéstrame las áreas donde el tono no coincide".

▸ Fluir. "¿Este artículo fluye de un punto a otro?"

▸ Un control global. "Imagina que eres un editor profesional en una gran publicación. Un escritor acaba de enviar este artículo. [Copiar y pegar artículo.] ¿Qué comentarios daría basado en las mejores prácticas estándar para escritores técnicos?

Usar todo el texto de un artículo en elaboración. Por ejemplo, Paper ICITS 2.docx

> **Prompt: eres un experto editor de artículos científicos. Critica el siguiente artículo e identifica áreas que pueden ser mejoradas de acuerdo con los estándares de las mejores prácticas de escritura para un redactor técnico.**

ChatGPT responde con:

Maskay - Aplicación Móvil para la Búsqueda y Acceso a Talleres Mecánicos: Un estudio de caso en Trujillo, Perú

**RESUMEN-** La búsqueda y acceso eficientes a talleres mecánicos han presentado desafíos significativos en la ciudad de Trujillo, Perú. Los métodos actuales pueden ser ineficientes y frustrantes, provocando demoras innecesarias y, a veces, pérdidas de tiempo al no encontrar la disponibilidad de los talleres. Este artículo presenta "Maskay", una aplicación móvil innovadora diseñada para agilizar el proceso de búsqueda y acceso a talleres mecánicos. Maskay está diseñada con el objetivo de minimizar el tiempo de búsqueda, aumentar la eficiencia de los usuarios al encontrar talleres mecánicos y, en última instancia, mejorar la satisfacción general del cliente. Se siguió la metodología Mobile-D para su desarrollo, un proceso de cinco fases (Exploración, Inicialización, Producción, Estabilización y Pruebas), que pone un gran énfasis en la interacción constante con los usuarios. Este enfoque permite la detección y corrección oportuna de cualquier error o problema que pueda surgir durante el desarrollo. Los resultados obtenidos a partir de la implementación de Maskay indican una reducción significativa en el tiempo de acceso, un aumento en la cantidad de búsquedas de talleres y una mejora en la satisfacción del cliente. En resumen, Maskay proporciona una solución efectiva y oportuna para superar los desafíos actuales relacionados con la localización y acceso a talleres mecánicos en Trujillo, y tiene el potencial de ser aplicada a otras regiones con desafíos similares.

Palabras claves: Aplicación Móvil; Búsqueda y Acceso; Metodología Mobile-D; Talleres Mecánicos; Geolocalización.

### I.    INTRODUCCIÓN

En la actualidad, la búsqueda y acceso a talleres mecánicos, considerando su ubicación y disponibilidad, resulta ineficiente, lo que provoca demoras y frustraciones para los clientes que intentan encontrar estos servicios, independientemente de dónde se encuentren.

Los autores Jhon Carlos, Jhon Jairo y Fredy [24] subrayan en su estudio la necesidad de economizar esfuerzo y disminuir el tiempo de búsqueda durante el desarrollo de un repositorio, para ello, es esencial utilizar el código y las funcionalidades de los componentes de software, desde las clases y paquetes hasta los microservicios. En otro estudio [28], cuyo objetivo era mejorar el aprendizaje del lenguaje de señas en la oficina municipal de atención de personas con discapacidad en La Esperanza, Perú, se empleó la metodología Mobile-D en una investigación de tipo aplicada. Los resultados indicaron que, después de la implementación de la aplicación móvil, se redujo el tiempo promedio en interpretar el lenguaje de señas a 1'50''. Un estudio [29] destaca la relevancia de las aplicaciones móviles en el sector turismo, con los usuarios aprovechando las ubicaciones geográficas a través de GPS. Además, se señaló un incremento del 33% en el número de turistas. Por su parte, una investigación [31] discutió la integración de un sistema compuesto por una aplicación móvil y una aplicación web para

profesores. Esta última permite establecer puntos de interés e incluir contenido de matemáticas, mientras que los estudiantes usan la aplicación móvil para ver dichos puntos de interés y responder a preguntas de matemáticas. Por ende, la integración de estas aplicaciones beneficia tanto a profesores como a estudiantes. En la investigación de [:2], sobre aplicaciones webmapping para la gestión de emergencias en instituciones de educación superior, se resalta la importancia de un rápido tiempo de respuesta al implementar webmapping en la gestión de emergencias. Al utilizar PostGis y MySQL, garantizan un rendimiento en las alertas de emergencias a través de la herramienta tecnológica JMeter, útil para medir el rendimiento de las aplicaciones. Además, [34] describieron la implementación de una aplicación móvil de bajo costo para una red de bibliotecas. Como resultado, se observó una mejora en la eficiencia al reducir el tiempo de búsqueda, mejorando el tiempo de acceso a la dirección y horario para realizar una tarea a un promedio de 8 segundos. En el artículo "Aplicación móvil multiplataforma para la simular créditos bancarios mediante geoxocalización" de [35], expresaron su objetivo de simular créditos bancarios para los clientes, permitiéndoles así escoger la opción más viable. Como resultado, la aplicación muestra en tiempo real los créditos de los bancos más cercanos a la ubicación del usuario, permitiendo al usuario seleccionar la mejor alternativa de crédito.

Encontrar un taller mecánico confiable y cercano suele ser una tarea ardua y problemática para los conductores. Esta investigación propone una solución a través de una aplicación móvil que permite localizar los talleres disponibles más cercanos, beneficiando especialmente a los propietarios de vehículos en la ciudad de Trujillo. Esta herramienta tecnológica no solo minimiza el tiempo invertido en la búsqueda manual de talleres, sino que también rastrea cambios en dichas búsquedas. El objetivo esencial de este estudio es facilitar y agilizar el acceso a talleres mecánicos, mejorando la experiencia del cliente mediante la implementación de una aplicación móvil.

### II.   BACKGROUND TEÓRICO

Una aplicación móvil es un programa informático diseñado para ejecutarse en smartphones, permitiendo al usuario realizar actividades y acceder a diversos servicios donde la información está presente [38]. Las aplicaciones móviles han demostrado tener un impacto positivo a nivel global, ya que son capaces de resolver problemas en diversos procesos o sectores de la sociedad, resultando en una integración eficaz [40]. La accesibilidad de una aplicación móvil tiene la responsabilidad de garantizar que la información se presente de manera correcta y comprensible para todos los usuarios, sin importar las condiciones especiales que puedan tener algunos o las especificidades del dispositivo que utilicen [43]. Desde una perspectiva de desarrollo ágil, se consideran las características de la tecnología móvil que existía en 2004, así como las diversas plataformas y particularidades de los dispositivos móviles [46]. El objetivo de Mobile-D es desarrollar aplicaciones móviles para grupos pequeños, aproximadamente 10 usuarios o menos, donde cada uno es responsable de su proceso y la solución esté disponible en menos de 3 meses [47]. Lageolocalización, por su parte, permite que un individuo obtenga información en tiempo real su ubicación a través de coordenadas geográficas, expresadas en latitud y longitud [50].

Aquí está la respuesta de ChatGPT:

**Crítica del artículo científico**

**Título**: el título del artículo parece general. Es importante que el título sea claro y conciso, indicando exactamente de qué trata el estudio. Por ejemplo: "Maskay: una aplicación móvil para la geolocalización y acceso eficiente a talleres mecánicos en Trujillo, Perú".

**Resumen**:

1. El resumen proporciona una buena descripción general del artículo, pero podría ser más conciso en su presentación.

2. Evitar repetición de ideas. Por ejemplo, se menciona dos veces que Maskay es una aplicación móvil.

3. Sería útil incluir algunos resultados cuantitativos en el resumen para proporcionar una visión inmediata del impacto de la aplicación.

**Introducción**:

1. La introducción es demasiado extensa. Algunos de los estudios citados no parecen estar directamente relacionados con el tema principal del artículo.

2. Las referencias son listadas en forma numérica, pero sin una bibliografía visible al final. Asegúrese de que todas las referencias estén bien citadas y que haya una lista de referencias completa al final del documento.

3. Evitar la repetición de frases o conceptos ya mencionados en el resumen.

**Background teórico**:

1. Podría ser útil proporcionar una breve historia o evolución de las aplicaciones móviles relacionadas con la geolocalización, para dar contexto.

2. Asegurarse de que todos los conceptos técnicos estén bien definidos para aquellos que no estén familiarizados con el tema.

**Método de investigación**:

1. La estructura y descripción de la metodología es clara, pero sería útil incluir justificaciones de por qué se eligió una metodología específica o herramienta.

2. Es posible que desee incluir detalles sobre cómo se seleccionaron los participantes para el estudio o si hubo criterios de inclusión/exclusión.

**Estudio de caso:**

1. Los diagramas y figuras mencionados no son visibles, lo que dificulta la comprensión completa. Asegúrese de que todas las figuras estén bien integradas y referenciadas en el texto.

2. Las descripciones de las fases de desarrollo son detalladas, pero podrían beneficiarse de ejemplos más específicos o capturas de pantalla de la aplicación en desarrollo.

**Resultados y discusión**:

1. Los resultados son presentados de manera estructurada. Sin embargo, sería útil tener gráficos o visualizaciones que ayuden a interpretar los datos más fácilmente.

2. La discusión se centra en comparar los hallazgos con otros estudios, lo cual es valioso. No obstante, se beneficiaría de una discusión más profunda sobre las implicaciones prácticas de estos hallazgos y cómo Maskay se compara con otras soluciones existentes.

**Estilo y formato**:

1. Asegúrese de seguir las directrices de estilo de la publicación a la que está enviando. Esto incluye la estructura del artículo, las referencias y el formato de las figuras.

2. Evitar la repetición de frases o ideas a lo largo del documento.

3. Asegúrese de que el artículo esté libre de errores gramaticales o tipográficos.

**Conclusión**: el artículo presenta un estudio interesante y valioso sobre la aplicación móvil "Maskay" y su impacto en la búsqueda y acceso a talleres mecánicos en Trujillo, Perú. Sin embargo, el artículo podría beneficiarse de una estructura más clara, una reducción de la repetición, una mayor concisión en ciertas secciones y una discusión más profunda de las implicaciones prácticas de los hallazgos. Con las revisiones adecuadas, este artículo tiene el potencial de ser una contribución significativa al campo de las aplicaciones móviles y la geolocalización.

## Para Desarrolladores

Ahora ChatGPT te podrá ayudar en la escritura, depuración de código en un lenguaje de programación específico.

Se puede crear la tabla, tomar una captura de pantalla y pegarla en mi documento. Pero ChatGPT puede desarrollar fácilmente el HTML necesario para crear una tabla. No solo eso, sino que es increíblemente simple de hacer. Simplemente escriba una tabla en documentos u hojas de Google, péguela en ChatGPT y pídale que la vuelva a formatear en HTML.

Esta es una parte de la data:

| | A | B | C | D | E |
|---|---|---|---|---|---|
| 1 | ITEM | TITULO | EDITORIAL | ISBN | AÑO |
| 2 | 1 | Análisis de Datos con Python 3 | MACRO | 978-612-304 | 2023 |
| 3 | 2 | IFCT095PO Python y Django | RAMA | 978-84-18971-01-3 | 2021 |
| 4 | 3 | Django Web con Python – Django | MACRO | 978-612-304-684-2 | 2021 |
| 5 | 4 | Fundamentos de Programación con Python 3 | MACRO | 9786123046880 | 2020 |
| 6 | 5 | Metodología para la Integración del Planeamiento Estratégico de Tecnologías de Información con la Estrategia Empresaria | RAMA | 978-84-9964-950-4 | 2020 |
| 7 | 6 | Editorial RAMA | | | |
| 8 | 7 | Android – IFCD073PO Desarrollo de aplicaciones móviles para Android | RAMA | 978-84-9964-905-4 | 2020 |
| 9 | 8 | Android – Desarrollo de Aplicaciones con Android | RAMA | 978-84-9964-810-1 | 2020 |
| 10 | 9 | Python – Aplicaciones Practicas | RAMA | 978-84-9964-758-6 | 2019 |
| 11 | 10 | Python – Guía Completa | INKADROID | 978-612-46976-1-6 | 2017 |
| 12 | 11 | Java 8 y Android Studio | INKADROID | 978-612-46976-0-9 | 2016 |

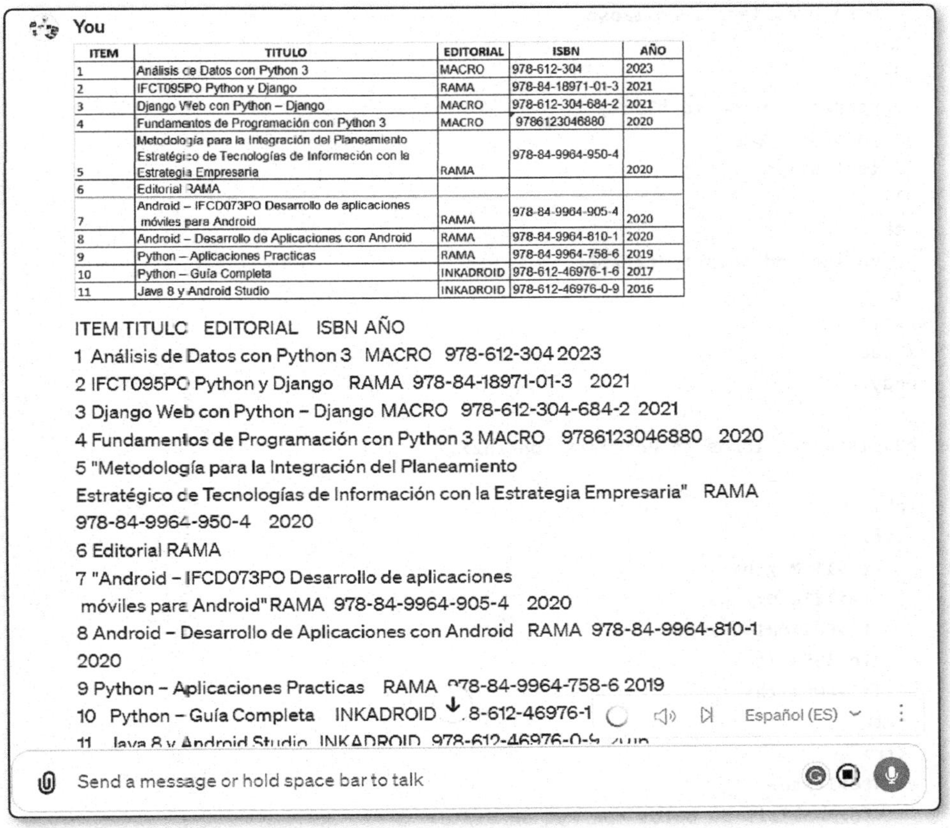

**You**

| ITEM | TITULO | EDITORIAL | ISBN | AÑO |
|------|--------|-----------|------|-----|
| 1 | Análisis de Datos con Python 3 | MACRO | 978-612-304 | 2023 |
| 2 | IFCT095PO Python y Django | RAMA | 978-84-18971-01-3 | 2021 |
| 3 | Django Web con Python – Django | MACRO | 978-612-304-684-2 | 2021 |
| 4 | Fundamentos de Programación con Python 3 | MACRO | 9786123046880 | 2020 |
| 5 | Metodología para la Integración del Planeamiento Estratégico de Tecnologías de Información con la Estrategia Empresaria | RAMA | 978-84-9964-950-4 | 2020 |
| 6 | Editorial RAMA | | | |
| 7 | Android – IFCD073PO Desarrollo de aplicaciones móviles para Android | RAMA | 978-84-9964-905-4 | 2020 |
| 8 | Android – Desarrollo de Aplicaciones con Android | RAMA | 978-84-9964-810-1 | 2020 |
| 9 | Python – Aplicaciones Practicas | RAMA | 978-84-9964-758-6 | 2019 |
| 10 | Python – Guía Completa | INKADROID | 978-612-46976-1-6 | 2017 |
| 11 | Java 8 y Android Studio | INKADROID | 978-612-46976-0-9 | 2016 |

ITEM TITULO  EDITORIAL  ISBN AÑO

1 Análisis de Datos con Python 3  MACRO  978-612-304 2023

2 IFCT095PO Python y Django  RAMA  978-84-18971-01-3  2021

3 Django Web con Python – Django MACRO  978-612-304-684-2  2021

4 Fundamentos de Programación con Python 3 MACRO  9786123046880  2020

5 "Metodología para la Integración del Planeamiento

Estratégico de Tecnologías de Información con la Estrategia Empresaria"  RAMA

978-84-9964-950-4  2020

6 Editorial RAMA

7 "Android – IFCD073PO Desarrollo de aplicaciones

 móviles para Android" RAMA  978-84-9964-905-4  2020

8 Android – Desarrollo de Aplicaciones con Android  RAMA  978-84-9964-810-1

2020

9 Python – Aplicaciones Practicas  RAMA  978-84-9964-758-6 2019

10  Python – Guía Completa  INKADROID  978-612-46976-1  Español (ES)

11  Java 8 y Android Studio  INKADROID  978-612-46976-0-9

Send a message or hold space bar to talk

**Prompt: en base a esta tabla de datos, crea el html para hacer una tabla con celdas contorneadas que contengan esta información.**

ChatGPT responde con:

Claro, aquí tienes el código HTML básico que necesitarás para recrear la tabla con celdas contorneadas que contenga la información proporcionada:

```
<!DOCTYPE html>
<html lang="es">
<head>
<meta charset="UTF-8">
<title>Lista de Libros de Programación</title>
<style>
  table {
    width: 100%;
```

```
      border-collapse: collapse;
    }
    th, td {
      border: 1px solid black;
      padding: 8px;
      text-align: left;
    }
    th {
      background-color: #f2f2f2;
    }
  </style>
  </head>
  <body>

  <h2>Lista de Libros de Programación</h2>

  <table>
    <tr>
      <th>ITEM</th>
      <th>TÍTULO</th>
      <th>EDITORIAL</th>
      <th>ISBN</th>
      <th>AÑO</th>
    </tr>
    <tr>
      <td>1</td>
      <td>Análisis de Datos con Python 3</td>
      <td>MACRO</td>
      <td>978-612-304</td>
      <td>2023</td>
    </tr>
    <tr>
      <td>2</td>
      <td>IFCT095PO Python y Django</td>
      <td>RAMA</td>
      <td>978-84-18971-01-3</td>
      <td>2021</td>
    </tr>
    <!-- Repite filas similares para el resto de los libros -->
  </table>

  </body>
  </html>
```

Completar la tabla, deberías agregar una fila **<tr>** por cada libro, siguiendo el patrón del código que está arriba. He proporcionado las primeras dos filas como ejemplo. Recuerda replicar las filas para cada libro de la lista, asegurándote de reemplazar el contenido de las celdas con la información correspondiente a cada libro.

---

**Prompt: crear una página web para un curriculum vitae (CV) utilizando JavaScript**

ChatGPT responde con:

 Crear una página web para un curriculum vitae (CV) usando JavaScript implica varios pasos y componentes. A continuación, te detallo un esquema básico de cómo podrías estructurar el código HTML, CSS y JavaScript para lograrlo. Este es un ejemplo simple y básico para comenzar:

*HTML (index.html)*

```
<!DOCTYPE html>
<html lang="es">
<head>
<meta charset="UTF-8">
<meta name="viewport" content="width=device-width, initial-scale=1.0">
<title>Mi CV en Línea</title>
<link rel="stylesheet" href="styles.css">
</head>
<body>
  <header>
    <h1 id="nombre">Juan Pérez</h1>
    <p id="profesion">Desarrollador Web</p>
  </header>

  <section id="sobre-mi">
    <h2>Sobre mí</h2>
    <p>Aquí va un breve resumen profesional...</p>
  </section>

  <section id="experiencia">
    <h2>Experiencia Profesional</h2>
    <ul id="lista-experiencia">
      <!-- La experiencia se cargará aquí con JavaScript -->
    </ul>
  </section>
```

```html
    <section id="educacion">
      <h2>Educación</h2>
      <ul id="lista-educacion">
        <!-- La educación se cargará aquí con JavaScript -->
      </ul>
    </section>

    <section id="habilidades">
      <h2>Habilidades</h2>
      <ul id="lista-habilidades">
        <!-- Las habilidades se cargarán aquí con JavaScript -->
      </ul>
    </section>

    <footer>
      <p>Contacto: <span id="email">email@example.com</span></p>
    </footer>

  <script src="scripts.js"></script>
  </body>
  </html>
```

## CSS (styles.css)

```css
/* Estilos básicos para el CV */
body {
  font-family: Arial, sans-serif;
}

header, section, footer {
  margin: 20px;
  padding: 10px;
}

h1 {
  color: #333;
}

h2 {
  color: #555;
}

/* Agrega aquí más estilos según necesites */
```

## JavaScript (scripts.js)

```javascript
// Datos del CV
const experiencia = [
  { puesto: "Desarrollador Front-End", empresa: "Empresa A", periodo: "2020-
2023" },
  // Añade más experiencias aquí
];

const educacion = [
  { título: "Ingeniería en Informática", institución: "Universidad B", periodo:
"2015-2019" },
  // Añade más educación aquí
];

const habilidades = ['HTML', 'CSS', 'JavaScript', 'React'];

// Función para cargar la experiencia
function cargarExperiencia() {
  const lista = document.getElementById('lista-experiencia');
  experiencia.forEach(item => {
    const li = document.createElement('li');
    li.textContent = `${item.puesto} en ${item.empresa} - ${item.periodo}`;
    lista.appendChild(li);
  });
}

// Función para cargar la educación
function cargarEducacion() {
  const lista = document.getElementById('lista-educacion');
  educacion.forEach(item => {
    const li = document.createElement('li');
    li.textContent = `${item.titulo} en ${item.institucion} - ${item.periodo}`;
    lista.appendChild(li);
  });
}

// Función para cargar habilidades
function cargarHabilidades() {
  const lista = document.getElementById('lista-habilidades');
  habilidades.forEach(habilidad => {
    const li = document.createElement('li');
    li.textContent = habilidad;
    lista.appendChild(li);
  });
```

```
}

// Inicializar CV
function inicializarCV() {
  cargarExperiencia();
  cargarEducacion();
  cargarHabilidades();
}

// Llamada a la función inicializarCV cuando se carga la ventana
window.onload = inicializarCV;
```

Recuerda que este es un punto de partida muy básico. En un proyecto real, probablemente querrás añadir más estilos, interactividad, y tal vez incluso cargar los datos desde un archivo JSON o una API. Además, sería importante asegurarse de que el sitio sea accesible y responsivo, ajustándose a diferentes tamaños de pantalla.

**Prompt: crear un juego como Flappy Bird en JavaScript**

ChatGPT responde con:

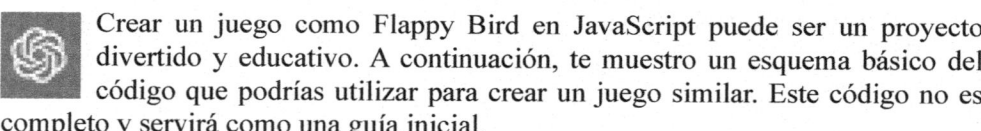 Crear un juego como Flappy Bird en JavaScript puede ser un proyecto divertido y educativo. A continuación, te muestro un esquema básico del código que podrías utilizar para crear un juego similar. Este código no es completo y servirá como una guía inicial.

Para simplificar, el código se enfoca en dibujar un pájaro en un Canvas de HTML, hacerlo saltar con un evento de teclado y detectar colisiones con el suelo.

*Html*

```html
<!DOCTYPE html>
<html lang="en">
<head>
<meta charset="UTF-8">
<title>Flappy Bird Clone</title>
<style>
  canvas {
    display: block;
    margin: auto;
    background-color: #cceeff;
  }
```

```
</style>
</head>
<body>

<canvas id="gameCanvas" width="480" height="640"></canvas>

<script>
// Obtener el canvas y el contexto
var canvas = document.getElementById("gameCanvas");
var ctx = canvas.getContext("2d");

// Variables del juego
var bird = {
  x: 50,
  y: 150,
  width: 20,
  height: 20,
  color: "yellow",
  gravity: 0.6,
  lift: -15,
  velocity: 0
};

var isGameOver = false;

// Dibujar el pájaro
function drawBird() {
  ctx.fillStyle = bird.color;
  ctx.fillRect(bird.x, bird.y, bird.width, bird.height);
}

// Actualizar la posición del pájaro
function updateBird() {
  bird.velocity += bird.gravity;
  bird.y += bird.velocity;

  // Colisión con el suelo
  if (bird.y + bird.height > canvas.height) {
    bird.y = canvas.height - bird.height;
    isGameOver = true;
  }

  // Colisión con el techo
  if (bird.y < 0) {
    bird.y = 0;
```

```
    bird.velocity = 0;
  }
}

// Manejar eventos de teclado
document.addEventListener("keydown", function(event) {
  if (event.code === "Space") {
    bird.velocity += bird.lift;
  }
});

// Función para actualizar el juego
function updateGame() {
  if (!isGameOver) {
    ctx.clearRect(0, 0, canvas.width, canvas.height);
    updateBird();
    drawBird();
    requestAnimationFrame(updateGame);
  } else {
    ctx.font = "24px Arial";
    ctx.fillText("Game Over!", canvas.width / 2 - 50, canvas.height / 2);
  }
}

// Iniciar el juego
updateGame();
</script>
</body>
</html>
```

*Aquí tienes un desglose de lo que hace el código:*

Se crea un **<canvas>** en HTML donde se dibujará el juego.

En el JavaScript, definimos las propiedades del pájaro y cómo se dibujará en el Canvas.

Se manejan las actualizaciones del estado del juego, como la gravedad que afecta al pájaro y la respuesta a la entrada del usuario (presionar la tecla de espacio para "flap").

Hay una detección básica de colisiones que determina si el pájaro ha chocado con el suelo o el techo.

El juego se actualiza continuamente utilizando **requestAnimationFrame**.

Este es un punto de partida muy básico. Un juego completo incluiría obstáculos como tuberías, puntuaciones, animaciones más sofisticadas y mejor manejo de colisiones. Además, para mantener el código organizado y manejable, sería aconsejable dividirlo en módulos y utilizar un enfoque más orientado a objetos o funcional según tus preferencias.

---

**Prompt: crear el código para una calculadora digital en Kotlin para una aplicación en Android**

ChatGPT responde con:

Crear una calculadora digital en Kotlin para una aplicación Android implica varias partes: diseñar la interfaz de usuario (UI), definir la lógica de la calculadora y gestionar las interacciones del usuario. Aquí te proporciono un ejemplo básico de cómo podrías estructurar el código en Kotlin para una simple calculadora que realice operaciones básicas como suma, resta, multiplicación y división.

## Kotlin

```kotlin
import androidx.appcompat.app.AppCompatActivity
import android.os.Bundle
import android.widget.Button
import android.widget.TextView

class MainActivity : AppCompatActivity() {

    private lateinit var resultTextView: TextView
    private var operand: Double = 0.0
    private var operation: String = ""

    Override fun onCreate(savedInstanceState: Bundle?) {
        super.onCreate(savedInstanceState)
        setContentView(R.layout.activity_main)

        resultTextView = findViewById(R.id.resultTextView)

        val numberButtons = listOf(
            findViewById<Button>(R.id.buttonZero),
            findViewById<Button>(R.id.buttonOne),
            findViewById<Button>(R.id.buttonTwo),
```

```kotlin
        // ... otros botones de números
    )

    val operationButtons = listOf(
        findViewById<Button>(R.id.buttonAdd),
        findViewById<Button>(R.id.buttonSubtract),
        findViewById<Button>(R.id.buttonMultiply),
        findViewById<Button>(R.id.buttonDivide)
        // ... otros botones de operaciones
    )

    for (button in numberButtons) {
        button.setOnClickListener {
            numberClicked((it as Button).text.toString())
        }
    }

    for (button in operationButtons) {
        button.setOnClickListener {
            operationClicked((it as Button).text.toString())
        }
    }

    findViewById<Button>(R.id.buttonEquals).setOnClickListener {
        evaluate()
    }

    findViewById<Button>(R.id.buttonClear).setOnClickListener {
        clear()
    }
}

private fun numberClicked(number: String) {
    resultTextView.text = "${resultTextView.text}$number"
}

private fun operationClicked(op: String) {
    operand = resultTextView.text.toString().toDouble()
    operation = op
    resultTextView.text = ""
}

private fun evaluate() {
    val secondOperand = resultTextView.text.toString().toDouble()
    when (operation) {
```

```
        "+" -> resultTextView.text = (operand + secondOperand).toString()
        "-" -> resultTextView.text = (operand - secondOperand).toString()
        "*" -> resultTextView.text = (operand * secondOperand).toString()
        "/" -> {
            if (secondOperand == 0.0) {
                resultTextView.text = "Error"
            } else {
                resultTextView.text = (operand / secondOperand).toString()
            }
        }
      }
    }
  }

  private fun clear() {
      resultTextView.text = ""
      operand = 0.0
      operation = ""
  }
}
```

Este es un código muy básico y no incluye funcionalidades avanzadas, como manejo de errores detallado, operaciones con números en punto flotante y otros aspectos de una calculadora completa. Además, debes crear el archivo **activity_main.xml** para la interfaz de usuario de tu calculadora en la carpeta **res/layout**. Este archivo debería contener **TextView** para la pantalla de la calculadora y **Buttons** para cada uno de los dígitos y operaciones.

Si no estás familiarizado con cómo se configura el archivo **activity_main.xml**, aquí tienes un ejemplo muy simple:

**Xml**

```xml
<RelativeLayout xmlns:android="http://schemas.android.com/apk/res/android"
    android:layout_width="match_parent"
    android:layout_height="match_parent">

    <TextView
        android:id="@+id/resultTextView"
        android:layout_width="match_parent"
        android:layout_height="wrap_content"
        android:textSize="34sp"
        android:gravity="end"
        android:padding="20dp"
        android:text="0" />
```

```
<!-- Aquí agregarías tus Buttons para números y operaciones -->

</RelativeLayout>
```

Este es solo un punto de partida. Desarrollar una aplicación de calculadora completa es un proyecto mucho más grande que involucra una planificación cuidadosa de la UI, la lógica de cálculo, y posiblemente el manejo de estado y errores.

**Prompt: busca errores en este código**

ChatGPT responde con:

 Por supuesto, estaré encantado de ayudarte con tu código. Por favor, pégalo aquí para que pueda revisarlo en busca de errores.

```
for numero1 in range(1,11,,): for numero2 in range(1,numero1+1):
print(numero1,end="") print()
```

ChatGPT

Parece que hay un pequeño error de sintaxis en tu código Python. En la declaración del primer bucle **for**, tienes dos comas seguidas después del **11**, lo cual no es válido en Python. Aquí tienes el código corregido:

```python
for numero1 in range(1, 11):  # Eliminada la coma adicional
    for numero2 in range(1, numero1 + 1):
        print(numero1, end="")
    print()
```

Con esta corrección, el código ahora debería funcionar correctamente y, cuando se ejecute, imprimirá un triángulo de números del 1 al 10, donde cada fila **i** tiene el número **i** impreso **i** veces.

**Prompt: dame 10 razones para usar Python**

ChatGPT responde con:

Python es un lenguaje de programación popular por muchas razones. Aquí tienes diez razones para considerar su uso:

1. **Facilidad de aprendizaje**: Python tiene una sintaxis muy sencilla y legible, lo que facilita su aprendizaje para los principiantes.

2. **Amplia comunidad**: hay una gran comunidad de desarrolladores de Python que contribuyen continuamente a su desarrollo y están disponibles para ofrecer soporte.

3. **Bibliotecas extensas**: Python tiene una rica selección de bibliotecas y frameworks que puedes utilizar para todo, desde desarrollo web hasta ciencia de datos.

4. **Versatilidad**: puedes usar Python en una variedad de dominios, incluyendo desarrollo web, automatización, análisis de datos, aprendizaje automático, y más.

5. **Integración y compatibilidad**: Python se integra bien con otros lenguajes y plataformas, y es compatible con una variedad de sistemas operativos.

6. **Productividad y eficiencia**: la simplicidad de Python aumenta la productividad, ya que permite a los desarrolladores enfocarse más en la solución de problemas que en la complejidad del lenguaje.

7. **Desarrollo impulsado por la comunidad**: Python es desarrollado y mantenido por una comunidad activa, lo que significa que el lenguaje está en constante evolución y mejora.

8. **Soporte corporativo**: grandes empresas como Google, Facebook y Netflix utilizan Python y contribuyen a su ecosistema.

9. **Enfoque en la legibilidad**: el diseño de Python pone un gran énfasis en la legibilidad del código, lo que facilita el mantenimiento y la actualización de los proyectos.

10. **Compatibilidad con IoT**: Python es una elección popular para el desarrollo de proyectos de Internet de las Cosas (IoT) debido a su facilidad de uso y flexibilidad.

Estas razones hacen de Python una excelente opción tanto para programadores principiantes como experimentados y para una amplia gama de aplicaciones.

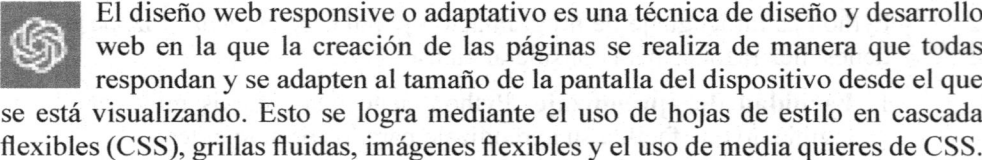

**Prompt: dime que es el diseño web responsive**

ChatGPT responde con:

El diseño web responsive o adaptativo es una técnica de diseño y desarrollo web en la que la creación de las páginas se realiza de manera que todas respondan y se adapten al tamaño de la pantalla del dispositivo desde el que se está visualizando. Esto se logra mediante el uso de hojas de estilo en cascada flexibles (CSS), grillas fluidas, imágenes flexibles y el uso de media quieres de CSS.

El objetivo del diseño web responsive es ofrecer una experiencia de usuario óptima, minimizando el redimensionamiento, el desplazamiento y el recorte innecesario que pueden ocurrir con sitios que no se adaptan a diferentes dispositivos. Esto significa que no importa si el contenido se visualiza desde un teléfono móvil, una tableta, una laptop o un monitor de escritorio de gran tamaño, la página web debería ser capaz de ajustar su presentación para brindar legibilidad y funcionalidad.

En resumen, el diseño web responsive asegura que los usuarios tengan una buena experiencia de visualización, independientemente del dispositivo que utilicen.

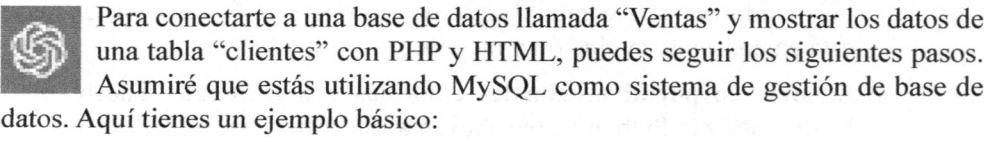

**Prompt: elabora el código de conexión de la base de datos Ventas con PHP mostrar los datos con HTML de la tabla clientes con los siguientes campos: ruc, razón, dirección, teléfono.**

ChatGPT responde con:

Para conectarte a una base de datos llamada "Ventas" y mostrar los datos de una tabla "clientes" con PHP y HTML, puedes seguir los siguientes pasos. Asumiré que estás utilizando MySQL como sistema de gestión de base de datos. Aquí tienes un ejemplo básico:

- ▶ **Conectar a la base de datos:** primero, debes establecer una conexión con tu base de datos. Asegúrate de tener los detalles de conexión como el nombre de host, el nombre de usuario, la contraseña y el nombre de la base de datos.

- ▶ **Consultar la base de datos:** una vez establecida la conexión, puedes realizar una consulta SQL para obtener los datos de la tabla "clientes".

- ▶ **Mostrar los resultados en HTML:** finalmente, puedes iterar sobre los resultados de la consulta y mostrarlos en una estructura HTML, como una tabla.

Aquí tienes un ejemplo de cómo podría lucir el código:

phpCopy code

```php
<?php
$servername = "localhost";
$username = "tu_usuario";
$password = "tu_contraseña";
$dbname = "Ventas";


// Crear conexión
$conn = new mysqli($servername, $username, $password, $dbname);


// Verificar conexión
if ($conn->connect_error) {
    die("La conexión falló: " . $conn->connect_error);
}


$sql = "SELECT ruc, razon, direccion, telefono FROM clientes";
$result = $conn->query($sql);


if ($result->num_rows > 0) {
    // Inicio de la tabla HTML
    echo "<table><tr><th>RUC</th><th>Razón Social</th><th>Dirección</th

    // Salida de cada fila
    while($row = $result->fetch_assoc()) {
        echo "<tr><td>".$row["ruc"]."</td><td>".$row["razon"]."</td><td
    }

    echo "</table>";
} else {
    echo "0 resultados";
}


$conn->close();
?>
```

## Notas importantes:

Asegúrate de reemplazar **"localhost"**, **"tu_usuario"**, **"tu_contraseña"**, y **"Ventas"** con tus propios detalles de conexión.

Este código es un ejemplo básico. En un entorno de producción, deberías considerar aspectos de seguridad como la prevención de inyecciones SQL y usar declaraciones preparadas.

Este código genera una tabla HTML simple. Puedes personalizar el estilo de la tabla con CSS según tus necesidades.

# 3

# PROMPTS PARA CIENCIA DE DATOS

*"La ciencia de datos consiste en extracción de conocimiento
o de patrones no triviales, previamente desconocidos y
potencialmente útil, sobre grandes bases de datos"*

# 3.1 INTRODUCCIÓN

La ciencia de datos es un campo interdisciplinario que utiliza métodos científicos, procesos, algoritmos y sistemas para extraer conocimiento e insights a partir de datos en diversas formas, tanto estructurados como no estructurados, similares a la minería de datos. Combina aspectos de estadísticas, matemáticas, programación y conocimiento de dominio específico para interpretar y manipular datos.

Entre los componentes clave de la ciencia de datos:

▼ Recolección de datos:

   Consiste en reunir datos de diferentes fuentes, que pueden incluir bases de datos, archivos, sensores, entre otros.

▼ Procesamiento y limpieza de datos:

   Se refiere a la transformación y limpieza de los datos para eliminar errores, duplicados o información irrelevante.

▼ Análisis de datos:

   Utiliza técnicas estadísticas y algoritmos para entender, interpretar y extraer conclusiones de los datos.

▼ Machine learning y modelado estadístico:

   Aplica algoritmos y modelos estadísticos para hacer predicciones o identificar patrones en los datos.

▼ Visualización de datos:

Implica la creación de representaciones gráficas de los resultados del análisis para facilitar su comprensión.

▼ Toma de decisiones basada en datos:

Utiliza los insights obtenidos a partir de los datos para apoyar la toma de decisiones en las organizaciones.

La ciencia de datos es utilizada en muchos sectores, como negocios, gobierno, ciencias sociales, tecnología, medicina, entre otros, para tomar decisiones más informadas y predecir tendencias o eventos futuros.

Ahora trataremos algunos prompts para científicos de datos para que puedan realizar mejor sus actividades y ser más productivos en las creación de sus modelos.

## 3.2 PROMPTS PARA DATA SCIENCE

### Prompt (1)

**Prompt: en base a la fuente de datos iris escriba el código en Python para realiza una analítica descriptiva**

ChatGPT responde con:

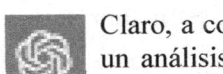

Claro, a continuación, te proporciono un ejemplo de cómo podrías realizar un análisis descriptivo del conjunto de datos Iris en Python utilizando la biblioteca **pandas** para la manipulación de datos y la biblioteca **seaborn** para la visualización. Este conjunto de datos contiene mediciones de las características de las flores Iris de tres especies diferentes.

```python
python
import pandas as pd
import seaborn as sns
import matplotlib.pyplot as plt

# Cargar el conjunto de datos Iris
df = sns.load_dataset('iris')

# Mostrar las primeras filas del conjunto de datos
print(df.head())
```

```
# Descripción estadística de las características numéricas
print(df.describe())

# Contar el número de instancias para cada especie
print(df['species'].value_counts())

# Visualizaciones para el análisis descriptivo
# Histogramas para las características numéricas
df.hist(edgecolor='black', linewidth=1.2, figsize=(12, 8))
plt.suptitle("Histogramas de las características del Iris")
plt.show()

# Diagrama de cajas para comparar distribuciones
plt.figure(figsize=(12, 8))
plt.suptitle("Diagramas de caja para las características del Iris")
sns.boxplot(data=df)
plt.show()

# Diagramas de pares para relaciones bivariadas
sns.pairplot(df, hue='species')
plt.suptitle("Diagramas de pares del Iris con color por especie")
plt.show()
```

Este código realiza lo siguiente:

1. Carga el conjunto de datos Iris.

2. Imprime las primeras filas para tener una idea de la estructura de los datos.

3. Proporciona estadísticas descriptivas como la media, mediana, desviación estándar, etc., para las variables numéricas.

4. Cuenta cuántas instancias hay de cada especie de Iris.

5. Genera histogramas para cada característica numérica, lo que ayuda a entender la distribución de cada característica.

6. Crea diagramas de caja (boxplots) para visualizar la distribución y detectar valores atípicos.

7. Hace diagramas de pares (pairplot) para ver las relaciones bivariadas y cómo se agrupan los datos de las diferentes especies.

Antes de ejecutar este script, asegúrate de tener instaladas las bibliotecas **pandas**, **seaborn** y **matplotlib**. Puedes instalarlas con pip:

```sh
pip install pandas seaborn matplotlib
```

Este es un análisis descriptivo básico, pero el conjunto de datos Iris puede ser analizado de muchas otras maneras más complejas dependiendo de los objetivos de tu análisis.

## Prompt (2)

Prompt: en base a la siguiente fuente de datos escriba el código en Python para realiza una analítica descriptiva, el separador numérico es el punto.

| | A | B | C | D | E | F | G | H |
|---|---|---|---|---|---|---|---|---|
| 1 | Dates | PX_OPEN | PX_LAST | PX_HIGH | PX_LOW | PX_MID | PX_VOLUME | TURNOVER |
| 2 | 4/01/2010 | 1.88 | 1.94 | 1.95 | 1.88 | 1.95 | 1255212 | 2429876 |
| 3 | 5/01/2010 | 1.94 | 2.01 | 2.01 | 1.94 | 2.01 | 650367 | 1286412 |
| 4 | 6/01/2010 | 2.05 | 2.05 | 2.06 | 2.03 | 2.05 | 1899932 | 3878281 |
| 5 | 7/01/2010 | 2.05 | 2.04 | 2.05 | 2.01 | 2.04 | 946334 | 1917474 |
| 6 | 8/01/2010 | 2.04 | 2.04 | 2.04 | 2.01 | 2.04 | 1348336 | 2740482 |
| 7 | 11/01/2010 | 2.06 | 2.03 | 2.09 | 2.03 | 2.02 | 1512945 | 3130316 |
| 8 | 12/01/2010 | 2.01 | 1.98 | 2.01 | 1.98 | 1.99 | 1717348 | 3418243 |
| 9 | 13/01/2010 | 2.01 | 1.94 | 2.01 | 1.93 | 1.93 | 15368300 | 29771230 |
| 10 | 14/01/2010 | 1.96 | 1.88 | 1.96 | 1.87 | 1.88 | 7593286 | 14351240 |
| 11 | 15/01/2010 | 1.86 | 1.89 | 1.91 | 1.85 | 1.89 | 4686626 | 8784675 |
| 12 | 18/01/2010 | 1.91 | 1.94 | 1.94 | 1.91 | 1.95 | 3028501 | 5846874 |
| 13 | 19/01/2010 | 1.93 | 1.96 | 1.97 | 1.93 | 1.97 | 2111209 | 4135395 |
| 14 | 20/01/2010 | 1.93 | 1.93 | 1.95 | 1.92 | 1.93 | 947025 | 1826595 |
| 15 | 21/01/2010 | 1.93 | 1.91 | 1.94 | 1.9 | 1.91 | 1932630 | 3687947 |
| 16 | 22/01/2010 | 1.88 | 1.92 | 1.93 | 1.86 | 1.93 | 1093104 | 2076711 |
| 17 | 25/01/2010 | 1.92 | 1.93 | 1.94 | 1.92 | 1.93 | 1172298 | 2264678 |
| 18 | 26/01/2010 | 1.93 | 1.94 | 1.94 | 1.9 | 1.94 | 2005960 | 3871081 |
| 19 | 27/01/2010 | 1.93 | 1.9 | 1.93 | 1.89 | 1.9 | 880166 | 1680469 |
| 20 | 28/01/2010 | 1.9 | 1.87 | 1.9 | 1.86 | 1.87 | 2533517 | 4744905 |
| 21 | 29/01/2010 | 1.88 | 1.88 | 1.9 | 1.87 | 1.88 | 1193730 | 2254455 |
| 22 | 1/02/2010 | 1.88 | 1.9 | 1.9 | 1.88 | 1.9 | 692833 | 1303767 |
| 23 | 2/02/2010 | 1.91 | 1.92 | 1.92 | 1.89 | 1.92 | 830959 | 1588275 |
| 24 | 3/02/2010 | 1.92 | 1.91 | 1.93 | 1.91 | 1.9 | 1291264 | 2477996 |
| 25 | 4/02/2010 | 1.89 | 1.83 | 1.89 | 1.81 | 1.83 | 1709525 | 3130878 |
| 26 | 5/02/2010 | 1.82 | 1.81 | 1.82 | 1.76 | 1.8 | 1864849 | 3343650 |
| 27 | 8/02/2010 | 1.81 | 1.83 | 1.85 | 1.81 | 1.83 | 1950456 | 3564548 |
| 28 | 9/02/2010 | 1.83 | 1.87 | 1.88 | 1.83 | 1.87 | 4114145 | 7713212 |
| 29 | 10/02/2010 | 1.87 | 1.85 | 1.87 | 1.83 | 1.85 | 610435 | 1124757 |

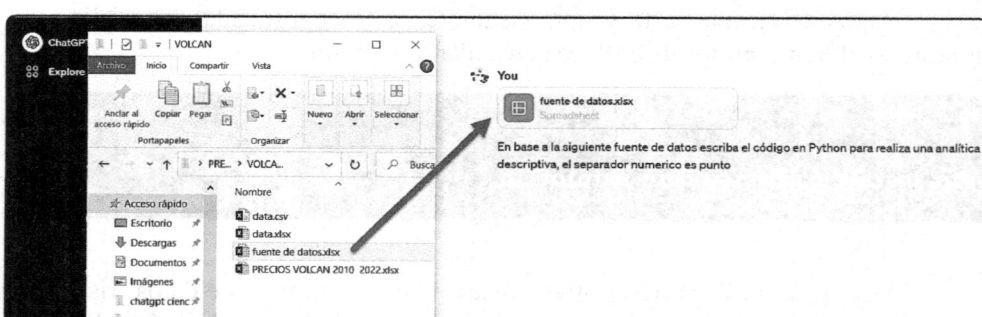

ChatGPT responde con:

El archivo proporcionado contiene una serie de datos financieros con las siguientes columnas: Fechas (**Dates**), Precio de apertura (**PX_OPEN**), Precio de cierre (**PX_LAST**), Precio máximo (**PX_HIGH**), Precio mínimo (**PX_LOW**), Precio medio (**PX_MID**), Volumen (**PX_VOLUME**) y Rotación (**TURNOVER**). Para realizar un análisis descriptivo, examinaré estadísticas resumidas, como la media, mediana, desviación estándar, valores mínimos y máximos de cada columna numérica. Además, se pueden incluir visualizaciones para ayudar a entender la distribución y las tendencias de los datos.

Voy a proceder con este análisis.

El análisis descriptivo de los datos financieros proporciona las siguientes estadísticas resumidas:

**Precio de apertura (PX_OPEN):**

- Media: 1.10
- Desviación estandar: 0.70
- Mínimo: 0.17
- Máximo: 2.86

**Precio de cierre (px_last):**

- Media: 1.10
- Desviación estandar: 0.70
- Mínimo: 0.17
- Máximo: 2.86

**Precio máximo (px_high)**:

- Media: 1.11
- Desviación estandar: 0.71
- Mínimo: 0.17
- Máximo: 2.88

**Precio mínimo (px_low)**:

- Media: 1.09
- Desviación estandar: 0.70
- Mínimo: 0.17
- Máximo: 2.85

**Precio medio (px_mid)**:

- Media: 1.10
- Desviación estandar: 0.70
- Mínimo: 0.16
- Máximo: 2.86

**Volúmen (px_volume)**:

- Media: ~2.67 millones
- Desviación estandar: ~7.60 millones
- Mínimo: 50
- Máximo: ~279.33 millones

**Rotación (turnover)**:

- Media: ~3.24 millones
- Desviación estandar: ~14.04 millones
- Mínimo: 30
- Máximo: ~547.45 millones

Las visualizaciones muestran la distribución de cada uno de estos valores. Estas distribuciones son útiles para entender la variabilidad de los datos y pueden revelar tendencias o patrones subyacentes en el comportamiento del mercado. Por ejemplo, la mayoría de los valores de volumen y rotación están agrupados en el extremo inferior del rango, lo que sugiere que la mayoría de los días tienen un volumen y rotación relativamente bajos, con algunos días de actividad excepcionalmente alta

# Prompt (3)

**Prompt:** construye un modelo de aprendizaje automático en Python que prediga enfermedades a través de imágenes

ChatGPT responde con:

 Para construir un modelo de aprendizaje automático en Python que prediga enfermedades a partir de imágenes, necesitarás seguir varios pasos. Aquí te doy una guía general de cómo hacerlo:

1. Recopilación de Datos

  - **Fuente de datos:** necesitarás un conjunto de imágenes médicas etiquetadas con sus respectivas enfermedades. Estas pueden ser radiografías, escáneres de MRI, imágenes de ultrasonido, etc.

  - **Preprocesamiento:** las imágenes deben ser preprocesadas para normalizar su tamaño, escala de colores, y posiblemente para resaltar características importantes.

2. Elección del Modelo

  - **Modelos convencionales:** redes neuronales convolucionales (CNN) son ampliamente utilizadas para tareas de clasificación de imágenes.

  - **Modelos avanzados:** puedes explorar modelos más avanzados como Inception, ResNet, o modelos preentrenados en un conjunto de datos similar.

3. Preparación de Datos

  - **División de datos:** divide tus datos en conjuntos de entrenamiento, validación y prueba.

  - **Aumento de datos:** utiliza técnicas de aumento de datos para mejorar la generalización del modelo.

4. Entrenamiento del Modelo

  - **Configuración:** define los parámetros de entrenamiento, como la tasa de aprendizaje, la función de pérdida, y el optimizador.

  - **Entrenamiento:** entrena el modelo utilizando tu conjunto de datos.

5. Evaluación y Ajuste

  - **Evaluación:** evalúa el modelo con el conjunto de validación y prueba para determinar su precisión y otras métricas relevantes.

  - **Ajuste fino:** ajusta los hiperparámetros o la arquitectura del modelo según sea necesario para mejorar el rendimiento.

6. Implementación

- **Despliegue:** implementa el modelo en un entorno clínico o de investigación para pruebas adicionales y uso práctico.

Ejemplo de código en Python

Aquí tienes un ejemplo básico usando Keras y TensorFlow:

pythonCopy code

```python
# Modelo simple de CNN
model = Sequential([
    Conv2D(32, (3, 3), activation='relu', input_shape=(image_width, image_height, 3))
    MaxPooling2D(2, 2),
    Conv2D(64, (3, 3), activation='relu'),
    MaxPooling2D(2, 2),
    Flatten(),
    Dense(128, activation='relu'),
    Dense(num_classes, activation='softmax')
])

model.compile(optimizer='adam', loss='categorical_crossentropy', metrics=['accuracy']

# Generador de imágenes para entrenamiento
train_datagen = ImageDataGenerator(rescale=1./255)
train_generator = train_datagen.flow_from_directory(
        train_directory,
        target_size=(image_width, image_height),
        batch_size=batch_size,
        class_mode='categorical')

# Entrenamiento del modelo
model.fit(train_generator, steps_per_epoch=steps_per_epoch, epochs=epochs)
```

Recuerda que este es solo un ejemplo básico. La complejidad real dependerá de la naturaleza de tu conjunto de datos y los requisitos específicos de tu proyecto. Además, es crucial trabajar con un experto en el dominio médico para garantizar que las interpretaciones y las predicciones del modelo sean clínicamente válidas.

## Prompt (4)

ChatGPT responde con:

Para construir un modelo de aprendizaje automático en Python que clasifique imágenes utilizando el algoritmo YOLO (You Only Look Once), necesitarás seguir varios pasos. Aquí te proporciono una guía general para comenzar:

1. Preparación del entorno

   Primero, necesitarás un entorno Python con las bibliotecas necesarias instaladas. Usualmente, para trabajar con YOLO se requiere:

   Python 3.x

   Bibliotecas como NumPy, OpenCV, etc.

   Un framework de aprendizaje profundo como TensorFlow o PyTorch.

2. Obtención y preparación de datos

   Para entrenar el modelo YOLO, necesitarás un conjunto de datos de imágenes que estén debidamente etiquetadas. Puedes utilizar conjuntos de datos existentes como COCO, PASCAL VOC, etc.

3. Selección del modelo YOLO

   Hay varias versiones de YOLO, como YOLOv3, YOLOv4, YOLOv5. Cada versión tiene sus propias características y eficiencias. Debes elegir una basada en tus necesidades y recursos.

4. Carga del modelo preentrenado (opcional)

   Puedes comenzar con un modelo YOLO preentrenado para acelerar el proceso y mejorar la eficacia del aprendizaje.

5. Entrenamiento del modelo

   Entrena el modelo con tu conjunto de datos. Este paso implica ajustar los hiperparámetros, realizar la detección de objetos y la clasificación.

6. Evaluación del modelo

   Evalúa el modelo usando métricas como precisión, recall, mAP (mean Average Precision), etc.

7. Implementación

   Una vez que el modelo esté entrenado y evaluado, puedes implementarlo para clasificar nuevas imágenes.

Ejemplo de código básico

Aquí te muestro un ejemplo básico de cómo se vería el código para cargar y usar un modelo YOLO preentrenado. Este ejemplo asume que estás utilizando PyTorch y que has descargado los pesos del modelo YOLO:

```
pythonCopy code
```

```python
import torch
import cv2
from PIL import Image

# Cargar el modelo preentrenado
model = torch.hub.load('ultralytics/yolov5', 'yolov5s', pretrained=True)

# Función para realizar la detección
def detect_image(image_path):
    image = Image.open(image_path)
    results = model(image)
    results.show()  # Para visualizar

# Usar la función en una imagen
detect_image('path_to_your_image.jpg')
```

Este es un ejemplo muy básico. El desarrollo de un modelo completo de YOLO para clasificación de imágenes específicas requeriría una implementación más detallada y posiblemente el entrenamiento personalizado del modelo con tus propios datos.

### (i) NOTA

Dado que el desarrollo de modelos YOLO es complejo y puede requerir recursos computacionales significativos (como una GPU), es recomendable tener experiencia previa en aprendizaje profundo y procesamiento de imágenes. Además, la selección del modelo YOLO específico y la configuración detallada dependerán de tus necesidades específicas y limitaciones de recursos.

## Prompt (5)

Prompt: en base a la siguiente fuente de datos escriba el código en Python para visualización y exploración de datos.

| | A | B | C | D | E | F | G | H |
|---|---|---|---|---|---|---|---|---|
| 1 | Dates | PX_OPEN | PX_LAST | PX_HIGH | PX_LOW | PX_MID | PX_VOLUME | TURNOVER |
| 2 | 4/01/2010 | 1.88 | 1.94 | 1.95 | 1.88 | 1.95 | 1255212 | 2429876 |
| 3 | 5/01/2010 | 1.94 | 2.01 | 2.01 | 1.94 | 2.01 | 650367 | 1286412 |
| 4 | 6/01/2010 | 2.05 | 2.05 | 2.06 | 2.03 | 2.05 | 1899932 | 3878281 |
| 5 | 7/01/2010 | 2.05 | 2.04 | 2.05 | 2.01 | 2.04 | 946334 | 1917474 |
| 6 | 8/01/2010 | 2.04 | 2.04 | 2.04 | 2.01 | 2.04 | 1348336 | 2740482 |
| 7 | 11/01/2010 | 2.06 | 2.03 | 2.09 | 2.03 | 2.02 | 1512945 | 3130316 |
| 8 | 12/01/2010 | 2.01 | 1.98 | 2.01 | 1.98 | 1.99 | 1717348 | 3418243 |
| 9 | 13/01/2010 | 2.01 | 1.94 | 2.01 | 1.93 | 1.93 | 15368300 | 29771230 |
| 10 | 14/01/2010 | 1.96 | 1.88 | 1.96 | 1.87 | 1.88 | 7593286 | 14351240 |
| 11 | 15/01/2010 | 1.86 | 1.89 | 1.91 | 1.85 | 1.89 | 4686626 | 8784675 |
| 12 | 18/01/2010 | 1.91 | 1.94 | 1.94 | 1.91 | 1.95 | 3028501 | 5846874 |
| 13 | 19/01/2010 | 1.93 | 1.96 | 1.97 | 1.93 | 1.97 | 2111209 | 4135395 |
| 14 | 20/01/2010 | 1.93 | 1.93 | 1.95 | 1.92 | 1.93 | 947025 | 1826595 |
| 15 | 21/01/2010 | 1.93 | 1.91 | 1.94 | 1.9 | 1.91 | 1932630 | 3687947 |
| 16 | 22/01/2010 | 1.88 | 1.92 | 1.93 | 1.86 | 1.93 | 1093104 | 2076711 |
| 17 | 25/01/2010 | 1.92 | 1.93 | 1.94 | 1.92 | 1.93 | 1172298 | 2264678 |
| 18 | 26/01/2010 | 1.93 | 1.94 | 1.94 | 1.9 | 1.94 | 2005960 | 3871081 |
| 19 | 27/01/2010 | 1.93 | 1.9 | 1.93 | 1.89 | 1.9 | 880166 | 1680469 |
| 20 | 28/01/2010 | 1.9 | 1.87 | 1.9 | 1.86 | 1.87 | 2533517 | 4744905 |
| 21 | 29/01/2010 | 1.88 | 1.88 | 1.9 | 1.87 | 1.88 | 1193730 | 2254455 |
| 22 | 1/02/2010 | 1.88 | 1.9 | 1.9 | 1.88 | 1.9 | 692833 | 1303767 |
| 23 | 2/02/2010 | 1.91 | 1.92 | 1.92 | 1.89 | 1.92 | 830959 | 1588275 |
| 24 | 3/02/2010 | 1.92 | 1.91 | 1.93 | 1.91 | 1.9 | 1291264 | 2477996 |
| 25 | 4/02/2010 | 1.89 | 1.83 | 1.89 | 1.81 | 1.83 | 1709525 | 3130878 |
| 26 | 5/02/2010 | 1.82 | 1.81 | 1.82 | 1.76 | 1.8 | 1864849 | 3343650 |
| 27 | 8/02/2010 | 1.81 | 1.83 | 1.85 | 1.81 | 1.83 | 1950456 | 3564548 |

ChatGPT responde con:

El archivo Excel que has cargado contiene datos financieros con las siguientes columnas:

- ▶ **Dates**: fechas de las observaciones.
- ▶ **PX_OPEN**: precio de apertura.
- ▶ **PX_LAST**: último precio registrado.
- ▶ **PX_HIGH**: precio más alto del día.
- ▶ **PX_LOW**: precio más bajo del día.
- ▶ **PX_MID**: precio medio.
- ▶ **PX_VOLUME**: volumen de acciones negociadas.
- ▶ **TURNOVER**: facturación.

Para explorar y visualizar estos datos, podemos realizar varias operaciones en Python utilizando las bibliotecas **pandas** y **matplotlib**. A continuación, propongo algunas ideas:

▸ **Resumen estadístico**: obtener un resumen estadístico de las columnas numéricas.

▸ **Gráfico de líneas para precios**: un gráfico de líneas mostrando la evolución de **PX_OPEN**, **PX_LAST**, **PX_HIGH**, y **PX_LOW** a lo largo del tiempo.

▸ **Histograma de volumen y facturación**: histogramas para **PX_VOLUME** y **TURNOVER** para entender la distribución de estos valores.

▸ **Correlaciones entre variables**: un mapa de calor de correlación para ver las relaciones entre las diferentes variables financieras.

Comenzaré con el resumen estadístico y luego procederé con los gráficos. ¿Te parece bien?

Si

El resumen estadístico de los datos financieros revela lo siguiente:

▸ **PX_OPEN, PX_LAST, PX_HIGH, PX_LOW, PX_MID**: estas columnas, que representan diferentes precios (apertura, último, alto, bajo, medio), tienen valores promedio alrededor de 1.10, con una desviación estándar alrededor de 0.70. Esto indica cierta variabilidad en los precios a lo largo del tiempo.

▸ **PX_VOLUME**: el volumen de acciones negociadas tiene una gran variación, como lo muestra la elevada desviación estándar (aproximadamente 7.6 millones) en comparación con la media (alrededor de 2.7 millones). Esto sugiere que hubo días con mucha más actividad comercial que otros.

▸ **TURNOVER**: similar al volumen de acciones, la facturación también muestra una gran variación.

Ahora procederé con la creación de un gráfico de líneas para visualizar la evolución de los precios (PX_OPEN, PX_LAST, PX_HIGH, y PX_LOW) a lo largo del tiempo.

Aquí tienes el gráfico de líneas que muestra la evolución de los precios (PX_OPEN, PX_LAST, PX_HIGH, PX_LOW) a lo largo del tiempo. Cada línea representa una serie de precios diferente, lo que te permite observar cómo han fluctuado estos valores en el periodo cubierto por los datos.

Si hay algún otro aspecto específico de los datos que te gustaría explorar o una visualización diferente que te gustaría ver, házmelo saber.

## Prompt (6)

**Prompt: construye un modelo de aprendizaje automático en Python que prediga el precio de las viviendas.**

| | A | B | C | D | E | F | G | H | I | J | K | L | M |
|---|---|---|---|---|---|---|---|---|---|---|---|---|---|
| 1 | id,date,price,bedrooms,bathrooms,sqft_living,sqft_lot,floors,waterfront,view,condition,grade,sqft_above,sqft_basement,yr_built,yr_renovated,zipcode,lat,long,sqft_living15,sqft_lot15 | | | | | | | | | | | | |
| 2 | 7129300520,"20141013T000000",221900,3,1,1180,5650,"1",0,0,3,7,1180,0,1955,0,"98178",47.5112,-122.257,1340,5650 | | | | | | | | | | | | |
| 3 | 6414100192,"20141209T000000",538000,3,2.25,2570,7242,"2",0,0,3,7,2170,400,1951,1991,"98125",47.721,-122.319,1690,7639 | | | | | | | | | | | | |
| 4 | 5631500400,"20150225T000000",180000,2,1,770,10000,"1",0,0,3,6,770,0,1933,0,"98028",47.7379,-122.233,2720,8062 | | | | | | | | | | | | |
| 5 | 2487200875,"20141209T000000",604000,4,3,1960,5000,"1",0,0,5,7,1050,910,1965,0,"98136",47.5208,-122.393,1360,5000 | | | | | | | | | | | | |
| 6 | 1954400510,"20150218T000000",510000,3,2,1680,8080,"1",0,0,3,8,1680,0,1987,0,"98074",47.6168,-122.045,1800,7503 | | | | | | | | | | | | |
| 7 | 7237550310,"20140512T000000",1.225e+006,4,4.5,5420,101930,"1",0,0,3,11,3890,1530,2001,0,"98053",47.6561,-122.005,4760,101930 | | | | | | | | | | | | |
| 8 | 1321400060,"20140627T000000",257500,3,2.25,1715,6819,"2",0,0,3,7,1715,0,1995,0,"98003",47.3097,-122.327,2238,6819 | | | | | | | | | | | | |
| 9 | 2008000270,"20150115T000000",291850,3,1.5,1060,9711,"1",0,0,3,7,1060,0,1963,0,"98198",47.4095,-122.315,1650,9711 | | | | | | | | | | | | |
| 10 | 2414600126,"20150415T000000",229500,3,1,1780,7470,"1",0,0,3,7,1050,730,1960,0,"98146",47.5123,-122.337,1780,8113 | | | | | | | | | | | | |
| 11 | 3793500160,"20150312T000000",323000,3,2.5,1890,6560,"2",0,0,3,7,1890,0,2003,0,"98038",47.3684,-122.031,2390,7570 | | | | | | | | | | | | |
| 12 | 1736800520,"20150403T000000",662500,3,2.5,3560,9796,"1",0,0,3,8,1860,1700,1965,0,"98007",47.6007,-122.145,2210,8925 | | | | | | | | | | | | |
| 13 | 9212900260,"20140527T000000",468000,2,1,1160,6000,"1",0,0,4,7,860,300,1942,0,"98115",47.69,-122.292,1330,6000 | | | | | | | | | | | | |
| 14 | 0114101516,"20140528T000000",310000,3,1,1430,19901,"1.5",0,0,4,7,1430,0,1927,0,"98028",47.7558,-122.229,1780,12697 | | | | | | | | | | | | |
| 15 | 6054650070,"20141007T000000",400000,3,1.75,1370,9680,"1",0,0,4,7,1370,0,1977,0,"98074",47.6127,-122.045,1370,10208 | | | | | | | | | | | | |
| 16 | 1175000570,"20150312T000000",530000,5,2,1810,4850,"1.5",0,0,3,7,1810,0,1900,0,"98107",47.67,-122.394,1360,4850 | | | | | | | | | | | | |
| 17 | 9297300055,"20150124T000000",650000,4,3,2950,5000,"2",0,3,3,9,1980,970,1979,0,"98126",47.5714,-122.375,2140,4000 | | | | | | | | | | | | |
| 18 | 1875500060,"20140731T000000",395000,3,2,1890,14040,"2",0,0,3,7,1890,0,1994,0,"98019",47.7277,-121.962,1890,14018 | | | | | | | | | | | | |
| 19 | 6865200140,"20140529T000000",485000,4,1,1600,4300,"1.5",0,0,4,7,1600,0,1916,0,"98103",47.6648,-122.343,1610,4300 | | | | | | | | | | | | |
| 20 | 0016000397,"20141205T000000",189000,2,1,1200,9850,"1",0,0,4,7,1200,0,1921,0,"98002",47.3089,-122.21,1060,5095 | | | | | | | | | | | | |
| 21 | 7983200060,"20150424T000000",230000,3,1,1250,9774,"1",0,0,4,7,1250,0,1969,0,"98003",47.3343,-122.306,1280,8850 | | | | | | | | | | | | |
| 22 | 6300500875,"20140514T000000",385000,4,1.75,1620,4980,"1",0,0,4,7,860,760,1947,0,"98133",47.7025,-122.341,1400,4980 | | | | | | | | | | | | |
| 23 | 2524049179,"20140826T000000",2e+006,3,2.75,3050,44867,"1",0,4,3,9,2330,720,1968,0,"98040",47.5316,-122.233,4110,20336 | | | | | | | | | | | | |
| 24 | 7137970340,"20140703T000000",285000,5,2.5,2270,6300,"2",0,0,3,8,2270,0,1995,0,"98092",47.3266,-122.169,2240,7005 | | | | | | | | | | | | |
| 25 | 8091400200,"20140516T000000",252700,2,1.5,1070,9643,"1",0,0,3,7,1070,0,1985,0,"98030",47.3533,-122.166,1220,8386 | | | | | | | | | | | | |
| 26 | 3814700200,"20141120T000000",329000,3,2.25,2450,6500,"2",0,0,4,8,2450,0,1985,0,"98030",47.3739,-122.172,2200,6865 | | | | | | | | | | | | |
| 27 | 1202000200,"20141103T000000",233000,3,2,1710,4697,"1.5",0,0,5,6,1710,0,1941,0,"98002",47.3048,-122.218,1030,4705 | | | | | | | | | | | | |
| 28 | 1794500383,"20140626T000000",937000,3,1.75,2450,2691,"2",0,0,3,8,1750,700,1915,0,"98119",47.6386,-122.36,1760,3573 | | | | | | | | | | | | |
| 29 | 3303700376,"20141201T000000",667000,3,1,1400,1581,"1.5",0,0,5,8,1400,0,1909,0,"98112",47.6221,-122.314,1860,3861 | | | | | | | | | | | | |

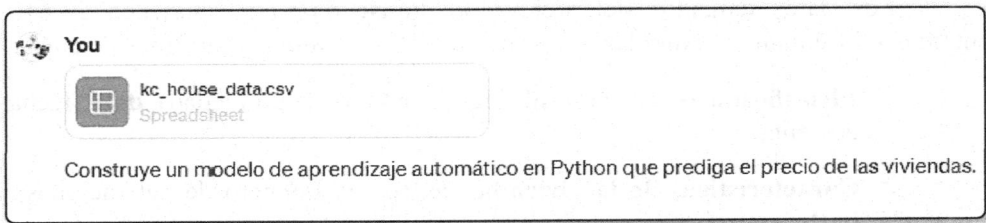

**You**

kc_house_data.csv
Spreadsheet

Construye un modelo de aprendizaje automático en Python que prediga el precio de las viviendas.

ChatGPT responde con:

Para construir un modelo de aprendizaje automático en Python que prediga el precio de las viviendas utilizando los datos del archivo **kc_house_data. csv**, seguiré los siguientes pasos:

- ▶ **Exploración y preprocesamiento de datos**: primero, cargaré y exploraré tus datos para entender su estructura y realizar cualquier limpieza o preprocesamiento necesario.

- ▶ **Selección de características**: identificaré las características más relevantes para la predicción del precio de las viviendas.

- ▶ **División de datos**: dividiré los datos en conjuntos de entrenamiento y prueba.

- ▶ **Construcción del modelo**: utilizaré un modelo de regresión, como la regresión lineal o un modelo más avanzado si es necesario, para predecir los precios de las viviendas.

- ▶ **Entrenamiento y evaluación**: entrenaré el modelo con el conjunto de datos de entrenamiento y luego lo evaluaré con el conjunto de prueba para ver qué tan bien realiza las predicciones.

- ▶ **Optimización y ajustes finales**: dependiendo de los resultados, realizaré ajustes en el modelo o en la selección de características para mejorar la precisión.

Voy a comenzar con el primer paso, cargando y explorando tus datos.

Los datos cargados del archivo **kc_house_data.csv** contienen 21,613 entradas y 21 columnas. Aquí hay un resumen de las columnas y sus tipos de datos:

▼ **Identificadores y fechas**: **id** (identificador de la propiedad), **date** (fecha de venta).

▼ **Características de la vivienda**: **bedrooms** (número de habitaciones), **bathrooms** (número de baños), **sqft_living** (pies cuadrados de espacio habitable), **sqft_lot** (tamaño del lote en pies cuadrados), **floors** (número de pisos), **waterfront** (si es frente al mar o no), **view** (calidad de la vista), **condition** (condición de la propiedad), **grade** (calificación general dada a la unidad de vivienda), **sqft_above** (pies cuadrados del espacio habitable por encima del nivel del suelo), **sqft_basement** (pies cuadrados del sótano), **yr_built** (año de construcción), **yr_renovated** (año de renovación), **zipcode** (código postal), **lat** (latitud), **long** (longitud), **sqft_living15** (promedio de pies cuadrados de espacio habitable de los 15 vecinos más cercanos), **sqft_lot15** (promedio de tamaño del lote de los 15 vecinos más cercanos).

▼ **Variable objetivo**: **price** (precio de venta de la vivienda).

Antes de proceder con la selección de características y la construcción del modelo, es importante revisar si hay datos faltantes o anomalías en los datos, y convertir las variables categóricas en un formato adecuado para el modelado. Vamos a realizar un análisis básico para identificar estas cuestiones.

La revisión de los datos muestra que no hay valores faltantes en el conjunto de datos, lo cual es una excelente noticia para el modelado. Sin embargo, hay algunas observaciones interesantes en las estadísticas descriptivas:

▼ **Valores extremos**: algunas variables como **bedrooms**, **bathrooms**, **sqft_living**, **sqft_lot**, etc., tienen máximos muy altos comparados con sus medias y medianas, lo que sugiere la presencia de valores extremos.

▼ **Variables diversas**: hay una amplia gama en la distribución de variables como el año de construcción (**yr_built**), año de renovación (**yr_renovated**), y el tamaño del lote (**sqft_lot**).

▼ **Variables categóricas y numéricas**: el conjunto de datos incluye tanto variables categóricas (como **waterfront** y **view**) como numéricas.

Para la selección de características, consideraré todas las variables excepto **id** y **date**, ya que estas no aportan información útil para la predicción del precio. A continuación, dividiré los datos en conjuntos de entrenamiento y prueba y construiré un modelo de regresión lineal como punto de partida. Más tarde, podríamos explorar modelos más complejos si es necesario.

Voy a proceder con la división de los datos y la construcción del modelo.

El modelo de regresión lineal ha sido entrenado y evaluado. Aquí están las métricas clave de rendimiento:

- ▸ **Raíz del error cuadrático medio (RMSE)**: $212,539.52. Este valor representa la desviación estándar de los errores de predicción, es decir, cuánto se desvían las predicciones del modelo de los valores reales. En este caso, indica que las predicciones del modelo pueden variar en promedio aproximadamente $212,539.52 del valor real de la casa.

- ▸ **Coeficiente de determinación (2R2)**: 0.701. Esta métrica indica que aproximadamente el 70.1% de la variabilidad en el precio de las viviendas es explicada por el modelo. Un valor de 2R2 cercano a 1 indica un ajuste muy bueno del modelo.

Estas métricas sugieren que el modelo tiene un rendimiento decente, pero podría haber espacio para mejoras. Podríamos considerar ajustar el modelo, como realizar ingeniería de características, usar transformaciones en las variables, o probar modelos de aprendizaje automático más avanzados. También sería útil investigar y posiblemente mitigar el impacto de los valores extremos en las variables clave. ¿Te gustaría explorar alguna de estas opciones?

ⓘ NOTA

fuente de datos: https://www.kaggle.com/datasets/harlfoxem/housesalesprediction?select=kc_house_data.csv

## Prompt (7)

Prompt: generar un mapa de calor de la fuente de datos de viviendas.

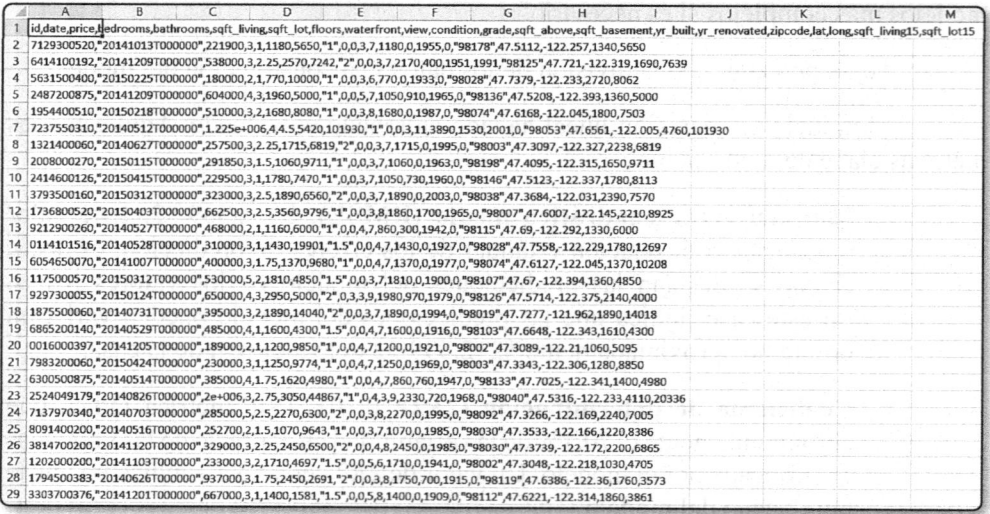

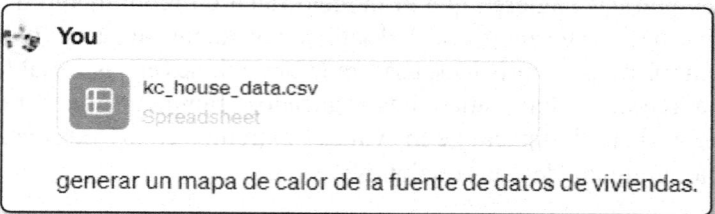

generar un mapa de calor de la fuente de datos de viviendas.

ChatGPT responde con:

El conjunto de datos de viviendas contiene varias columnas que podrían ser interesantes para un análisis. Para generar un mapa de calor, necesitaría más detalles sobre qué aspecto específico de los datos le gustaría visualizar. Algunas opciones comunes incluyen:

▶ **Precio de las viviendas**: crear un mapa de calor basado en los precios de las viviendas en diferentes áreas, utilizando las coordenadas geográficas (latitud y longitud).

▶ **Cantidad de habitaciones o baños**: visualizar la distribución de viviendas con diferentes números de habitaciones o baños.

> ▶ **Tamaño de las viviendas**: mostrar cómo varía el tamaño de las viviendas (por ejemplo, **sqft_living**) en diferentes áreas.

> ▶ **Año de construcción o renovación**: un mapa de calor que muestre la antigüedad de las viviendas o la frecuencia de renovaciones.

Por favor, indíqueme cuál de estos aspectos le gustaría analizar, o si tiene alguna otra preferencia.

**You**

si

ChatGPT

**ChatGPT**

Entiendo que está de acuerdo, pero todavía necesito saber cuál de las opciones mencionadas (o cualquier otra preferencia que tenga) le gustaría que visualice en un mapa de calor. Las opciones son:

Mapa de calor basado en **precios de las viviendas**.
Mapa de calor según la **cantidad de habitaciones o baños**.
Mapa de calor que muestra el **tamaño de las viviendas** (por ejemplo, metros cuadrados habitables).
Mapa de calor del **año de construcción o renovación** de las viviendas.

Por favor, especifique cuál de estas opciones le gustaría que analice, o si tiene otra preferencia diferente para el mapa de calor.

**You**

1

El proceso de generación del mapa de calor ha tomado demasiado tiempo y se ha interrumpido automáticamente. Esto puede ocurrir debido a la complejidad del cálculo o a la gran cantidad de datos en el conjunto de datos.

Voy a intentar un enfoque más sencillo para visualizar el mapa de calor basado en los precios de las viviendas. Vamos a reducir la complejidad del cálculo para que se procese más rápido.

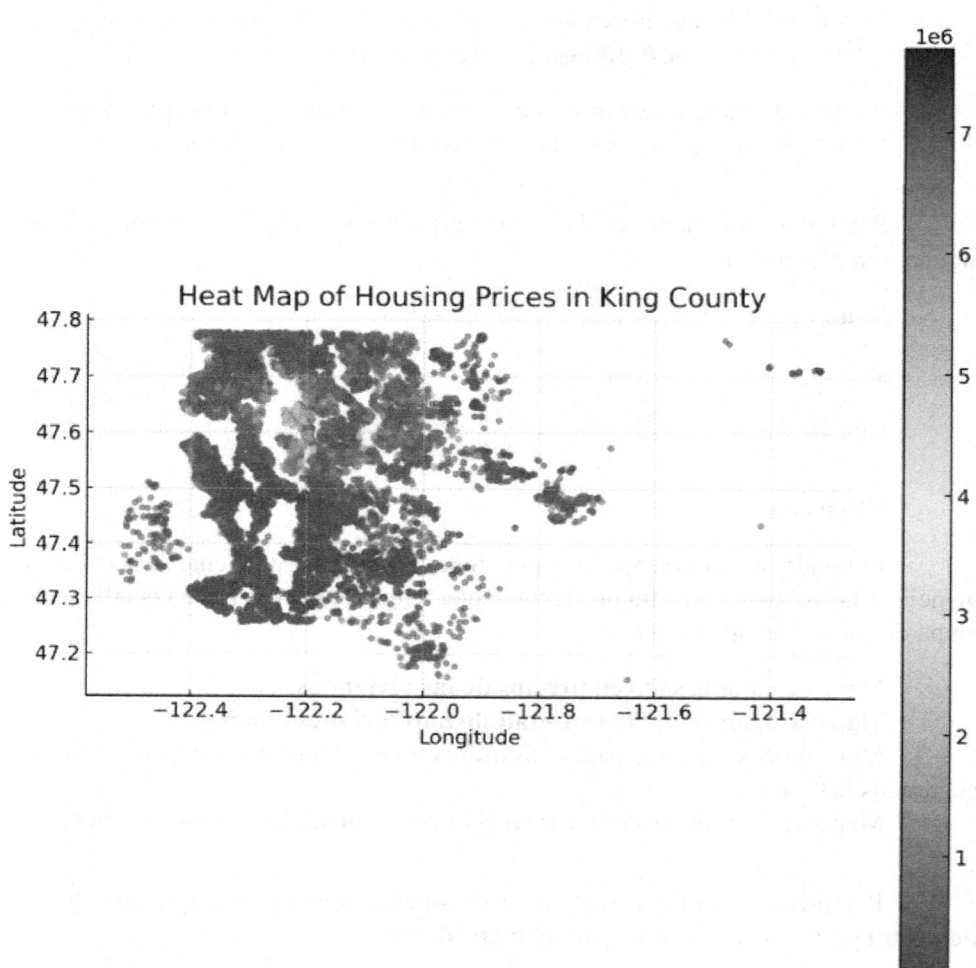

Aquí tiene el mapa de calor de los precios de las viviendas en el condado de King. En este mapa, los diferentes colores representan los precios de las viviendas, con una paleta de colores que va del azul (precios más bajos) al rojo (precios más altos). Las ubicaciones de las viviendas están indicadas por los puntos en el mapa, y la intensidad del color en cada punto refleja el precio de la vivienda en esa ubicación específica

## Prompt (8)

Prompt: generar una expresión regular en Python para el DNI, teléfono y correo electrónico

ChatGPT responde con:

Para generar expresiones regulares (regex) en Python que coincidan con un DNI, un número de teléfono y una dirección de correo electrónico, puedes utilizar el siguiente código. Ten en cuenta que estas expresiones regulares son ejemplos básicos y pueden necesitar ser ajustadas dependiendo de los formatos específicos que necesites.

⚐ **DNI (Documento Nacional de Identidad)**:

- Un DNI típico consta de 8 dígitos seguidos de una letra.
- Ejemplo de regex: `^\d{8}[A-Z]$`
- Este regex asume que la letra está en mayúscula. Si necesitas incluir letras en minúscula, puedes cambiar **[A-Z]** a **[A-Za-z]**.

⚐ **Número de teléfono**:

- Los formatos de números de teléfono pueden variar mucho. Un ejemplo básico sería un número de 9 dígitos.
- Ejemplo de regex: `^\d{9}$`
- Este regex solo coincide con números de 9 dígitos. Si necesitas un formato más específico (como incluir códigos de país o separadores), tendrás que ajustar el regex.

⚐ **Correo electrónico**:

- Un correo electrónico típico tiene un formato local@dominio.
- Ejemplo de regex: `^[a-zA-Z0-9._%+-]+@[a-zA-Z0-9.-]+\.[a-zA-Z]{2,}$`
- Este regex coincide con la mayoría de los formatos de correo electrónico estándar.

Aquí tienes un ejemplo de cómo usar estas expresiones regulares en Python:

python

```python
import re

# Regex patterns
dni_pattern = r'^\d{8}[A-Z]$'
telefono_pattern = r'^\d{9}$'
email_pattern = r'^[a-zA-ZO-9._%+-]+@[a-zA-ZO-9.-]+\.[a-zA-Z]{2,}$'

# Test strings
dni = "12345678A"
telefono = "123456789"
email = "ejemplo@correo.com"

# Validating the strings
if re.match(dni_pattern, dni):
    print("DNI válido.")
else:
    print("DNI no válido.")

if re.match(telefono_pattern, telefono):
    print("Número de teléfono válido.")
else:
    print("Número de teléfono no válido.")

if re.match(email_pattern, email):
    print("Correo electrónico válido.")
else:
    print("Correo electrónico no válido.")
```

Recuerda que las expresiones regulares pueden ser muy específicas y es importante ajustarlas según los requisitos exactos y los formatos que estés manejando.

## Prompt (9)

**Prompt: construye un modelo de aprendizaje automático en Python que prediga el valor_neto_total. El separador de campos es punto y coma, separador de número es el punto y encoding='latin-1'**

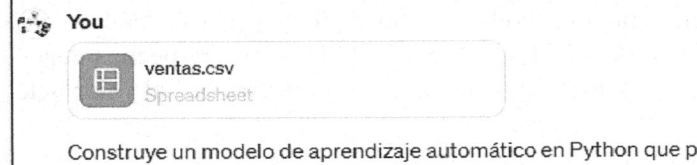

Construye un modelo de aprendizaje automático en Python que prediga el valor_neto_total. el separador de campos es punto y coma, separador de numero es el punto y encoding='latin-1'

ChatGPT responde con:

El conjunto de datos cargado contiene una variedad de columnas. Para construir un modelo de aprendizaje automático que prediga el valor neto total, primero necesitamos identificar las características relevantes (variables independientes) que podrían influir en esta predicción. Además, es importante comprobar si la columna 'valor_neto_total' necesita ser convertida a un formato numérico, ya que parece estar en formato de texto.

Voy a realizar un análisis exploratorio básico para entender mejor los datos, y luego procederé a construir un modelo predictivo. Dado que no se especificaron qué características utilizar, seleccionaré algunas basadas en la intuición y la relevancia para la tarea de predicción. Además, manejaré cualquier problema de datos faltantes o de formato incorrecto que encuentre.

La columna 'valor_neto_total' se ha convertido correctamente a formato numérico. Ahora, seleccionaré algunas características potencialmente relevantes para predecir el valor neto total. Dado que hay muchas columnas, me enfocaré en algunas que puedan tener una relación más directa con el valor de venta, como el código del artículo, la cantidad facturada, el descuento total, y algunas características del cliente o de la venta.

Luego, dividiré los datos en un conjunto de entrenamiento y un conjunto de prueba para entrenar y evaluar un modelo de regresión. En este caso, utilizaré una regresión lineal simple como punto de partida, ya que es un modelo básico y eficaz para tareas de predicción. Vamos a proceder con estos pasos.

El modelo de regresión lineal se ha entrenado con éxito para predecir el valor neto total. Aquí están los detalles y los resultados:

▼ **Error cuadrático medio (MSE)**: el MSE para el modelo es aproximadamente 8861.68. Este valor representa el error promedio cuadrático entre los valores predichos y los valores reales. Cuanto menor sea el MSE, mejor será el modelo en la predicción.

▼ **Coeficientes del modelo**: los coeficientes para las características ['cant_facturada', 'cod_articulo', 'cod_canal_dist', 'cod_genero', 'cod_edad'] son aproximadamente [12.71, 0.17, 18.17, -22.76, -7.39] respectivamente. Estos coeficientes indican cómo afecta cada característica al valor neto total predicho.

▼ **Intercepción**: la intercepción del modelo es aproximadamente 29.99. Este es el valor de base para la predicción cuando todas las características son cero.

Es importante tener en cuenta que este es un modelo básico y su rendimiento podría mejorarse mediante la selección de características más sofisticadas, el preprocesamiento de datos (como el escalado de características), y utilizando modelos más avanzados. Además, el MSE puede parecer alto, lo que indica que el modelo podría no ser muy preciso en sus predicciones. Este aspecto puede ser mejorado con un análisis más detallado y ajustes en el modelo.

# Prompt (10)

Prompt: ¿cuál es el mejor algoritmo en Python para clasificación de imágenes?

ChatGPT responde con:

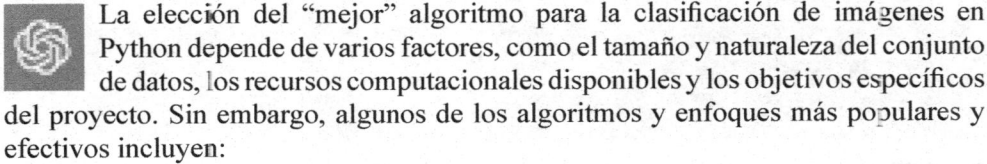 La elección del "mejor" algoritmo para la clasificación de imágenes en Python depende de varios factores, como el tamaño y naturaleza del conjunto de datos, los recursos computacionales disponibles y los objetivos específicos del proyecto. Sin embargo, algunos de los algoritmos y enfoques más populares y efectivos incluyen:

▶ **Redes reuronales convolucionales (CNNs):** son el estándar de oro en la clasificación de imágenes. Las CNNs son eficientes en el reconocimiento de patrones visuales a partir de píxeles, lo que las hace muy adecuadas para tareas de clasificación de imágenes. Frameworks como TensorFlow y PyTorch ofrecen implementaciones robustas y eficientes de CNNs.

▶ **Transfer learning con modelos preentrenados:** utilizar modelos de CNN que ya han sido entrenados en grandes conjuntos de datos (como ImageNet) y luego ajustarlos (fine-tuning) para tareas específicas. Modelos como ResNet, VGG, Inception y MobileNet son populares para este enfoque.

▶ **K-Nearest neighbors (KNN):** aunque no es tan potente como las CNNs, KNN puede ser una opción simple y efectiva para conjuntos de datos más pequeños y menos complejos.

▶ **Support vector machines (SVM):** SVM con kernel adecuado puede ser efectivo en conjuntos de datos de tamaño moderado. Sin embargo, no escalan tan bien como las CNNs para conjuntos de datos grandes y complejos.

▶ **Redes neuronales artificiales (ANNs):** son más generales que las CNNs y pueden usarse para clasificación de imágenes, aunque no son tan eficientes en el procesamiento de datos visuales.

▶ **Random forests y árboles de decisión:** estos métodos pueden ser útiles para conjuntos de datos más pequeños y son fáciles de interpretar, pero generalmente son menos efectivos que los métodos basados en redes neuronales para tareas complejas de clasificación de imágenes.

Cada uno de estos métodos tiene sus propias fortalezas y limitaciones, y la elección depende en gran medida de las necesidades específicas de tu proyecto. En general, para proyectos de clasificación de imágenes a gran escala y complejos, las CNNs y el aprendizaje por transferencia con modelos preentrenados suelen ser las opciones preferidas.

## Prompt (11)

Prompt: generar una fuente de datos de 100,000 registros que posea las siguientes columnas fecha de la venta, monto de la venta para pronostico del periodo 01-01-2023 al 31-12-2023 y lo almacene en un archivo CSV con el nombre ventas 2023

ChatGPT responde con:

> **You**
>
> generar una fuente de datos de 100,000 registros que posea las siguientes columnas fecha de la venta, monto de la venta para pronostico del periodo 01-01-2023 al 31-12-2023 y lo almacene en un archivo CSV con el nombre ventas2023
>
> **ChatGPT**
>
> He generado un archivo CSV con el nombre "ventas2023.csv" que contiene 100,000 registros. Cada registro incluye una fecha de venta y un monto de venta, ambos generados aleatoriamente para el periodo del 1 de enero al 31 de diciembre de 2023. Puedes descargar el archivo desde el siguiente enlace:
>
> Descargar ventas2023.csv [>-]
>
>

## Prompt (12)

Prompt: ahora utilizando el archivo ventas2023.csv generado realiza el pronóstico de ventas del periodo enero 2024.

ChatGPT responde con:

Para realizar un pronóstico de ventas para enero de 2024 utilizando los datos de 2023, podríamos aplicar un modelo de series temporales. Un enfoque común es usar un modelo ARIMA (Modelo Autoregresivo Integrado de Media Móvil), aunque también podríamos considerar modelos más sofisticados como los basados en aprendizaje automático.

Dado que no contamos con datos anteriores a 2023, nuestro modelo se basará únicamente en la variabilidad dentro de este año. Esto podría limitar la precisión del pronóstico, especialmente porque no podremos capturar variaciones anuales o efectos estacionales de múltiples años. Sin embargo, aún podemos obtener una estimación razonable.

Voy a cargar los datos del archivo CSV y luego aplicar un modelo de pronóstico de series temporales para estimar las ventas de enero de 2024.

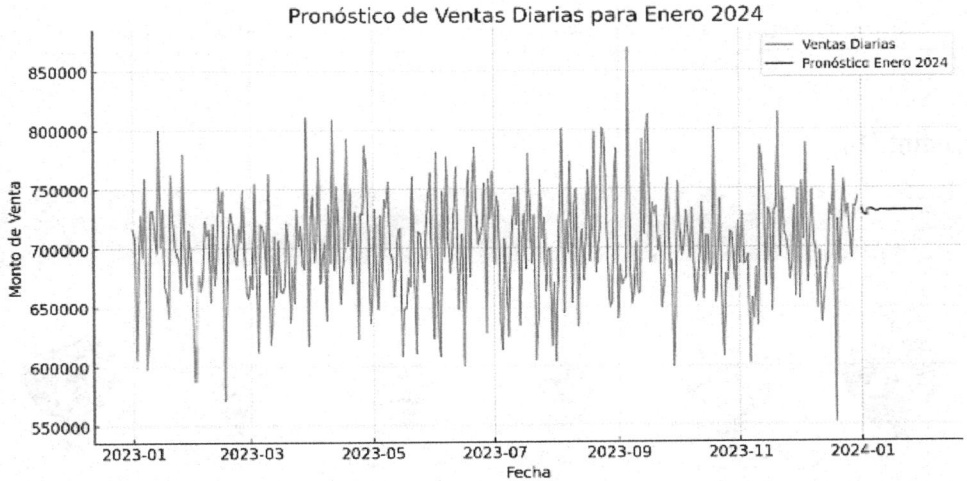

El pronóstico de ventas para enero de 2024, utilizando un modelo ARIMA con los datos de 2023, estima un total de aproximadamente 22,642,554.77 unidades monetarias.

Es importante tener en cuenta que este pronóstico se basa en los datos de un solo año y asume patrones consistentes en las ventas. Las variaciones inesperadas, tendencias de mercado cambiantes o eventos específicos que no están reflejados en los datos de 2023 podrían afectar la precisión de este pronóstico.

## Prompt (12)

Prompt: ahora utilizando el archivo ventas2023.csv generado realiza el pronóstico de ventas del periodo enero 2024, la predicción lo almacenas en un archivo CSV con el nombre ventas enero 2024.

ChatGPT responde con:

> **ChatGPT**
>
> He realizado el pronóstico de ventas para enero de 2024 y lo he almacenado en un archivo CSV llamado "ventasenero2024".
>
> Puedes descargar el archivo CSV con el pronóstico aquí: Descargar ventasenero2024.csv. [?-]

## Prompt (14)

**Prompt: en base a las siguientes imágenes escriba el código en Python para el preprocesamiento**

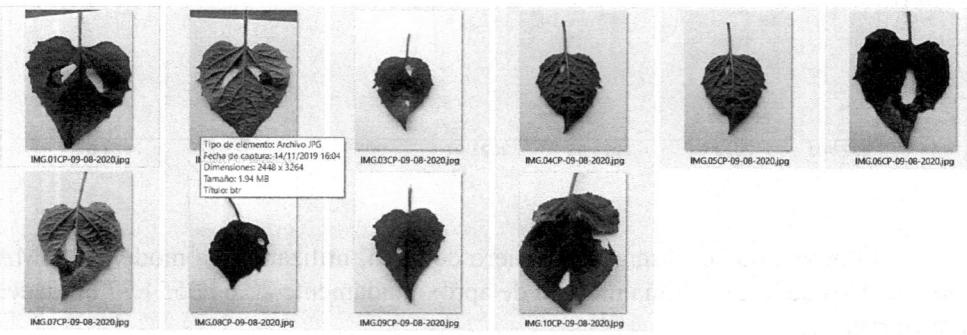

ChatGPT responde con:

 Para procesar las imágenes de hojas que ha subido para tareas como clasificación de imágenes, segmentación o cualquier tipo de aplicación de aprendizaje automático, es posible que desee realizar operaciones como cambio de tamaño, normalización y posiblemente aumento. este es un fragmento de código de Python que utiliza las bibliotecas OpenCV y NumPy para realizar algunos pasos de preprocesamiento comunes:

- ▶ Cargue la imagen.
- ▶ Convierta la imagen al espacio de color RGB si es necesario (ya que OpenCV carga imágenes en BGR).

▼ Cambie el tamaño de la imagen a un tamaño estándar.

▼ Normalice los valores de píxeles.

▼ Opcionalmente, aplique algunas técnicas de aumento de datos como rotación o inversión.

pythonCopy code

```python
import cv2
import numpy as np
import os
from matplotlib import pyplot as plt

# Define a function to preprocess a single image
def preprocess_image(image_path, output_size=(224, 224)):
    # Read the image
    image = cv2.imread(image_path)

    # Convert color from BGR to RGB if you're going to work with matplotlib or other
    image = cv2.cvtColor(image, cv2.COLOR_BGR2RGB)

    # Resize the image
    image = cv2.resize(image, output_size)

    # Normalize the image
    image = image / 255.0

    return image

# Define a directory where the images are stored
directory = '/mnt/data/'

# List to hold preprocessed images
preprocessed_images = []

# Preprocess all images
for filename in os.listdir(directory):
    if filename.endswith('.jpg'):
        # Preprocess the image
        preprocessed_image = preprocess_image(os.path.join(directory, filename))

        # Add to the list
        preprocessed_images.append(preprocessed_image)

        # Optionally, show the image
        plt.imshow(preprocessed_image)
        plt.show()

# If you want to convert this list to a NumPy array
preprocessed_images = np.array(preprocessed_images)
```

Tenga en cuenta que necesita tener la biblioteca OpenCV (**cv2**) instalada en su entorno para ejecutar este código, y la ruta al directorio debe actualizarse según dónde se encuentran las imágenes.

Esta es una configuración de preprocesamiento muy básica. Dependiendo de los requisitos específicos de su aplicación o modelo, es posible que desee incluir pasos adicionales como detección de bordes, segmentación o aumento de datos más sofisticado.

## Prompt (15)

**Prompt: ¿cuál es la función de un científico de datos?**

ChatGPT responde con:

La función de un científico de datos es bastante amplia y multifacética, e involucra una variedad de habilidades y responsabilidades. Aquí están algunas de las funciones principales:

- ▶ **Análisis de datos**: esto implica recolectar, procesar y analizar grandes conjuntos de datos para identificar patrones, tendencias y relaciones. Esto puede ayudar a las empresas a tomar decisiones basadas en datos.

- ▶ **Modelado y minería de datos**: desarrollar modelos estadísticos y algoritmos de aprendizaje automático para hacer predicciones o entender complejidades en los datos.

- ▶ **Limpieza y preparación de datos**: antes de que los datos puedan ser analizados efectivamente, a menudo necesitan ser limpiados y organizados. Esto puede incluir la eliminación de errores, la normalización de formatos y la gestión de datos faltantes.

- ▶ **Visualización de datos**: crear representaciones visuales de datos complejos para ayudar a otros a entender los hallazgos. Esto puede incluir gráficos, diagramas y dashboards interactivos.

- ▶ **Comunicación de resultados**: explicar los hallazgos y las implicaciones de los análisis a partes interesadas no técnicas, como equipos de gestión o clientes.

- ▶ **Desarrollo de soluciones basadas en datos**: aplicar conocimientos de análisis de datos para desarrollar soluciones a problemas comerciales o técnicos.

▶ **Colaboración con otros departamentos**: trabajar con otros equipos, como el de marketing, finanzas u operaciones, para implementar soluciones basadas en datos en diferentes áreas de una organización.

▶ **Investigación y desarrollo continuo**: mantenerse al día con las últimas tendencias, herramientas y tecnologías en el campo del análisis de datos y el aprendizaje automático.

En resumen, el científico de datos desempeña un papel clave en convertir los datos en conocimiento y soluciones prácticas que pueden impulsar la innovación y la toma de decisiones efectivas en las organizaciones.

## Prompt (16)

Prompt: en base a la siguiente fuente de datos realizar un análisis técnico

| | A | B | C | D | E | F | G | H |
|---|---|---|---|---|---|---|---|---|
| 1 | Dates | PX_OPEN | PX_LAST | PX_HIGH | PX_LOW | PX_MID | PX_VOLUME | TURNOVER |
| 2 | 4/01/2010 | 1.88 | 1.94 | 1.95 | 1.88 | 1.95 | 1255212 | 2429876 |
| 3 | 5/01/2010 | 1.94 | 2.01 | 2.01 | 1.94 | 2.01 | 650367 | 1286412 |
| 4 | 6/01/2010 | 2.05 | 2.05 | 2.06 | 2.03 | 2.05 | 1899932 | 3878281 |
| 5 | 7/01/2010 | 2.05 | 2.04 | 2.05 | 2.01 | 2.04 | 946334 | 1917474 |
| 6 | 8/01/2010 | 2.04 | 2.04 | 2.04 | 2.01 | 2.04 | 1348336 | 2740482 |
| 7 | 11/01/2010 | 2.06 | 2.03 | 2.09 | 2.03 | 2.02 | 1512945 | 3130316 |
| 8 | 12/01/2010 | 2.01 | 1.98 | 2.01 | 1.98 | 1.99 | 1717348 | 3418243 |
| 9 | 13/01/2010 | 2.01 | 1.94 | 2.01 | 1.93 | 1.93 | 15368300 | 29771230 |
| 10 | 14/01/2010 | 1.96 | 1.88 | 1.96 | 1.87 | 1.88 | 7593286 | 14351240 |
| 11 | 15/01/2010 | 1.86 | 1.89 | 1.91 | 1.85 | 1.89 | 4686626 | 8784675 |
| 12 | 18/01/2010 | 1.91 | 1.94 | 1.94 | 1.91 | 1.95 | 3028501 | 5846874 |
| 13 | 19/01/2010 | 1.93 | 1.96 | 1.97 | 1.93 | 1.97 | 2111209 | 4135395 |
| 14 | 20/01/2010 | 1.93 | 1.93 | 1.95 | 1.92 | 1.93 | 947025 | 1826595 |
| 15 | 21/01/2010 | 1.93 | 1.91 | 1.94 | 1.9 | 1.91 | 1932630 | 3687947 |
| 16 | 22/01/2010 | 1.88 | 1.92 | 1.93 | 1.86 | 1.93 | 1093104 | 2076711 |
| 17 | 25/01/2010 | 1.92 | 1.93 | 1.94 | 1.92 | 1.93 | 1172298 | 2264678 |
| 18 | 26/01/2010 | 1.93 | 1.94 | 1.94 | 1.9 | 1.94 | 2005960 | 3871081 |
| 19 | 27/01/2010 | 1.93 | 1.9 | 1.93 | 1.89 | 1.9 | 880166 | 1680469 |
| 20 | 28/01/2010 | 1.9 | 1.87 | 1.9 | 1.86 | 1.87 | 2533517 | 4744905 |
| 21 | 29/01/2010 | 1.88 | 1.88 | 1.9 | 1.87 | 1.88 | 1193730 | 2254455 |
| 22 | 1/02/2010 | 1.88 | 1.9 | 1.9 | 1.88 | 1.9 | 692833 | 1303767 |
| 23 | 2/02/2010 | 1.91 | 1.92 | 1.92 | 1.89 | 1.92 | 830959 | 1588275 |
| 24 | 3/02/2010 | 1.92 | 1.91 | 1.93 | 1.91 | 1.9 | 1291264 | 2477996 |
| 25 | 4/02/2010 | 1.89 | 1.83 | 1.89 | 1.81 | 1.83 | 1709525 | 3130878 |
| 26 | 5/02/2010 | 1.82 | 1.81 | 1.82 | 1.76 | 1.8 | 1864849 | 3343650 |
| 27 | 8/02/2010 | 1.81 | 1.83 | 1.85 | 1.81 | 1.83 | 1950456 | 3564548 |
| 28 | 9/02/2010 | 1.83 | 1.87 | 1.88 | 1.83 | 1.87 | 4114145 | 7713212 |
| 29 | 10/02/2010 | 1.87 | 1.85 | 1.87 | 1.83 | 1.85 | 610435 | 1124757 |

ChatGPT responde con:

El archivo proporcionado contiene datos financieros con las siguientes columnas:

▸ **Dates**: la fecha de cada registro.
▸ **PX_OPEN**: precio de apertura.
▸ **PX_LAST**: precio de cierre.
▸ **PX_HIGH**: precio más alto del día.
▸ **PX_LOW**: precio más bajo del día.
▸ **PX_MID**: precio medio.
▸ **PX_VOLUME**: volúmen de acciones negociadas.
▸ **TURNOVER**: volúmen de negocios.

Para realizar un análisis técnico, se pueden considerar varios aspectos como la evolución de los precios de cierre (PX_LAST), la volatilidad (diferencia entre PX_HIGH y PX_LOW), los promedios móviles, y otros indicadores como el RSI (Relative Strength Index) o MACD (Moving Average Convergence Divergence). ¿Hay algún aspecto específico en el que estés interesado o prefieres un análisis general?

**You**
precio de cierre
ChatGPT

**ChatGPT**

Aquí tienes un gráfico que muestra la evolución de los precios de cierre (PX_LAST) a lo largo del tiempo. Este gráfico puede ayudarte a identificar tendencias, patrones y posibles puntos de inflexión en los precios. Si necesitas un análisis más detallado o deseas examinar otros indicadores técnicos, házmelo saber.

## Prompt (17)

Prompt: generar imágenes de distintas razas de perros y utilizarlas para escribir un algoritmo de clasificación en python usando deep learning

ChatGPT responde con:

Para llevar a cabo tu proyecto de clasificación de razas de perros utilizando deep learning en Python, primero generaremos imágenes de diferentes razas de perros. Estas imágenes pueden ser utilizadas como parte de un conjunto de datos para entrenar un modelo de clasificación. Después, te proporcionaré un esquema básico de cómo podrías estructurar tu algoritmo de clasificación en Python.

Primero, generemos las imágenes.

Ahora que tenemos imágenes de diferentes razas de perros, podemos pasar al desarrollo de un algoritmo de clasificación en Python utilizando deep learning. A continuación, te proporciono un esquema básico de cómo podrías estructurar tu algoritmo:

► **Preparación de los datos:**

- Importa las imágenes que tienes (en este caso, las generadas de las diferentes razas de perros).

- Etiqueta cada imagen con la raza correspondiente del perro.

- Divide los datos en conjuntos de entrenamiento, validación y prueba.

► **Construcción del modelo:**

- Usa una biblioteca de deep learning como TensorFlow o PyTorch.

- Puedes empezar con un modelo preentrenado (como ResNet, VGG, etc.) para aprovechar el aprendizaje por transferencia.

- Ajusta las últimas capas del modelo para que se adecúen al número de clases (razas de perros) que tienes.

► **Entrenamiento del modelo:**

- Entrena el modelo con tus datos, ajustando parámetros como la tasa de aprendizaje, el número de épocas, etc.

- Utiliza el conjunto de validación para ajustar hiperparámetros y prevenir el sobreajuste.

► **Evaluación del modelo:**

- Evalúa el rendimiento del modelo en el conjunto de prueba.

- Utiliza métricas como precisión, recall, y matriz de confusión.

► **Despliegue del modelo (opcional):**

- Si deseas usar el modelo en una aplicación real, puedes desplegarlo en un servidor o integrarlo en una aplicación.

Aquí tienes un código de ejemplo que ilustra cómo podrías empezar:

```python

```

```python
import tensorflow as tf
from tensorflow.keras.preprocessing.image import ImageDataGenerator
from tensorflow.keras.applications import ResNet50
from tensorflow.keras.models import Sequential
from tensorflow.keras.layers import Dense, Flatten
from tensorflow.keras.optimizers import Adam

# Carga y preprocesamiento de datos
train_datagen = ImageDataGenerator(rescale=1./255, validation_split=0.2)
train_generator = train_datagen.flow_from_directory(
    'path_to_images',
    target_size=(224, 224),
    batch_size=32,
    class_mode='categorical',
    subset='training')

validation_generator = train_datagen.flow_from_directory(
    'path_to_images',
    target_size=(224, 224),
    batch_size=32,
    class_mode='categorical',
    subset='validation')

# Construcción del modelo
model = Sequential([
    ResNet50(include_top=False, weights='imagenet', pooling='avg'),
    Dense(5, activation='softmax')  # Asumiendo que tenemos 5 razas de perros
])

model.layers[0].trainable = False  # Congela las capas del modelo preentrenado

# Compilación del modelo
model.compile(optimizer=Adam(), loss='categorical_crossentropy', metrics=['accuracy'])

# Entrenamiento del modelo
model.fit(train_generator, validation_data=validation_generator, epochs=10)
```

Este es solo un esquema básico y un punto de partida. Necesitarás ajustar el código y los parámetros según tus necesidades específicas y la complejidad de tu conjunto de datos.

## Prompt (18)

**Prompt:** construye un modelo de aprendizaje automático para la detección de spam de correo electrónico escrito en python

ChatGPT responde con:

 Para construir un modelo de aprendizaje automático para la detección de spam en correos electrónicos, podemos usar Python y algunas de sus bibliotecas más populares como pandas, scikit-learn y nltk. A continuación, te muestro un ejemplo básico de cómo podrías hacer esto:

▼ **Preparación de datos**:

- Importar las bibliotecas necesarias.

- Cargar el conjunto de datos de correos electrónicos (spam y no spam).

- Preprocesar los datos (limpieza, tokenización, eliminación de stop words, etc.).

▼ **Extracción de características**:

- Convertir el texto de los correos electrónicos en un formato que pueda ser procesado por el modelo (por ejemplo, usando TF-IDF).

▼ **Construcción del modelo**:

- Dividir los datos en conjuntos de entrenamiento y prueba.

- Elegir un algoritmo de aprendizaje automático (como Naive Bayes, SVM, etc.).

- Entrenar el modelo con los datos de entrenamiento.

▼ **Evaluación del modelo**:

- Probar el modelo con los datos de prueba.

- Evaluar la precisión y otras métricas relevantes.

▼ **Ajuste y optimización**:

- Ajustar parámetros o cambiar el algoritmo si es necesario para mejorar la precisión.

Aquí tienes un código de ejemplo que sigue estos pasos:

```python
import pandas as pd
from sklearn.model_selection import train_test_split
from sklearn.feature_extraction.text import TfidfVectorizer
from sklearn.naive_bayes import MultinomialNB
from sklearn.metrics import accuracy_score, classification_report
from nltk.corpus import stopwords
from nltk.tokenize import word_tokenize
import re

# Cargar datos
# Asegúrate de tener un archivo CSV con dos columnas: 'texto' y 'etiqueta'
data = pd.read_csv('emails.csv')

# Preprocesamiento de texto
def preprocess(text):
    text = text.lower()
    text = re.sub(r'\W', ' ', text)
    text = re.sub(r'\s+', ' ', text)
    return text

data['texto'] = data['texto'].apply(preprocess)

# Dividir datos en entrenamiento y prueba
X_train, X_test, y_train, y_test = train_test_split(data['texto'], data['etiqueta'],

# Vectorización TF-IDF
vectorizer = TfidfVectorizer(stop_words=stopwords.words('english'))
X_train_tfidf = vectorizer.fit_transform(X_train)
X_test_tfidf = vectorizer.transform(X_test)

# Crear y entrenar el modelo
model = MultinomialNB()
model.fit(X_train_tfidf, y_train)

# Predecir y evaluar
y_pred = model.predict(X_test_tfidf)
print("Accuracy:", accuracy_score(y_test, y_pred))
print(classification_report(y_test, y_pred))
```

Este es un ejemplo básico y hay muchas maneras de mejorar y expandir este modelo, como ajustando los parámetros, utilizando técnicas de validación cruzada, o probando diferentes algoritmos de aprendizaje automático. Además, la calidad y cantidad de los datos juegan un papel crucial en el rendimiento del modelo.

## Prompt (19)

**Prompt:** escribir un algoritmo de clasificación de correo spam en python usando deep learning

ChatGPT responde con:

 Escribir un algoritmo de clasificación de correo spam utilizando Deep Learning en Python implica varios pasos. Aquí te proporciono una guía general sobre cómo podrías hacerlo:

▶ **Recopilación de datos**: necesitas un conjunto de datos de correos electrónicos etiquetados como 'spam' o 'no spam'. Puedes utilizar conjuntos de datos públicos como el SpamAssassin Public Corpus.

▶ **Preprocesamiento de datos**:
  - Limpiar los correos electrónicos: eliminar HTML, URLs, tokens no alfanuméricos, etc.
  - Convertir los correos electrónicos a minúsculas.
  - Tokenizar los correos electrónicos: convertir cada correo electrónico en una lista de palabras.
  - Opcional: realizar la eliminación de palabras vacías (stop words), stemming o lematización.

▶ **Vectorización**:
  - Convertir los correos electrónicos tokenizados en vectores numéricos. Esto se puede hacer mediante técnicas como Bag of Words, TF-IDF, o embeddings de palabras (Word2Vec, GloVe).

▶ **Construcción del Modelo de Deep Learning**:
  - Utilizar una red neuronal para clasificar los correos electrónicos. Una arquitectura común para este tipo de tareas es la Red Neuronal Recurrente (RNN) o la Long Short-Term Memory (LSTM).
  - Definir la arquitectura de la red: número de capas, número de unidades en cada capa, función de activación (por ejemplo, ReLU), etc.
  - Compilar el modelo: definir la función de pérdida (por ejemplo, binary_crossentropy para clasificación binaria), el optimizador (como Adam) y las métricas (como accuracy).

▶ **Entrenamiento del modelo**:
  - Dividir los datos en conjuntos de entrenamiento y prueba.
  - Entrenar el modelo en el conjunto de entrenamiento.
  - Ajustar los parámetros del modelo, como la tasa de aprendizaje, el tamaño del batch, etc.

▼ **Evaluación y ajuste**:
  - Evaluar el modelo en el conjunto de prueba.
  - Ajustar el modelo según sea necesario para mejorar el rendimiento.

▼ **Despliegue**:
  - Una vez que el modelo tiene un rendimiento satisfactorio, puedes desplegarlo para que clasifique correos electrónicos en tiempo real o en lotes.

Aquí tienes un esqueleto básico de código en Python para darte una idea de cómo se vería esto:

```python
import tensorflow as tf
from sklearn.model_selection import train_test_split
from sklearn.feature_extraction.text import TfidfVectorizer

# Cargar y preprocesar datos
# emails, labels = cargar_datos()
# emails_preprocesados = preprocesar_emails(emails)

# Vectorizar correos electrónicos
vectorizer = TfidfVectorizer()
X = vectorizer.fit_transform(emails_preprocesados)
y = labels

# Dividir en conjuntos de entrenamiento y prueba
X_train, X_test, y_train, y_test = train_test_split(X, y, test_size=0.2)

# Construir el modelo
model = tf.keras.Sequential([
    tf.keras.layers.Dense(128, activation='relu', input_dim=X_train.shape[1]),
    tf.keras.layers.Dropout(0.5),
    tf.keras.layers.Dense(1, activation='sigmoid')
])

model.compile(optimizer='adam', loss='binary_crossentropy', metrics=['accuracy'])

# Entrenar el modelo
model.fit(X_train, y_train, epochs=10, batch_size=32)

# Evaluar el modelo
loss, accuracy = model.evaluate(X_test, y_test)
print(f'Accuracy: {accuracy}')
```

Este es solo un ejemplo básico. Dependiendo de tus datos y requisitos específicos, podrías necesitar modificar o ampliar este proceso.

## Prompt (20)

> **Prompt:** construye un modelo de aprendizaje automático para predecir la supervivencia del Titanic escrito en python

ChatGPT responde con:

Para construir un modelo de aprendizaje automático que prediga la supervivencia de los pasajeros del Titanic, puedes seguir estos pasos generales en Python:

- **Cargar los datos**: utiliza el conjunto de datos del titanic, que generalmente está disponible en plataformas como kaggle.

- **Preprocesamiento de datos**: limpia y prepara los datos para el modelo. Esto incluye manejar valores faltantes, codificar variables categóricas y normalizar los datos.

- **Dividir los datos**: separa los datos en conjuntos de entrenamiento y prueba.

- **Construir el modelo**: elige un algoritmo de aprendizaje automático. Los modelos comunes para este tipo de tarea incluyen la regresión logística, árboles de decisión y random forest.

- **Entrenar el modelo**: entrena el modelo con el conjunto de datos de entrenamiento.

- **Evaluar el modelo**: evalúa el rendimiento del modelo con el conjunto de datos de prueba.

- **Realizar predicciones**: usa el modelo para hacer predicciones sobre nuevos datos.

Aquí tienes un ejemplo básico de código en Python utilizando la regresión logística:

```python
import pandas as pd
from sklearn.model_selection import train_test_split
from sklearn.linear_model import LogisticRegression
from sklearn.metrics import accuracy_score
from sklearn.preprocessing import StandardScaler

# Cargar datos
df = pd.read_csv('titanic.csv')

# Preprocesamiento de datos
# Aquí deberías incluir pasos para limpiar y preparar tus datos.
# Por ejemplo, manejar valores faltantes, codificar variables categóricas, etc.

# Dividir los datos
X = df.drop('Survived', axis=1)  # Características
y = df['Survived']               # Etiqueta
X_train, X_test, y_train, y_test = train_test_split(X, y, test_size=0.2, random_state

# Normalización de los datos
scaler = StandardScaler()
X_train = scaler.fit_transform(X_train)
X_test = scaler.transform(X_test)

# Construir el modelo
model = LogisticRegression()

# Entrenar el modelo
model.fit(X_train, y_train)

# Evaluar el modelo
predictions = model.predict(X_test)
accuracy = accuracy_score(y_test, predictions)
print(f'Accuracy: {accuracy}')
```

Este es solo un ejemplo básico. La eficacia del modelo dependerá en gran medida de cómo prepares tus datos y de la complejidad del modelo que elijas.

## Prompt (21)

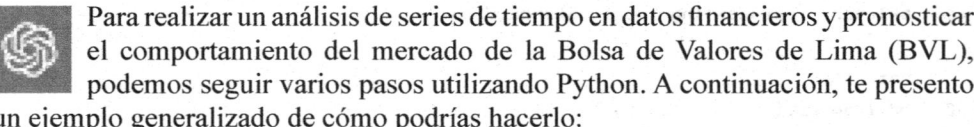

**Prompt:** realiza un análisis de series de tiempo en datos financieros para pronosticar el comportamiento del mercado de la BVL escrito en Python

ChatGPT responde con:

Para realizar un análisis de series de tiempo en datos financieros y pronosticar el comportamiento del mercado de la Bolsa de Valores de Lima (BVL), podemos seguir varios pasos utilizando Python. A continuación, te presento un ejemplo generalizado de cómo podrías hacerlo:

 ► **Obtención de datos**: primero, necesitarás obtener datos históricos del mercado de la BVL. Estos datos pueden incluir precios de cierre, volumen de transacciones, entre otros. Puedes usar APIs como Yahoo Finance o alguna específica para el mercado peruano si está disponible.

 ► **Preprocesamiento de datos**: limpia y prepara los datos para el análisis. Esto puede incluir la eliminación de valores nulos, la normalización de datos, y la conversión de fechas a un formato adecuado.

 ► **Análisis exploratorio**: realiza un análisis exploratorio para entender las características de tus datos, como tendencias, estacionalidad y ciclos.

 ► **Construcción de modelos de series de tiempo**: utiliza modelos de series de tiempo como ARIMA, SARIMA, o modelos más avanzados como las redes neuronales LSTM (Long Short-Term Memory) para modelar los datos.

 ► **Evaluación de modelos**: evalúa los modelos utilizando métricas adecuadas como el error cuadrático medio (MSE) o el error absoluto medio (MAE).

 ► **Pronóstico**: realiza pronósticos a futuro basados en tu modelo.

A continuación, te muestro un código de ejemplo simplificado que utiliza ARIMA para analizar y pronosticar una serie de tiempo:

```python
import pandas as pd
import numpy as np
from statsmodels.tsa.arima.model import ARIMA
import matplotlib.pyplot as plt

# Suponiendo que 'datos_bvl.csv' es tu archivo de datos históricos
datos = pd.read_csv('datos_bvl.csv', index_col='Fecha', parse_dates=True)

# Preprocesamiento básico
datos.fillna(method='ffill', inplace=True)

# Análisis exploratorio básico
datos['Precio_Cierre'].plot()

# Modelado con ARIMA
modelo = ARIMA(datos['Precio_Cierre'], order=(5,1,0))
modelo_fit = modelo.fit()

# Pronóstico
pronostico = modelo_fit.forecast(steps=5)

# Visualización del pronóstico
plt.figure(figsize=(10, 6))
plt.plot(datos['Precio_Cierre'], label='Datos Históricos')
plt.plot(pronostico, label='Pronóstico', color='red')
plt.legend()
plt.show()
```

Este código es un punto de partida. Dependiendo de tus datos específicos y de los requisitos de tu análisis, es posible que necesites ajustar el modelo, realizar un preprocesamiento más detallado, o incluso explorar otros modelos de series de tiempo.

## Prompt (22)

**You**

population_total.csv
Spreadsheet

**Prompt:** actúa como un científico de datos, analiza el conjunto de datos y crea tablas y gráficos para mostrar las principales tendencias en el crecimiento de la población en todo el mundo.

ChatGPT responde con:

El conjunto de datos contiene información sobre la población de diferentes países a lo largo de varios años. Cada fila representa un país en un año específico, con la columna **population** mostrando el tamaño de la población.

Voy a analizar este conjunto de datos para mostrar las principales tendencias en el crecimiento de la población mundial. Haré lo siguiente:

▶ Revisaré la completitud y consistencia de los datos.

▶ Analizaré la tendencia general de la población mundial a lo largo del tiempo.

▶ Identificaré los países con mayor crecimiento poblacional.

▶ Crearé gráficos para visualizar estas tendencias.

Comenzaré con una revisión general de los datos para asegurarme de su calidad y consistencia.

El conjunto de datos contiene 4185 filas y 3 columnas: **country**, **year** y **population**. Se observa que hay 7 valores faltantes tanto en las columnas **year** como **population**. Esto sugiere que algunas filas pueden estar incompletas.

Procederé a eliminar estas filas con datos faltantes para asegurar la precisión del análisis. Luego, analizaré la tendencia general de la población mundial y los países con mayor crecimiento poblacional.

Los datos ahora están limpios y listos para el análisis. He convertido la columna **year** a enteros para facilitar la interpretación.

Procederé con los siguientes pasos:

Analizar la tendencia de crecimiento poblacional a nivel mundial.

Identificar los países con mayor crecimiento poblacional en los últimos años disponibles en el conjunto de datos.

Primero, exploraré la tendencia global de crecimiento de la población creando un gráfico que muestre la población total mundial a lo largo de los años.

El gráfico muestra la tendencia de la población mundial a lo largo del tiempo. Se observa un aumento constante en la población total mundial, indicando un crecimiento demográfico sostenido.

A continuación, identificaré los países con el mayor crecimiento poblacional en los últimos años disponibles en el conjunto de datos. Para esto, calcularé la diferencia de población entre el primer y el último año registrado para cada país y luego presentaré los países con los mayores incrementos.

Los países con el mayor incremento en población en el período cubierto por el conjunto de datos son:

- Bulgaria
- Hungría
- Letonia
- Montserrat
- Niue
- Tokelau
- Santa Sede (Vaticano)
- Santa Elena
- San Pedro y Miquelón
- Islas Malvinas

Estos resultados muestran cambios significativos en la población de estos países. Sin embargo, es importante notar que estos números podrían reflejar tanto un crecimiento natural de la población como cambios debido a migraciones o ajustes en las fronteras de los países.

Si necesitas más análisis o gráficos específicos, no dudes en indicarlo

## Prompt (23)

Prompt: actúa como científico de datos y analiza a los jugadores de fútbol solo de los países Estados Unidos, Canadá, Inglaterra, Brasil y Argentina.
- Haz un gráfico de barras para analizar la columna "general" que representa qué tan bueno es un jugador en el fútbol.
- Haz un histograma y un diagrama de caja para explorar la altura promedio de los jugadores en esos países
- Haz un diagrama de dispersión para ver cómo se distribuye el peso de los jugadores.
- Finalmente, haga un gráfico circular para ver los 10 jugadores más valiosos (value_eur) de EE. UU.

ChatGPT responde con:

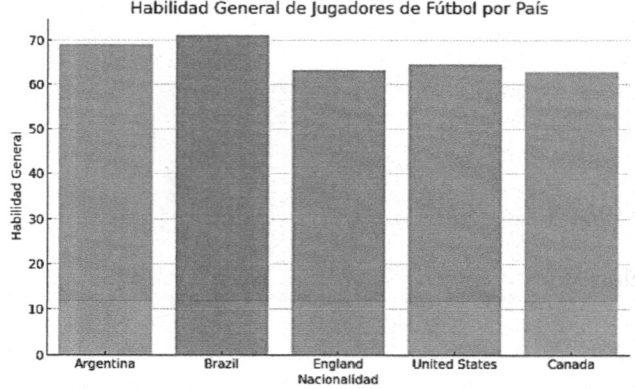

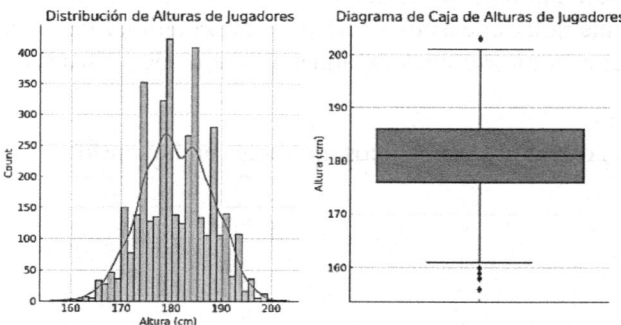

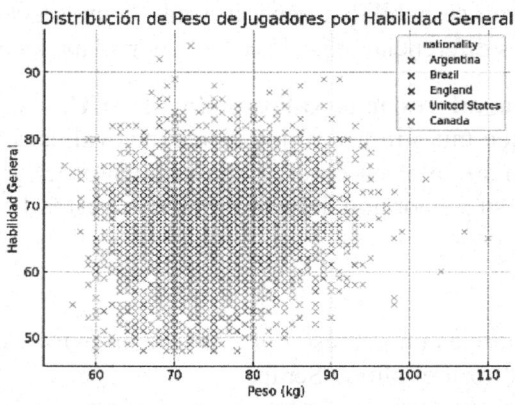

Distribución de Peso de Jugadores por Habilidad General

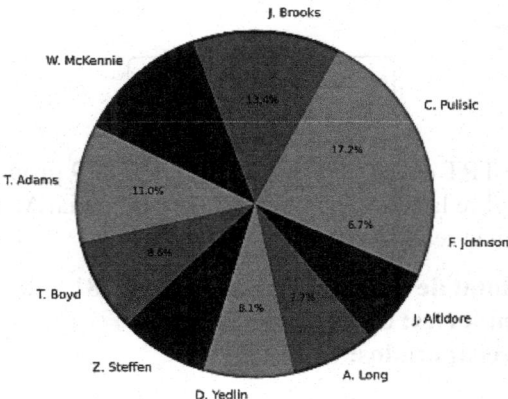

Los 10 Jugadores Más Valiosos de EE. UU.

Aquí están los análisis visuales basados en los datos de los jugadores de fútbol de Estados Unidos, Canadá, Inglaterra, Brasil y Argentina:

▶ **Habilidad general de jugadores por país**: este gráfico de barras muestra la habilidad general promedio de los jugadores de fútbol de cada uno de los países seleccionados. La habilidad general es una métrica que representa qué tan bueno es un jugador.

▶ **Distribución de alturas de jugadores**: aquí tienes dos gráficos, un histograma y un diagrama de caja, que exploran la altura promedio de los jugadores. El histograma muestra la distribución de las alturas, mientras que el diagrama de caja proporciona una visión general de la distribución, incluyendo mediana, cuartiles y valores atípicos.

▶ **Distribución de peso de jugadores por habilidad general**: este diagrama de dispersión muestra cómo se distribuye el peso de los jugadores en relación con su habilidad general. Cada punto representa un jugador, y los colores diferencian a los jugadores por su nacionalidad.

▶ **Los 10 jugadores más valiosos de EE. UU.**: finalmente, un gráfico circular que muestra los 10 jugadores más valiosos de Estados Unidos, basado en su valor en euros. Cada segmento del gráfico representa un jugador y su proporción del valor total entre estos 10 jugadores.

## Prompt (24)

El web scraping es un proceso que consiste en extraer datos de sitios web. Para ello, podemos utilizar el pluing Scraper.

Prompt: https://www.trt.net.tr/espanol/covid19

ChatGPT responde con:

La página de TRT en español sobre el COVID-19 proporciona información actualizada sobre la situación global de la pandemia. Aquí tienes un resumen de los datos más relevantes:

▶ **Número total de casos en el mundo:** 695,781,740
▶ **Total de muertes:** 6,919,573
▶ **Total de recuperados:** 627,110,498

La página también incluye un desglose detallado por países, mostrando el número de casos, muertes, recuperados y casos activos. Algunos de los países con mayor número de casos son:

▶ **Estados Unidos:** 108,602,115 casos; 1,176,159 muertes.
▶ **India:** 44,998,565 casos; 531,930 muertes.
▶ **Francia:** 40,138,560 casos; 167,642 muertes.
▶ **Alemania:** 38,486,260 casos; 175,989 muertes.
▶ **Brasil:** 37,789,040 casos; 705,313 muertes.

La página recalca que los datos provienen de la Universidad John Hopkins y se actualizan regularmente a medida que los países anuncian cifras oficiales. Sin embargo, es posible que no reflejen los datos más recientes para cada país.

Si necesitas información más detallada sobre un país específico o algún otro aspecto relacionado con el COVID-19, házmelo saber.

# MATERIAL ADICIONAL

El material adicional de este libro puede descargarlo en nuestro portal web: *https://www.ra-ma.es*.

Debe dirigirse a la ficha correspondiente a esta obra, dentro de la ficha encontrará el enlace para poder realizar la descarga.

Cuando descomprima el fichero obtendrá los archivos que complementan al libro para que pueda continuar con su aprendizaje.

## INFORMACIÓN ADICIONAL Y GARANTÍA

- ▶ RA-MA EDITORIAL garantiza que estos contenidos han sido sometidos a un riguroso control de calidad.

- ▶ Los archivos están libres de virus, para comprobarlo se han utilizado las últimas versiones de los antivirus líderes en el mercado.

- ▶ RA-MA EDITORIAL no se hace responsable de cualquier pérdida, daño o costes provocados por el uso incorrecto del contenido descargable.

- ▶ Este material es gratuito y se distribuye como contenido complementario al libro que ha adquirido, por lo que queda terminantemente prohibida su venta o distribución.

# SÍGUENOS EN INSTAGRAM Y ACCEDE GRATIS A NUESTRA BIBLIOTECA DIGITAL DURANTE 30 DÍAS.

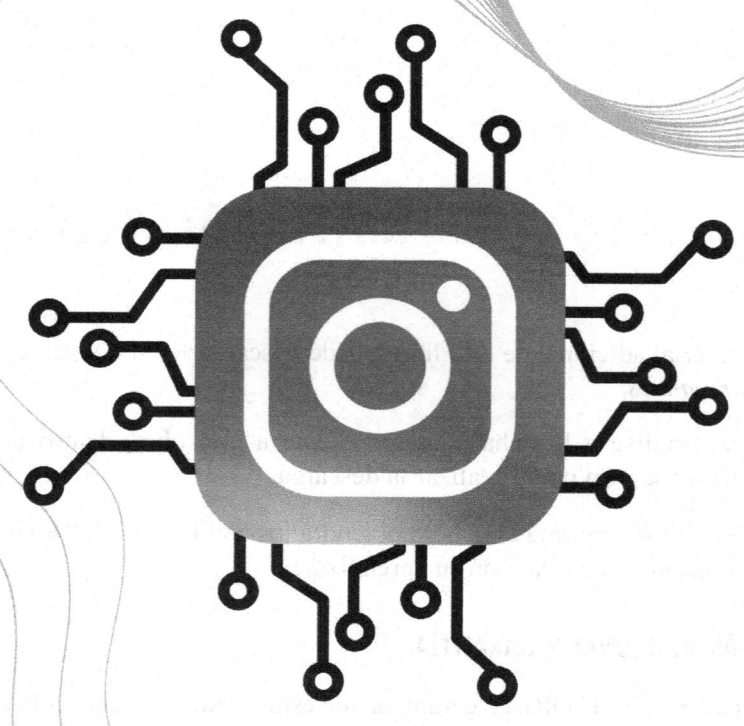

## @grupoeditorialrama

¡ENVÍANOS TU MAIL POR PRIVADO!

Grupo Editorial
ra-ma

40 ANIVERSARIO